HEYNE FILMBIBLIOTHEK

D1829900

Wer kann solchen Augen widerstehen?

Karsten Prüßmann

Jeremy Irons

Gentleman und Verführer

Originalausgabe

WILHELM HEYNE VERLAG
MÜNCHEN

HEYNE FILMBIBLIOTHEK
32/214

Herausgegeben von Bernhad Matt
Redaktion: Rolf Thissen

BILDNACHWEIS

Die Fotos stammen aus dem Archiv des Autors mit Ausnahme von 258, 259, 265, 267 (Film Archiv Lothar Just), 289, 303 (Buena Vista)

Copyright © 1995 by Wilhelm Heyne Verlag GmbH & Co. KG, München
Umschlagfoto: Pandis Media/Fabian/Sygma, München
Rückseitenfoto: Intertopics, Hamburg
Umschlaggestaltung: Atelier Ingrid Schütz, München
Herstellung: H + G Lidl, München
Satz: Fotosatz Völkl, Puchheim
Printed in Germany 1995
Druck und Verarbeitung: Ebner Ulm

ISBN 3-453-08128-5

Inhalt

Vorwort

Jeremy Irons hat häufig mit dem berühmten britischen Dramatiker Harold Pinter zusammengearbeitet. Er hat dessen Texte auf der Bühne und im Film zum Leben erweckt, er hat unter seiner Regie gespielt und neben ihm als Darsteller agiert.[1] »Ich liebe es, mit Harold zu arbeiten, denn er versteht

Jeremy Irons als gepflegter Schönling in der Titelrolle von Volker Schlöndorffs ›EINE LIEBE VON SWANN‹ (1983).

die Komplexität der Menschen: Was sie sagen und was sie tun, stimmt nicht überein. Was sie sagen, ist das Primäre ihrer Kommunikation, aber sie teilen sich in so vielen anderen Arten mit, und sie sagen in Wirklichkeit viele andere Dinge, die nicht mit dem Mund ausgesprochen werden. Das ist wie bei einer mehrfach belegten Torte, und lediglich der Tortenguß sind die gesprochenen Worte.«[2] Jeremy Irons bringt damit die Vielschichtigkeit der menschlichen Existenz und des Wesens menschlicher Beziehungen auf ganz einfache Weise auf den Punkt. Viele Menschen brauchen lange, bis sie dies begreifen, und noch länger, bis sie es akzeptieren. Dem Schauspieler Jeremy Irons kommt außerdem noch die Aufgabe zu, dies losgelöst von seiner eigenen Identität zu vermitteln. Wohl kaum ein Filmschauspieler der heutigen Zeit hat es besser geschafft, Widersprüche und Brüche innerhalb einer Persönlichkeit so eindringlich und glaubwürdig darzustellen, als er.
»Was mir immer wieder gefällt, sind die Kontraste: Ich drehe gerne Filme, aber ich spiele auch leidenschaftlich gern Theater. Ich arbeite oft in Hollywood, aber ich lebe so gern in London. Es ist schön, hier morgens aufzuwachen, wenn die Vorhänge noch geschlossen sind, im Bett zu liegen und zu lauschen, wie wohl das Wetter sein mag, den Vögeln zuzuhören, dem Wind, dem Regen … Es sind die Kontraste, die die Sinne schärfen … Das Geheimnis des Glücks liegt in der Balance. Ich finde ein Gleichgewicht in der Sicherheit, die meine persönlichen Beziehungen, meine Frau, meine Kinder, mein Haus mir bieten, und ich kenne das erregende Risiko auf der Bühne, … wenn ich mit meinen Gefühlen spiele, wenn ich versuche, mich immer weiter zu öffnen, um immer neue Geschichten zu erzählen.«[3]
»Kontraste« – das ist ein Schlüsselwort für Jeremy Irons' Leben und Karriere. Genau das macht auch die meisten seiner Rollen aus. Er spielt klassische Violine im Schulorchester und kommt in London in einem lauten Rockmusical groß heraus. Er ist »ein Engländer, wie man ihn nur träumen kann«[4] (*Le Monde*), heiratet aber eine Irin. (Wegen der jahrhundertelangen Unterdrückung durch die Engländer sind die Iren auf die Briten bekanntlich nicht gut zu sprechen.) Er muß von seiner

Möchten Sie diesem Herrn nachts auf der Straße begegnen? Jeremy Irons als KAFKA *in dem gleichnamigen Film von Steven Soderbergh (1991).*

Bühnenpartnerin Glenn Close förmlich überredet werden, den realen Charakter des Claus von Bülow im Film DIE AFFÄRE DER SUNNY VON B. zu spielen, und erntet dafür den »Oscar«. Auf dem Gipfel des Erfolgs in Hollywood kehrt er der Filmmetropole wieder den Rücken zu. »Ich habe mich niemals dazu entschlossen, dem großen Geld hinterherzulaufen. Ich habe einen ›Oscar‹ gewonnen, weil ich mich in meiner Karriere für bestimmte Dinge entschieden habe. Ich glaube, es ist ein übergreifender Preis, der nicht nur einen Film betrifft. Aber ich sehe nicht ein, warum ein Preis meinen Lebensmodus verändern sollte. Ich mag einfach keine Filme drehen, von denen ich glaube, daß sie kommerziell erfolgreich sein werden, denn ich glaube, das ist die falsche Art, sich für einen Film zu entscheiden.

Keine guten Aussichten – Beverly Mantle ist verzweifelt (Jeremy Irons in ›Die Unzertrennlichen‹; 1988).

Ich möchte in Filmen mitwirken, von denen ich denke, daß sie gut werden. Sonst würde man ja nur noch den kleinsten gemeinsamen Nenner suchen. Ich verdiene genug, um den Lebensstil zu verwirklichen, den ich mag. Ich halte mich lieber daran, mit Leuten zu arbeiten, die ich bewundere, und an Projekten, die ich interessant finde.«[5]

Sicherlich gehören so verstörende Filme wie DIE UNZERTRENNLICHEN, DIE AFFÄRE DER SUNNY VON B., VERHÄNGNIS, M. BUTTERFLY nicht zu der Kategorie: »Mach dir ein paar schöne Stunden, geh' ins Kino.« Aber es handelt sich zweifellos um faszinierende, hochwertige Filmerlebnisse. Und hier zieht Jeremy Irons eine deutliche Grenze: »Ich würde nie etwas spielen, von dem ich glaube, daß ein Publikum daran Schaden nähme, oder in einem Film mitwirken, der die Welt verschmutzen würde. Ich wäre nicht gerne an einem Film beteiligt, den ich als negativ bezeichnen würde. Ich spiele gerne Rollen, die sich von vorangegangenen unterscheiden. Aber das tun doch alle Schauspieler, oder nicht? Was ist eine De-

Niro-Rolle, oder eine Streep-Rolle, eine Glenn-Close-Rolle?«[6] Dem britischen Filmjournalisten Harlan Kennedy antwortet er auf das Gegenbeispiel des Engländers Cary Grant, der in vielen Filmen meist sich ähnelnde Figuren verkörperte:

»Ich glaube, ich habe keine solche Persönlichkeit. Wenn ich eine so gewinnbringende Leinwandpersönlichkeit wäre wie Cary Grant, würde ich daraus Kapital schlagen. Aber ich bin keine sehr aus sich herausgehende, gesellige Person. Ich könnte mir nicht vorstellen, daß man mich mit dem Gedanken engagiert:

Jeremy Irons in ›Verhängnis‹ (1992).

›Oh, sieh nur, da ist er, o wie schön, ihn auf der Leinwand zu sehen.‹ Man engagiert mich, weil man einen Schauspieler braucht, dem man nicht anmerkt, daß er nur spielt. Und wenn ich in der Öffentlichkeit auftreten muß, sind die Leute von mir ein wenig enttäuscht. Ich weiß, daß ich wesentlich interessanter bin, wenn ich eine Rolle spiele.«[7]

Jeremy Irons verdankt seinen Ruhm der Welt der Illusion und des Scheins, doch privat kämpft er gegen absolut reale Probleme dieser Welt des Heute und Jetzt: Obdachlosigkeit, Atom-

Jeremy Irons spielt den französischen Diplomaten Gallimard, der einer »Sängerin« der Peking-Oper verfällt (›M. Butterfly‹; 1993).

Jeremy Irons als französischer Jude Swann, eine Paraderolle in Volker Schlöndorffs Proust-Adaptation ›Eine Liebe von Swann‹ (1983).

kraft, Umweltverschmutzung, Elend in der »Dritten« Welt, Krieg.

Noch stärker sind die Kontraste, die seine Filmfiguren ausleben: Ein Wissenschaftler steht kurz vor der Ehe mit einer wohlhabenden Fabrikantentochter, verfällt aber einer als

»Hure« bekannten Frau. Zwei weltweit etablierte Gynäkologen treffen auf eine mißgebildete Frau und ruinieren sich selber bis zum Tod. Ein hochgeachteter Arzt und Parlamentarier mit Familie und Hoffnungen auf einen Ministerposten beginnt ein Verhältnis mit der Verlobten seines Sohnes und treibt diesen in den Tod. Ein französischer Diplomat verliebt sich in Peking in eine chinesische Sängerin, die in Wirklichkeit aber ein Sänger und Spion ist. etc.

Jeremy Irons verkörpert auf den ersten Blick das Anständige, das Elegante, das Selbstsichere, den Gentleman vom Scheitel bis zur Sohle. Das gepflegte Äußere, die stattliche Erscheinung (1,88 Meter), die ruhige, gelassene Art sprechen für ihn und dafür, daß er scheinbar in sich selbst ruht und zu sich steht. Das mag im wahren Leben so sein, im Film zerbricht diese Fassade häufig gerade deshalb so fatal und überraschend, weil sie vorher doch so stabil gewirkt hat. Und deshalb ist Jeremy Irons in vielen seiner Filme ideal besetzt, denn ihm stehen im Grunde Gutartigkeit und Unschuld ins Gesicht geschrieben, der eiserne Glaube an echte Werte in einer Gesellschaft, die schon lange eines Schlechteren belehrt wurde. Um so erschreckender, wenn seine Figur dann gerade dieses Fundament unter den Füßen verliert.

Doch genau diese Kontraste haben ihn zum Schauspieler werden lassen, waren ihm Anreiz, zwei Gegensätze in einem Beruf zu vereinen: »Die Hauptattraktion beim Theater war, außerhalb der Gesellschaft zu leben und doch zu ihren Kreisen zu gehören, wenn ich das wünsche.«[8]

Jeremy Irons gehört nicht zu den Schauspielern, die durch große Schlagzeilen in den Medien auf sich aufmerksam machen, und auch nicht zu jenen, die von den Medien ständig »belauert« werden. Dabei spielt er wie kaum ein anderer in Filmen mit, die eigentlich zu kontroversesten Diskussionen Anlaß bieten und von aufsehenerregendem Interesse sind.

Jeremy Irons zählt zu den wenigen britischen Darstellern, die auch im amerikanischen Film zu einer wichtigen Größe geworden sind (wie u. a. Stan Laurel, Charles Chaplin, Leslie Howard, Ronald Colman, Charles Laughton, Herbert Marshall, Cary Grant, Stewart Granger, Laurence Olivier, Richard

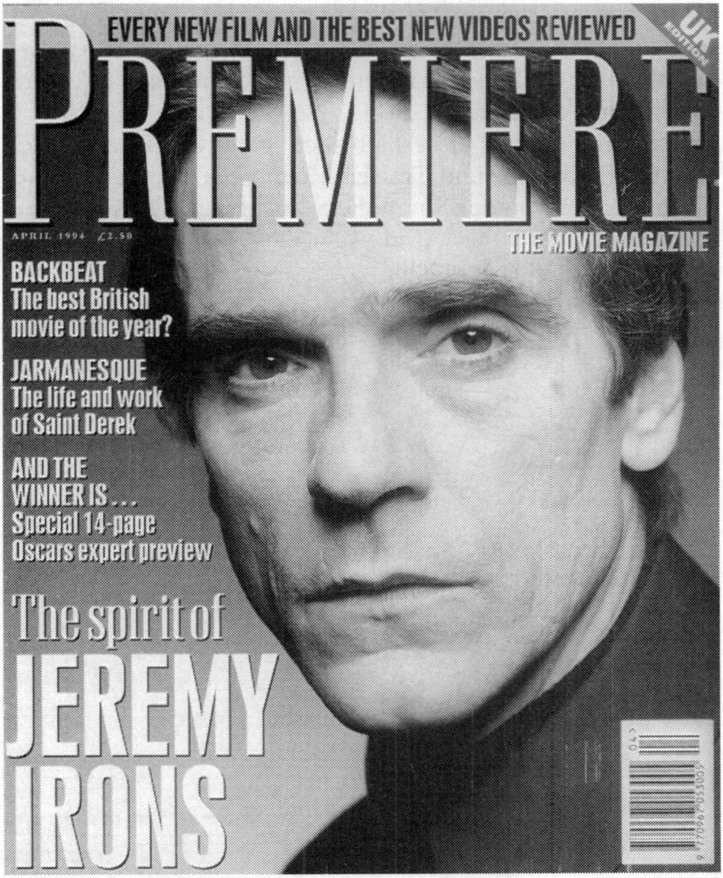

Jeremy Irons, gesehen durch die schonungslose Kamera von Uli Weber, auf dem Cover der britischen Ausgabe von »Premiere«.

Burton, Sean Connery, Michael Caine, Anthony Hopkins u. a.). Doch Jeremy Irons erliegt nicht der Versuchung, ganz nach Hollywood überzusiedeln, denn ihn interessiert die Vielfalt der Aufgaben in Europa genauso. »Die Filmindustrie ist scheinbar bezeichnend dafür, jemandem Gefallen an Geld und Macht beizubringen ... Ich glaube nicht, daß es viele Menschen gibt, die gut damit zurechtkommen. Ich denke dabei an

die britischen Schauspieler, die internationale Stars geworden sind – und das sind nicht viele. Sie neigen dazu, nicht dort zu leben, wo sie wollen, und andere Aspekte eines unglücklichen Daseins zu akzeptieren.«[9]
Wahrscheinlich steht er deshalb auch so gut wie nie im Mittelpunkt von Klatsch- und Tratsch-Meldungen. Deshalb läßt er sich aber auch von den Journalisten nicht leicht klassifizieren. »Wie ein großer Junge. Und wahnsinnig sexy« hat immerhin die *Bunte* zustande gebracht.

Jugend

Jeremy Irons wird am 19.9.1948 als drittes Kind von Bilanzbuchhalter Paul Dugan Irons (1983 gestorben) und Barbara Anne Brereton Brymer Sharpe in Cowes auf der Isle of Wight vor Englands Südküste geboren. Der Ort ist für seinen Yachthafen bekannt. »Meine Jugend sah nicht so aus, daß ich die ganze Zeit Filme gesehen hätte. Ich lebte auf der Isle of Wight, und wir fuhren nur einmal im Jahr ins Kino nach London – als Weihnachtsgeschenk. Ich fühlte mich auch nicht besonders zu Filmen hingezogen, bis ich mir später LAWRENCE VON ARABIEN mit Peter O'Toole ansah.«[10]
Die Familie zieht nach Hertfordshire, als Jeremy Irons 13 Jahre alt ist. Seine Eltern trennen sich bald darauf. »Die Scheidung meiner Eltern nahm ich als 13jähriger nicht schwer. Ich erinnere mich mehr an eine durchweinte Nacht, als mein Lieblingshund um diese Zeit herum starb. Meinen Vater kannte ich kaum. Er war Prokurist. Erst, als ich erwachsen war, merkte ich, wie ähnlich wir uns sind, und wir wurden gute Freunde.«[11]
Er besucht die renommierte Privatschule Sherborne in Dorset. Dort tritt er auch zum erstenmal auf einer Bühne auf, und zwar in einer Frauenrolle. »Ich wirkte in Sherborne in einer Schultheateraufführung mit. Ich erinnere mich daran, daß das Stück in einer Moorlandschaft spielte. Ich stellte eine Lady in Tweedkleidung dar. Kurz bevor ich auftrat, sagte der Rektor, der die Regie führte, zu mir: ›Vergiß bloß nicht, dein Kleid zurechtzurücken, wenn du dich hinsetzt!‹ Ich trug natürlich damals noch kurze Hosen. Ich hatte aber bemerkt, daß ältere Jungen und Männer ihre langen Hosen hochzogen, wenn sie sich hinsetzten. Und das machte ich dann auch. Jedesmal, wenn ich mich setzte, zog ich meinen Rock hoch, was mit brüllendem Gelächter quittiert wurde, ich aber nicht verstand. Das war meine erste Begegnung mit der Komödie, wenngleich nicht das letzte Mal, daß über mich gelacht wurde und ich gar nicht wußte, warum.«[12] Doch die Schulzeit ist für Jeremy Irons keine unbeschwerte Zeit, da gerade diese Art der elitären Internatserziehung nicht nur zur Aneignung von Wissen, son-

dern vor allem zur Formung und Reglementierung der Persönlichkeit dienen soll. »Man wurde wie eine Art Bankdirektor erzogen. Es war etwa auf diesem Niveau, oder wie ein Militäroffizier mittleren Ranges. Man wurde dazu erzogen, keine Miene zu verziehen, seine Emotionen zurückzuhalten, nicht zu weinen, korrekt und anständig zu sein und sich anzupassen. All diese Dinge, die einem überhaupt nichts nutzen, wenn man in irgendeiner Form künstlerisch tätig sein möchte.«[13] Es ist die traditionelle britische Erziehung vom verspielten Knaben zum wohlanständigen jungen Mann, zum klassischen britischen Gentleman. Dennoch findet er Möglichkeiten der künstlerischen Betätigung: »Ich spielte die Violine im Schulorchester. Wir probten ein Konzert von Benjamin Britten in einer Abtei. Und einmal, nach einer intensiven Probe, ging ich hinaus in den Innenhof des Klosters, war kaum drei Schritte gegangen, da spürte ich, daß ich von … anderswo kam. Aus einer anderen Welt. Da war es, das große Glück; das größte, das dieser Beruf, den ich heute ausübe, geben kann. Man entschwindet, betritt eine andere Welt, kehrt dann in das wirkliche Leben zurück, und es ist ein anderes. Und es bleibt die Sehnsucht, das Heimweh nach dem anderen, fernen Land.«[14]

Zunächst aber ist es Jeremy Irons' Berufswunsch, Tierarzt zu werden. Ein Motiv dafür sieht er darin, »das Leben meiner Kindheit – ein Leben auf dem Lande mit Hunden und Pferden – für immer fortzuführen«.[15] (Die tiefe Tierliebe hat er bis heute beibehalten.) Mit 17 Jahren schließt er 1965 die Schule ab. Doch eine Karriere als Tierarzt scheitert schon daran, daß er den für ein naturwissenschaftliches Studium erforderlichen Notendurchschnitt in Physik und Chemie nicht vorweisen kann. Er hatte eine zu große Leidenschaft für die Schulaufführungen entwickelt. So zieht er nach London und arbeitet dort als Sozialarbeiter in einem Jugendzentrum im unterprivilegierten Stadtteil Camberwell südlich der City bzw. in dem Londoner Vorort Packham. Für ihn ist diese Zeit eine »Erweiterung meines Horizonts«, weil er erfährt, »wie der Rest der Welt so lebt.«[16] Aber eine Perspektive sieht er darin nicht, schon aus Mangel an Selbstlosigkeit und auch wegen der geregelten Arbeitszeiten, die ein Greuel für ihn sind.

Die Theaterkarriere

In seiner Freizeit stellt sich Jeremy Irons mit seiner Gitarre vor die Kinos am Leicester Square in der Innenstadt Londons und verdient sich als Straßenmusikant zusätzliches Geld. Er singt und spielt die Songs der damals immer populärer werdenden Folksänger Bob Dylan und Donovan. Diese Form des öffentlichen Auftretens im Herzen der Metropole ist für den jungen Mann aus der Provinz eine so prägende Erfahrung, daß er sich dazu entschließt, sich der Schauspielerei zu verschreiben.
Zunächst meldet er sich auf eine Zeitungsannonce hin beim »Marlowe Theatre« in Canterbury am südöstlichen Zipfel von England nahe Dover. Das 1952 im ausgedienten Central-Kino eröffnete »Marlowe Theatre«, benannt nach dem berühmtesten Sohn der Stadt, dem britischen Bühnendichter Christopher Marlowe (1564–1593), liegt im Herzen der historischen Altstadt des anglikanischen Erzbischofssitzes. Das Theater verfügt über ein eigenes Ensemble, eine Bühnenbildwerkstatt und eine Kostümschneiderei. Jeremy Irons wird als Regieassistent eingestellt und arbeitet am Theater in allen Bereichen. Da zusätzlich zur Finanzierung durch die kommunalen Abgaben auch noch Gelder aus dem staatlichen Kulturetat zugeschossen werden, kann die Theaterleitung aus dem vollen schöpfen und auch erstklassige Kräfte verpflichten. Als jedoch 1980 – lange nach Jeremy Irons' Tätigkeit – die staatliche Quelle versiegt, nimmt der Stadtrat das Angebot eines privaten Investors an, läßt das Theater kurzerhand einebnen, um in günstiger Lage Raum für einen Supermarkt samt Parkplatz zu schaffen. Das ausgediente, etwa 500 Meter entfernte Odeon-Kino wird umgebaut und 1984 als »The Marlowe Theatre« eröffnet, das allerdings reines Gastspieltheater ist, vornehmlich mit Produktionen vom Londoner West End. Befragte Bewohner und Geschäftsinhaber des heutigen Canterbury bestätigen bei einem Besuch der Stadt 1994 zwar die Bedeutung des alten »Marlowe Theatre«, erweisen sich allerdings als völlig verwundert über die Tatsache, daß es nur ein öffentlich zugängliches (gemaltes) Bild vom alten »Marlowe Theatre« im

Das alte »Marlowe Theatre« in Canterbury, wo Jeremy Irons seine ersten professionellen Theatererfahrungen sammelte. Das Gemälde hängt im neuen »Marlowe Theatre«, da das alte Haus einem Supermarkt gewichen ist.

neuen »The Marlowe Theatre« gibt, das allesamt nicht kennen.

Jeremy Irons ist noch am alten »Marlowe Theatre« in der St. Margaret's Street tätig. Doch sein Ziel ist es, nachdem er die Welt hinter den Kulissen zur Genüge kennengelernt hat, professioneller Schauspieler zu werden. Allerdings behauptet er

später bescheiden: »Eine natürliche Begabung für die Schauspielerei habe ich eigentlich nicht. Aber ich mache mich gut in fremden Kleidern, und mir gefällt das Leben als Spiel.«[17]
Er zieht in die Hafenstadt Bristol, Bischofssitz der anglikanischen und der katholischen Kirche, auf der gegenüberliegenden Seite der Insel im Südwesten Englands und wird an der »Bristol Old Vic Theatre School« als Schauspielschüler aufgenommen. Der Ire Peter O'Toole begann seine Karriere an diesem ältesten noch in Betrieb befindlichen Theater Englands.

Da lang geht's zum neuen »Marlowe Theatre« in Canterbury, denn Jeremy Irons' frühere Wirkungssstätte, das alte »Marlowe Theatre«, das in dieser historischen Einkaufsstraße lag, wurde abgerissen.

Aus dieser Schule gehen später u. a. auch die britischen Film-Stars Daniel Day-Lewis (Mein linker Fuss, Im Namen des Vaters), Gary Oldman (Bram Stoker's Dracula), Miranda Richardson (Verhängnis), Greta Scacchi (Salz auf unserer Haut) hervor. Das »Bristol Old Vic« liegt inmitten der historischen Altstadt im Hafenviertel von Bristol, umgeben von urigen alten und berühmten Kneipen, die noch mit Theater-

Das alt-ehrwürdige »Bristol Old Vic«-Theater in Bristol, wo Jeremy Irons seine Schauspieler-Ausbildung erhielt und sein erstes Engagment.

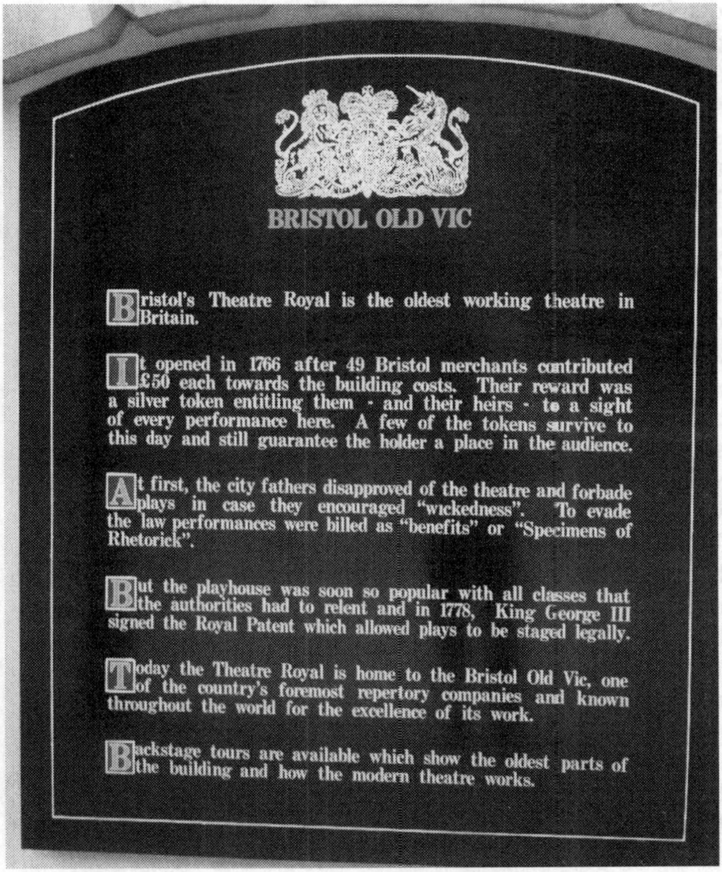

Diese Schrifttafel besagt unter anderem, daß 49 Geschäftsleute aus Bristol den Bau des »Bristol Old Vic«-Theaters mit jeweils 50 Pfund unterstützten und nach der Eröffnung 1766 das Recht hatten, jede Aufführung zu besuchen.

plakaten zurück bis ins Jahr 1806 ausstaffiert sind. Robert Stevenson beschreibt in »Die Schatzinsel« das Leben in der Hafenstadt in viktorianischer Zeit. Schon im 18. Jahrhundert zählt Daniel Defoe (»Robinson Crusoe«) zu den Gästen und Bewunderern der Stadt. Die Geschichte Bristols ist verknüpft mit den großen Zeiten englischer Seefahrt und damit auch mit

der Geschichte Großbritanniens, die hier auf eine eigentümliche Weise lebendig geblieben ist. Bristol ist außerdem Universitätsstadt. Wer hier in dieser Atmosphäre als junger Schauspielschüler an dem 1766 erbauten Theater seine Ausbildung erfährt, wird sicherlich auch vom Hauch der Theatertradition umhüllt und in seiner Darstellungsweise geprägt.
Nach einer zweijährigen Ausbildungszeit wird Jeremy Irons in das Ensemble der »Bristol Old Vic Company« übernommen. Er ist dort unter anderem als Florizel in »Das Wintermärchen« von William Shakespeare, als Simon in »Hay Fever« von Noel Coward und als Nick in »What the Butler Saw« von Joe Orton zu sehen. Das Repertoiretheater gilt für Schauspieler als »neck-breaking« , d. h. als strenge Schule, in der nicht die herausragende Einzelleistung zählt, sondern die Ensembleleistung in einem bereits bekannten Stück. Bei seinem Abschied vom »Old Vic« gibt der damalige Direktor Jeremy Irons einen wenig ermutigenden Ratschlag mit auf den Weg: »In den 30er Jahren hättest du ein Vermögen machen können, doch für die heutige Zeit ist dein Gesicht völlig ungeeignet. Es ist zu lang und sieht zu kultiviert aus. Und du sprichst ordentliches Englisch. Das ist heutzutage nicht gefragt.«[18]
1971 zieht es Irons wieder zurück in die Hauptstadt, wo er gerne in einem der privat betriebenen Theater in Londons populärem West End auftreten würde. »Ich wollte ein Haus kaufen und eine Familie ernähren können: Ich wußte, dazu brauchte ich entweder eine Rolle im West End oder beim Film.«[19] Da sich aber nicht sofort ein Angebot findet, verdingt er sich zunächst bei der Firma »Domestics Unlimited« als Gärtner und Raumpfleger. Doch am 17.11.1971 steht er in der Premiere von »Godspell« als Johannes der Täufer auf der Bühne. Das Rockmusical, frei nach dem Matthäus-Evangelium, kommt zuerst am »Round House« heraus und wird später an »Wyndham's Theatre« an der Charing Cross Street mit insgesamt zwei Jahren Spielzeit äußerst erfolgreich fortgeführt. Das Stück, das am 17.5.1971 in New York Premiere hatte, wurde von John-Michael Tebelak geschrieben. Die Songs stammen von Stephen Schwartz. (Eine Schallplattenaufnahme der Londoner Inszenierung wurde mit den Bestellnummern Bell

SBLL 203, Bell 2308025 veröffentlicht.[20]) Es ist ein Vorläufer von »Jesus Christ Superstar« (Premiere: 12.10.1971). Dieses Musical ist eines von jenen, »die alle traditionellen Gewohnheiten über Bord werfen, um sie durch Lärm und Hingabe zu ersetzen. Es paßt überhaupt nicht zum Bild des heutigen Irons, der als ein Mann gilt, der sich in maßgeschneiderten Anzügen wohler fühlt als in Jeans.«[21] Er gibt außerdem auch selbst zu: »Ich singe wie ein Schauspieler und tanze wie eine Ente.«[22] Von da an allerdings nimmt Jeremy Irons' Theaterkarriere Konturen an. Er wird in den unterschiedlichsten Rollen besetzt.

Theaterrollen (Auswahl)

Don Pedro in »Viel Lärm um nichts« von Shakespeare;
Mick in »Der Hausmeister« von Harold Pinter;
das Ein-Personen-Stück »Diary of a Madman« nach der Novelle von Nikolai Gogol;
Petruchio in »Der Widerspenstigen Zähmung« von Shakespeare (New Shakespeare Company);
Harry Thunder in »Wild Oats« von John O'Keefe aus dem 18. Jahrhundert (Royal Shakespeare Company);
James Jameson in »The Rear Column« von Simon Gray (Regie: Harold Pinter);
Young Vic
Royal Shakespeare Company: »Wild Oats« 1975;
»The Real Thing« von Tom Stoppard (1984–85) am Broadway mit Glenn Close;
Royal Shakespeare Company 1986–87: »Das Wintermärchen«, »The Rover«, »Richard II«.

Preise/Auszeichnungen (Auswahl)

Simon Grays »Real Column« (Clarence Derwent Award) 1976;
THE FRENCH LIEUTENANTS WOMAN (Variety Club Best Actor Award, British-Academy-Award-Nominierung) 1982;
BRIDESHEAD REVISITED (Emmy – Bester Fernsehschauspieler des Jahres, British Academy Award, Golden-Globe-Nominierung, TV Times Best Actor Award) 1982;

»The Real Thing« am Broadway (Tony Award Best Actor, Drama League Distinguished Performance Award) 1984;

DEAD RINGERS (Best Actor Award Film Critics Circle in New York, Canadian Geney);

REVERSAL OF FORTUNE (»Oscar«, National Society of Film Critics in New York: Bester Schauspieler des Jahres 1990, Golden Globe).

Privatleben

1969 heiratet Jeremy Irons mit 21 Jahren die Kollegin Julie Hallam, die er an der »Bristol Old Vic Theatre School« kennengelernt hat. Die Ehe dauert ein Jahr, ist ein »totales Desaster«[23] und wird geschieden. 1972 spielt Jeremy Irons in London im »Wyndham's Theatre« in »Godspell«. Im »Albery Theatre« gleich nebenan tritt die Irin Sinéad Cusack in »London Assurance« auf. (Sinéad Cusack ist nicht nur durch ihre Theaterrollen populär, sondern auch durch ihre Beziehung zum damals »langmähnigen« britischen Fußballstar George Best in die Schlagzeilen geraten.) Die beiden treffen sich allerdings in einem Pub, wo Jeremy Irons sie als »Siobhan« anredet und sich prompt eine Ohrfeige damit einhandelt. (Siobhan McKenna, 1923–1986, war eine bekannte irische Film- und Theaterschauspielerin, z. B. DOKTOR SCHIWAGO/DR. ZHIVAGO, 1965. Im Christus-Film KÖNIG DER KÖNIGE/KING OF KINGS verkörperte sie 1960 Maria.)
Ein gemeinsamer Freund lädt später beide auf seine Geburtstagsparty am 19.9.1972 ein. Jeremy Irons, der am selben Tag Geburtstag hat, erscheint mit seiner damaligen Freundin. Doch zwischen ihm und Sinéad funkt es. Sie verlieben sich und schmieden Ehepläne. Jeremy Irons besteht auf einer regulären Annullierung seiner ersten Ehe, um sie in einer katholischen Kirche heiraten zu können. Am 18.3.1978 heiratet er Sinéad Mary Cusack, eine von vier Töchtern des irischen Schauspielers Cyril Cusack (1910–1993) und seiner Frau Maureen. Cyril Cusack war einer der berühmtesten und beliebtesten Theater- und Filmstars von der »Grünen Insel«. Er war u. a. Mitglied des »Abbey Theatre«, des Nationaltheaters, der Royal Shakespeare Company. Er drehte schon mit sieben Jahren seinen ersten Film und war später in Filmen wie AUSGESTOSSEN/ODD MAN OUT (1947), DER SPION, DER AUS DER KÄLTE KAM/THE SPY WHO CAME IN FROM THE COLD (1965), FAHRENHEIT 451 (1966), HAROLD UND MAUDE/HAROLD AND MAUDE (1971), ZWEI HIMMELHUNDE AUF DEM WEG ZUR HÖLLE/PIU' FORTE RAGAZZI! (1972) u. v. a. zu sehen. Die Cusacks zählen zu den

angesehensten Schauspielerfamilien Irlands. Cyril Cusacks Frau Maureen ist ebenfalls Schauspielerin, so wie auch die Töchter Sinéad, Sorcha, Niamh und Catherine.

Ihre Hochzeitsreise verbringen Sinéad und Jeremy in Griechenland. Sinéad Cusack (geb. 1948 in Dublin) will als Kind eigentlich ins Kloster gehen, doch als sie elf Jahre alt ist, holt ihr Vater sie für seine Adaption von Franz Kafkas »Der Prozeß« auf die Bühne. Mit 20 spielt sie in London in »David Copperfield«, nachdem sie zuvor bereits an Dublins berühmtem »Abbey Theatre« gearbeitet hat. Sie ist bereits ein Star, als sie 1972 Jeremy Irons kennenlernt. Ihre Theaterlaufbahn führt sie über die Royal Stratford Company durch Londoner West-End-Theater, die Royal Shakespeare Company bis zum Broadway. Im Kino ist sie u. a. in HOFFMAN (1970) mit Peter Sellers, REVENGE (1971) mit Joan Collins, DREI FREMDENLEGIONÄRE/THE LAST REMAKE OF BEAU GESTE (1977) von und mit Marty Feldman und ROCKET GIBRALTAR (1988) mit Burt Lancaster zu sehen.

Jeremy Irons: »Sie war irisch und sie war wild. Sie schien alles zu verkörpern, was ich nicht war. Sie kam aus einer Theaterfamilie, das Schauspielen schien ihr richtig aus allen Poren zu triefen. Während ich mich immer bürgerlich-bourgeois fühlte, der Mittelklasse zugehörig, ganz *Public School.* Es war, als würde ein Mann, der gemütlich seinen Ford Cortina fährt, mit einemmal in einem Ferrari sitzen und seinen Fuß aufs Gaspedal drücken, und ›whooah‹ ging's dahin ... Ich wußte, daß es gefährlich war und daß ich mich dabei umbringen könnte, aber es hätte ein herrlicher Tod sein können.«[24] Um Sinéad nahe sein zu können, schließt er sich 1978 der Royal Shakespeare Company an und tritt gemeinsam mit ihr in »Wild Oats« auf. Allerdings vereiteln Film- und Fernsehrollen vorerst weitere gemeinsame Auftritte. Sinéad Cusack bleibt dem Theater treu und erwirbt sich als Shakespeare-Darstellerin Anerkennung (u. a. »Maß für Maß«, »Der Widerspenstigen Zähmung«, »Macbeth«). 1990 verläßt sie die Royal Shakespeare Company und tritt mit zwei ihrer Schwestern in einer gefeierten Inszenierung von Tschechows »Die drei Schwestern« im heimischen Dublin auf. 1991 spielt sie wieder in London. Doch mit der

Sinéad Cusack und Jeremy Irons als Tom und Mary Crick: im Film wie im Leben ein Ehepaar (›WATERLAND‹; 1992).

englischen Mentalität und dem Landleben kommt sie als eingefleischte Irin bis heute nicht zurecht und fühlt sich wie die biblische Ruth »auf fremdem Acker«.[25] (Die verwitwete Ruth verläßt ihre Eltern und ihre Heimat Moabiterland, um ihre

Schwiegermutter Naemi in deren Heimat Bethlehem-Juda zu begleiteten, wo sie Feldarbeit verrichtet. Ihre auf die Schwiegermutter gemünzte Aussage: »Wo du hingehst, da will auch ich hingehen; wo du bleibst, da bleibe ich auch. Dein Volk ist mein Volk, und dein Gott ist mein Gott … «[26] wird gerne, aber falsch angewandt, als biblisches Eheversprechen bei Hochzeiten benutzt.) Jeremy Irons hat allerdings inzwischen ihrer Heimatsehnsucht Rechnung getragen und ein Haus im südirischen Cork errichtet. 1978 wird der Sohn Samuel James (Sam) geboren, 1985 der Sohn Maximilian Paul (Max). Jeremy Irons ist bei beiden Geburten anwesend. »Ich fände es seltsam, wenn ich diese Stunden nicht mit meiner Frau teilen würde.«[27] Sam dreht 1989 zusammen mit Jeremy Irons und dem Großvater Cyril Cusack den Kinderfilm DANNY – DER CHAMPION/DANNY, THE CHAMPION OF THE WORLD, obwohl Sinéad Cusack sich nicht gerade positiv dazu stellt. Irons: »Sie war sich nicht sicher. Sie ist überhaupt nicht so optimistisch wie ich. Sie widersprach immer wieder, denn sie meinte, es sei gefährlich. Warum also ihre Bedenken übergehen? Weil es eine *wunderbare* Erfahrung für ein Kind ist, mit einem Elternteil zusammenzuarbeiten. Das bedeutet, Teil des Lebens der Eltern zu werden. Das hielt ich für die positive Seite, und die Tatsache, daß ich dabei war und auf ihn aufpassen konnte. Als wir fertig waren, hat er zwei Dinge gesagt, die ich mir gemerkt habe. Jemand fragte ihn: ›Ich nehme an, daß du jetzt Schauspieler werden willst?‹ Er antwortete: ›Nein, aber ich würde ganz gerne Kameramann werden.‹ Einige Wochen später fragte ich ihn: ›Vermißt du die Filmerei?‹ Er sagte: ›Ja, ich vermisse die Beachtung.‹ Ich dachte: ›Da hat er recht, denn das ist natürlich das Wichtigste, was einem zuteil wird, die Beachtung – das hat er ganz klar erkannt …‹ Im Moment ist Maximilian derjenige, der am meisten Beachtung verlangt, und im Vergleich mit Sam scheint er eher einmal ein Künstler zu werden.«[28]
Sinéad begleitet ihren Mann nicht zu Dreharbeiten. »Wenn er dreht, ist er völlig darauf konzentriert, was er zu tun hat, daß er kaum noch etwas von der übrigen Welt mitbekommt. Daher bringt es nichts, bei ihm zu sein.«[29]
Die beiden verbringen die meiste Zeit mit ihren Söhnen außer-

halb der Glitzerwelt der Künstlerszene. Sinéad Cusack: »Ich bin eigentlich immer überrascht, wenn wir doch einmal zu einer Premierenfeier gehen, wie berühmt Jeremy tatsächlich ist. Wir leben ganz anders, ganz einfach, aber manchmal werden wir zur Vorstellung eines Films katapultiert, und das ist unglaublich: Jeremy gab eine Pressekonferenz in Toronto, und ich war völlig überrascht, wie viele Menschen ihn sehen wollten. Ich erlebe ihn ja ganz anders.«[30] »Ich wäre längst tot und begraben, wenn ich mich darüber ärgern würde, wie oft ich neben Jeremy Irons ignoriert werde. Aber da muß man halt drüber stehen.«[31] (Der Komiker Peter Sellers, mit dem sie 1970 den Film HOFFMAN drehte, sagte allerdings über Sinéad Cusack: »Sie ist eine der brillantesten Schauspielerinnen ihrer Generation!«[32])

Jeremy Irons selbst sagt 1994 bescheiden: »Ich finde nicht, daß ich ein Star bin. Natürlich ist es bei mir nicht ganz so traurig wie bei John Hurt, der einmal gesagt hat: ›Ich bin schon x-mal zum besten Newcomer gewählt worden. Ich werde immer wieder neu entdeckt.‹ Das Problem hatte ich nie, aber ich habe nie den großen, überragenden Aufstieg zu Hollywood-Starruhm erlebt. Ich glaube, ich möchte gar nicht erfolgreicher werden, als ich jetzt bin. Ich möchte bei dem bleiben, was ich erreicht habe. Ich möchte nicht noch mehr arbeiten, als ich es jetzt tue, ich möchte auch nicht mehr verdienen. Man bezahlt mich gut – hoffentlich liest das um Gottes willen mein Agent nicht … «[33]

Seine Liebesszenen machen seine Frau nicht eifersüchtig, denn als Schauspielerin weiß sie selbst, daß das zur Arbeit dazugehört. Doch als Äußerungen von ihm über sein Interesse an einer offenen Ehe, in der beide Partner Affären haben, im *Evening Standard* abgedruckt werden, »wollte ich ihn wirklich umbringen«.[34] Irons erklärt allerdings, seine Worte seien aus dem Zusammenhang gerissen worden, und wütend droht er mit Klage, worauf sich die Zeitung mehrfach schriftlich bei ihm entschuldigt. »Aber warum auch immer, irgend etwas muß er ja gesagt haben, unbedachte Worte, wie mir scheint. Oh, ich weiß es nicht, vielleicht will Jeremy ab und zu den ›Anwalt des Teufels‹ spielen, so als ob er einen Stein ins Wasser wirft, um zu sehen, welche Wellen er verursacht.«[35]

Bemerkenswerterweise hat Jeremy Irons in vielen seiner Filme Affären (z. B. DIE GELIEBTE DES FRANZÖSISCHEN LEUTNANTS, BETRUG, DIE UNZERTRENNLICHEN, DIE AFFÄRE DER SUNNY VON B., ALLES NUR THEATER, VERHÄNGNIS, DAS GEISTERHAUS, M. BUTTERFLY), die er äußerst überzeugend spielt.
Auf die Frage, ob Jeremy Irons nicht durch und durch arrogant sei, lacht Sinéad Cusack und sagt: »Er ist ein großer Mann – 1,88 Meter. Er ist berühmt und selbstsicher. Diese Kombination kann einschüchternd wirken. Aber er kann auch arrogant sein. Manche seiner Ansichten vertritt er sehr vehement und besteht darauf. Das kann natürlich als Arroganz ausgelegt werden. Ich sehe ihn aber nicht so, denn das läßt er mich nie spüren. Sonst würde ich ihn schlagen.«[36]
Sinéad Cusack ist eine fleißige Leserin, die ohne Bücher und Zigaretten nicht auskommt. »Die sind für mich wichtiger als Sex und Essen!«[37] Jeremy Irons raucht auch viel, aber er bevorzugt mehr die Gartenarbeit. Seine weiteren Hobbies sind Reiten, Skifahren, Segeln auf seinem alten viktorianischen Flußkahn »The Bonnie Jean«, Spazierengehen mit seinem Labrador-Mischlingshund »Speed« zur Entspannung.
Über seine Ehe und seine Familie sagt er 1989 der Journalistin Lynn Barber auf ihre neugierige Frage nach Seitensprüngen: »Das ist schrecklich ermüdend, stelle ich mir vor. Ich hatte das nie nötig. Für mich ist es logisch, daß man, wenn man jemanden gefunden hat, den man liebt, zusammenbleiben möchte, denn deshalb heiratet man ja. Ich glaube auch, daß man sich engagieren muß, um Freude am Leben zu haben. Das ist die alte puritanische Ethik: Nur wenn man etwas investiert, kommt dabei auch etwas heraus ... Ich denke, daß gerade die Sicherheit, die meine Familie mir bietet, mir ermöglicht, in meinem Beruf Risiken einzugehen. Das ist wie mit einem Schloß, von dem ich mit meinem weißen Roß davonreite, aber ich weiß, ich kann jederzeit in das Schloß zurück.«[38]
Schon 1986 erklärt er Sophie Stein in einem Interview bei ihm zu Hause in Hampstead zum Thema Treue: »Man wird immer wieder in Versuchung geführt, doch wie bei jeder wichtigen Entscheidung wägt man die Pros und Contras sorgfältig ab. Liebe ist – wie ein Eimer voll Wasser. Und wenn der Eimer

Ein Schauspieler zeigt Profil. Jeremy Irons in ›Verhängnis‹ (1992).

zwei Löcher hat, dann ist der Druck, die Intensität der Gefühle, nicht so stark, als wenn nur ein Loch da wäre. Wenn man seine Sehnsüchte, seine Leidenschaft und Lust mit zwei Menschen auslebt, dann gibt man jedem weniger, als er braucht.«[39]
Der leidenschaftliche Motorradfahrer bezeichnet sich 1986 selbst auch offen als »altmodisch«: »In allen Dingen, in Gewohnheiten und Konsumverhalten. Ich habe mir vor sechs Jahren einen Wagen gekauft, ein Volkswagen-Cabrio, und den fahre ich immer noch sehr gern. Er hat Tradition, ein gutes Design, und er fährt gut. Mode ist mir allzuoft nur Veränderung um der Veränderung willen, nicht aus einem wirklichen Bedürfnis heraus. Wahrscheinlich bin ich ein Romantiker, denn ich sehe die Welt gern durch eine leicht idealistische Brille … Ich möchte nie abgeklärt und gelangweilt sein. Ich liebe Kontraste, aber ich versuche, meinen Lebensstil nicht radikal zu verändern, nur weil ich mehr Geld verdiene als früher. Ich bin manchmal extravagant, aber dann erlebe ich es auch als ganz außergewöhnlich und freue mich daran.«[40]
1983 kauft er ein altes viktorianisches Haus in Hampstead

Heath im Londoner Nordwesten, das er selbst renoviert. Türen und Tapeten sowie Klempner- und Schreinerarbeiten sind für ihn keinerlei Problem. Beim Kochen ist er allerdings über Rühreier noch nicht hinausgekommen. »Meine Frau erledigt das für uns, und wenn sie mal keine Lust hat, gehen wir aus oder lassen etwas kommen.«[41] Inzwischen besitzt er ein Landhaus in Oxfordshire bei London und seit 1992 ein kleineres Haus an der Küste bei Cork im schönen Süden der Republik Irland.

»Ich mag immer weniger weg von zu Hause. Ich würde lieber mehr in England arbeiten, um viel Zeit für meine Familie zu haben … Aber im Grunde ist es egal, was ich mache, solange es mir hilft, als Schauspieler zu wachsen.«[42]

Ein Problem, mit dem Jeremy Irons zu kämpfen hat, ist seine Melancholie. 1986 sagt er zwar zu diesem Thema: »Früher war ich melancholischer. Momentan bin ich sehr glücklich, über meine Familie, die endlich wieder zusammen in unserem Haus ist. Ich bin mit meiner Familie sehr glücklich. Ich hoffe, daß ich ihr ein wenig von dem Glück zurückgebe, das sie mir schenkt. Aber ich glaube, ich nehme mehr, als ich gebe. Ich brauche Ruhe und Frieden, um glücklich sein zu können … Morgens spreche ich lange kein Wort, aber das wird jetzt besser, denn ich frühstücke gern mit meinem älteren Sohn Sam.«[43]

Doch 1990, eigentlich das Jahr seines größten Erfolges mit DIE AFFÄRE DER SUNNY VON B., ist für ihn mit großer Schwermut verbunden. »Ich glaube, Melancholie ist ein Anzeichen für fehlendes inneres Gleichgewicht, und das Geheimnis des Glücklichseins liegt darin, daß man ausgeglichen ist. Als ich berühmt wurde, warf mich das aus dem Gleichgewicht, und ich fühlte mich ungefähr ein Jahr lang schlecht. Und immer noch, wenn ich zu einer Premiere gehe und die Photographen schon warten, fühle ich mich beklommen. Ich sehe, wie andere Schauspieler damit umgehen, und denke, so sollte ich es auch tun. Ich bin immer gereizt, denn ich bin nicht so selbstsicher. Also ist immer noch etwas davon vorhanden, doch ich denke, die Melancholie habe ich inzwischen ziemlich überwunden. Ich kann auch euphorisch sein, aber nicht über meine Leistungen. Gewöhnlich ist es so, wenn ich draußen bin und segle, mit den

Portrait einer undurchschaubaren Persönlichkeit: Jeremy Irons als Claus von Bülow in ›Die Affäre der Sunny von B.‹ (1990).

Skiern einen Hang herunterfahre, ein Pferd reite oder mit den Kindern zusammen bin, auch manchmal bei einem großartigen Film oder Theaterstück. Ja, da gibt es schon viele Situationen, wo ich sage: ›Es könnte ja gar nicht besser sein.‹«[44]
In einem sehr ehrlichen Interview (typisch für Jeremy Irons) mit John Naughton für die englische Ausgabe von *Premiere* er-

zählt er 1994, daß er sich kurzzeitig auf Anraten seiner Kollegin Glenn Close in New York in eine therapeutische Behandlung begeben habe, allerdings über die hohen Kosten schon bald total verärgert war und nach anderthalb Sitzungen abbrach. Der Journalist Naughton bietet ihm im Gespräch eine Billigtherapie an, indem er einfach nach Jeremy Irons' Vater fragt:

»Ich bin meinem Vater sehr ähnlich, und ich bin froh darüber, daß ich meinem Vater gleiche, der ein sehr hart arbeitender Mensch war, der sich selbst emporgearbeitet hat zu einem ehrenhaften Mann. Auch von der politischen Überzeugung ähneln wir uns. Er wählte lange die Konservativen, bis er zur Labour Party wechselte, er war frei in seiner Entscheidung und nicht festgefahren.«[45]

Nach seinem Spielfilm DAS GEISTERHAUS/HOUSE OF SPIRITS und den Synchronarbeiten zum Disney-Zeichentrickfilm DER KÖNIG DER LÖWEN/THE LION KING hat sich Jeremy Irons 1994 erst einmal ein Jahr freigenommen. »Ich fühlte, daß ich keinen Appetit mehr verspürte. Ich wollte einmal ein Jahr Ruhe habe, ein Vakuum schaffen, um zu sehen, was sich dann darin ansammelt. Dies ist aus der Idee heraus geboren, einmal etwas anderes als ›Ja‹ am Telefon zu sagen.«[46] Er nutzt die Zeit unter anderem, um mit seiner Familie einen ausführlichen Urlaub in den USA zu machen. Außerdem tritt er dort sichtlich entspannt und gut gelaunt am 14.6.1994 in der »Late Show« von David Letterman auf.

Soziales Engagement

Für zahlreiche internationale Stars ist es längst kein Tabu mehr, ihre Popularität in den Dienst wichtiger Dinge zu stellen, die mit ihrem Beruf selbst nicht direkt oder nur in bestimmter Hinsicht zu tun haben. Das völlige Engagement der verstorbenen Audrey Hepburn für UNICEF soll hier als herausragendes Beispiel genannt werden. Aber auch Elizabeth Taylors Eintreten für die Belange der vom AIDS-Virus Infizierten zeigt, daß Probleme und Mißstände von exponierten Filmstars wahrgenommen werden und daß sie ihre Möglichkeiten nutzen, Stellung zu beziehen und eine breite Aufmerksamkeit zu wecken. Whoopi Goldberg ist ein vorbildliches Beispiel dafür. In den offiziellen Biographien von Jeremy Irons liest man über dieses Kapitel wenig, da das allgemeine Interesse sich mehr auf die künstlerischen Leistungen konzentriert. Deshalb ist es wichtig, auch einmal diesen Aspekt anzusprechen, wenngleich Irons solche Aktivitäten sicherlich nicht an die große Glocke hängen würde. Hier einige Beispiele:

1984 spielt Jeremy Irons am Broadway in »The Real Thing« mit Glenn Close. In seiner Freizeit organisiert und unterstützt er Wohltätigkeitsveranstaltungen zugunsten einer Unterkunft für obdachlose Mütter und ihre Töchter in der New Yorker Bronx.

1986 tut Jeremy Irons in einem Interview noch seine konservative Haltung kund, indem er der damaligen Chefin der konservativen Partei, der »eisernen Lady«, seine Sympathie entgegenbringt: »Ich habe Margaret Thatcher gewählt, weil ich glaube, daß sie eine starke Kraft ist. Sie ist die beste Person, um uns aus der wirtschaftlichen Rezession zu führen. Aber ich bin völlig gegen die Aufrüstung und gegen die Stationierung von Raketen in unserem Land.«[47]

1990 macht Jeremy Irons beim Pferderennen von Cheltenham im Prominentenrennen mit, dem »Celebrity Race«. Die Erlöse der dort ausgetragenen Rennen dienen dem »Comic Relief« zugunsten von Projekten in Mozambique, Somalia, Südafrika

und Eritrea, aber auch dem Aufbau eines neuromuskulären Zentrums in Großbritannien. Statt mit einer Peitsche reitet er mit seinem frisch erworbenen »Oscar« in der Hand.
20.5.1990. Jeremy Irons moderiert das »Music for Life«-Konzert in Londons South Bank. Organisator Graham Vick hat vornehmlich klassische und moderne Werke für Orchester und Solisten zusammengestellt.
1991 verbringt Jeremy Irons eine Nacht im Freien, um auf die Belange der Obdachlosen aufmerksam zu machen. Er engagiert sich für die Obdachlosen-Organisation »Sleeping Rough«.
15.2.1992. Zum dritten Todestag des Ayatollah Khomeni versammelt Salman Rushdie, der Autor der »Satanischen Verse«, auf dessen Ermordung der iranische Schiitenführer eine immer noch gültige Belohnung ausgesetzt hat, seine Freunde in der Stationer's Hall in London. Er will seinem Unwillen darüber Ausdruck verleihen, weiterhin als »Unperson« zu gelten. Außerdem versucht er, Kontakte zwischen seinen Unterstützern und Iranern zu knüpfen, die nicht zu der Politik ihres Landes stehen. Zu den zahlreichen anwesenden Sympathisanten zählen neben Jeremy Irons unter anderem die Autoren Doris Lessing, Harold Pinter, Tom Stoppard und Günter Grass, der Regisseur Michael Winner, der Musiker Bob Geldof und der Drehbuchautor Hanif Kureishi.
14.6.1992. Jeremy Irons moderiert das »Konzert für den Planeten Erde«, das angesichts des Weltumweltgipfels in Rio de Janeiro eine eigenständige Ausdrucksform der Bemühungen um die Umwelt darstellen soll. Die Superstars Placido Domingo und Denyce Graves singen Duette und Opernarien. Es spielt das Rio de Janeiro Orchestra unter der Leitung von John Demain. Spezieller Gast ist Wynton Marsalis.
Dezember 1992. Jeremy Irons engagiert sich zusammen mit Vanessa Redgrave, Kenneth Brannagh, Annie Lennox, Sting, Peter Gabriel und anderen für »Friends of the Earth«. Es soll verhindert werden, daß durch die Firma British Nuclear Fuel im britischen Kernkraftwerk Sellarfield gebrauchte Brennstoffe aus vornehmlich deutschen und japanischen Atomkraftwerken eingelagert werden. Nicht nur die Gefahren der Lagerung sollen unterbleiben, sondern bereits die riskanten Transporte

aus den Herkunftsländern. Die zu erwartenden Profite in zweistelliger Millionenhöhe sollten letztrangig sein.

Als 1992 der 61jährige David Plowright, langjähriger Geschäftsführer der Fernsehproduktionsgesellschaft Granada TV, unvermittelt von seinem Chef Gerry Robinson mit einer dicken Abfindung gefeuert wird, legen Jeremy Irons, Alec Guinness, Helen Mirren, die Dramatiker Alan Bennett und Harold Pinter sowie Monty-Python-Star John Cleese energischen Protest ein. Plowright hatte sich besondere Verdienste um den Einsatz für kulturelle Belange erworben. Granada TV hatte die elfteilige Serie WIEDERSEHEN IN BRIDESHEAD/BRIDESHEAD REVISITED produziert, die Jeremy Irons' Weltkarriere begründete.

1993 reist Jeremy Irons zusammen mit Vanessa Redgrave und Daniel Day-Lewis nach Sarajevo, um dort Friedensarbeit zu leisten und besonders den Kindern Aufmerksamkeit zu schenken. Vanessa Redgrave verfaßt anschließend als UNICEF-Botschafterin das Vorwort zu dem Buch »I Dream of Peace«, das in Zusammenarbeit mit UNICEF entsteht und in dem Zeichnungen über den Krieg von Kindern aus dem ehemaligen Jugoslawien abgebildet sind (Harper Collins Publishers/Bertelsmann in Deutschland). Der Erlös des Buches, das in der ganzen Welt erscheint, kommt anteilig UNICEF zugute.

Die Filmkarriere

> *»Ich spiele am liebsten Rollen, die gar nichts mit mir zu tun haben … Normalerweise gelingt es mir, daß ich, wenn ich einmal eine Rolle verinnerlicht habe, sie am Ende des Tages in eine Schublade packen kann und sie am nächsten Morgen wieder heraushole.«*[48]
>
> *»Jeder Schauspieler ist immer in einer Position, in der er aussuchen und wählen muß. Ich bin wählerisch und arbeite lieber gar nicht, bevor ich Mist annehme. Filmen ist ein komplizierter Prozeß und kann sehr qualvoll sein; wenn es mir also nichts bringt, dann mache ich lieber etwas anderes.«*[49]

Jeremy Irons hat sich immer um Rollen im Film selbst beworben und nicht passiv auf Angebote gewartet. Nach einer kleinen Rolle in NIJINSKI (1979) bemüht er sich selbst energisch um die Hauptrolle in der TV-Serie WIEDERSEHEN IN BRIDESHEAD/BRIDESHEAD REVISITED und ebenso um seine Rolle in DIE GELIEBTE DES FRANZÖSISCHEN LEUTNANTS/THE FRENCH LIEUTENANT'S WOMAN.

Trotz der Unterschiedlichkeit der Rollen hat er spätestens nach dem großen Erfolg und dem »Oscar« für DIE AFFÄRE DER SUNNY VON B./REVERSAL OF FORTUNE (1990) das Image eines »toff«, wie die Engländer respektlos sagen, eines »feinen Pinkels«, wie es im Deutschen noch respektloser klingt. Er spielt häufig den wohlanständigen, gutgekleideten Mann aus besseren Kreisen, dessen intakte Fassade durch eine Beziehung der besonderen Art zu bröckeln beginnt. Durch seine Rolle in DAS GEISTERHAUS/HOUSE OF SPIRITS hat er versucht, eine andere Facette zu zeigen. 1994 zieht er Bilanz: »Wie sehr ich auch betone, daß ich nicht auf einen Rollentyp festgelegt werden möchte, wird man trotzdem festgelegt. Man zeigt, daß man bestimmte Rollen spielen kann, und dann wird man egagiert, um sie noch einmal mit einer kleinen Veränderung zu spielen. Ich finde, daß ich jetzt genug in der Art gespielt habe.«[50]

Der ernsten und melancholischen Rollen überdrüssig, peilt er

Jeremy Irons als Charles Smithson in ›Die Geliebte des französischen Leutnants‹ (1981).

Jeremy Irons einmal mehr in der Rolle eines wohlanständigen Menschen, der plötzlich aus der Rolle fällt: ›M. Butterfly‹ (1993) von David Cronenberg.

Juliette Binoche und Jeremy Irons zieren das Titelblatt der französischen Ausgabe von »Premiere« im Dezember 1992 anläßlich ihres Films ›Verhängnis‹.

ein neues Feld an: »Ich würde gerne mehr Komödie ausprobieren. Ich habe es am Theater bereits getan, und ich glaube, daß ich das kann. Das Problem ist, jemanden zu finden, der einen zum Lachen bringt. Ich habe John Cleese bereits gesagt, daß ich zur Verfügung stehe, wenn EIN FISCH NAMENS WANDA 2 gedreht wird und Kevin Kline gerade beschäftigt sein sollte (lacht). Beim Film hat man, anders als beim Theater, ein unerprobtes Drehbuch, einen Regisseur, der es entweder hinkriegt oder versaut, und einen Cutter, der bei dem Ganzen entschei-

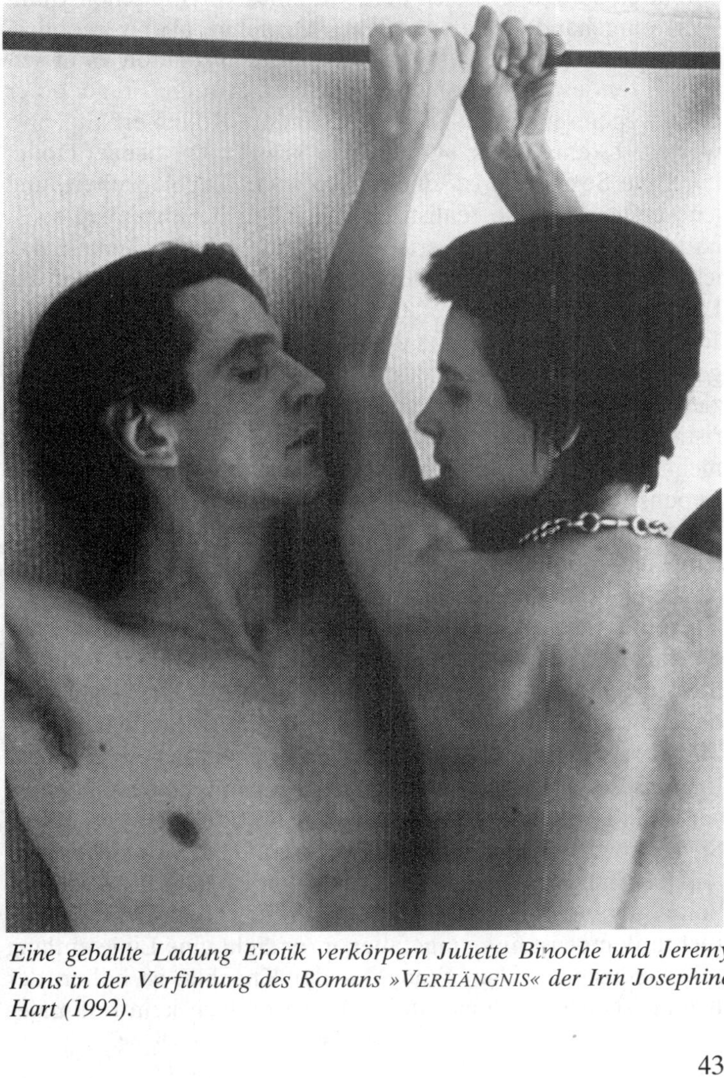

Eine geballte Ladung Erotik verkörpern Juliette Binoche und Jeremy Irons in der Verfilmung des Romans »VERHÄNGNIS« der Irin Josephine Hart (1992).

dend ist. Man selbst hat nicht mehr die Kontrolle über das Timing eines Gags. Also, wenn ich eine Komödie drehe, dann mit einem Regisseur, der den gleichen Sinn für Humor hat wie ich.«[51]

Da in fast jedem Film von ihm eine oder mehrere Sex-Szenen enthalten sind, hat er sich den Ruf eines »olympischen Bumsers« eingehandelt, der versucht, »vornehm, aber vergeblich, seine Hosen anzubehalten«[52], wie James Naughton es in seinem Interview unverhohlen bezeichnet. Auf die Frage, ob er denn wegen seiner Sex-Szenen bestimmte Rollen erhalte, antwortete Jeremy Irons: »O nein, die kriegt alle Michael Douglas. Eine Sex-Szene ist eine sehr private Angelegenheit, und ich versuche, sie so realistisch wie möglich zu spielen, sonst hätte es ja gar keinen Wert … Die Leute müssen denken, daß ich ein regelrechter Sex-Besessener bin, weil ich das auf der Leinwand darstelle … «[53]

Jeremy Irons, der sich von den übertriebenen Sex-Darstellungen in VERHÄNGNIS/DAMAGE (1992) im nachhinein distanziert, weil sie seiner Meinung nach von Louis Malle zu voyeuristisch inszeniert wurden, muß man zugute halten, daß er es nicht scheut, diesen elementaren Bestandteil menschlichen Lebens und Motor menschlichen Handelns in seinen Rollen darzustellen, und damit den Figuren eine Wahrhaftigkeit verleiht, die andere Schauspieler nicht oder nicht so intensiv erreichen – oder gänzlich verweigern.

Zu seinem äußeren Erscheinungsbild gibt Jeremy Irons, anders als wohl die meisten seiner Fans und Bewunderer ihn sehen, gegenüber Lynn Barber ein nüchternes Urteil ab: »Ich habe mich nie für gutaussehend gehalten, was, glaube ich, ganz hilfreich ist. Wenn ich vom richtigen Blickwinkel mit der richtigen Linse aufgenommen werde, dann kann ich passabel aussehen. Ich weiß auch, welcher Winkel und welche Seite. Sehen Sie (er zeigt sein rechtes Profil), dies wird man sich nicht so oft anschauen mögen. Es ist ganz gut, wenn es nicht ganz von der Seite aufgenommen wird, nicht mehr im vollen Profil. Meine rechte Wange ist hier eingefallener (er zieht eine Linie entlang seiner seltsam flachen Wange) – der Knochen ist höher, der Kiefer ist nicht so quadratisch. Es ist einfach kein optimales

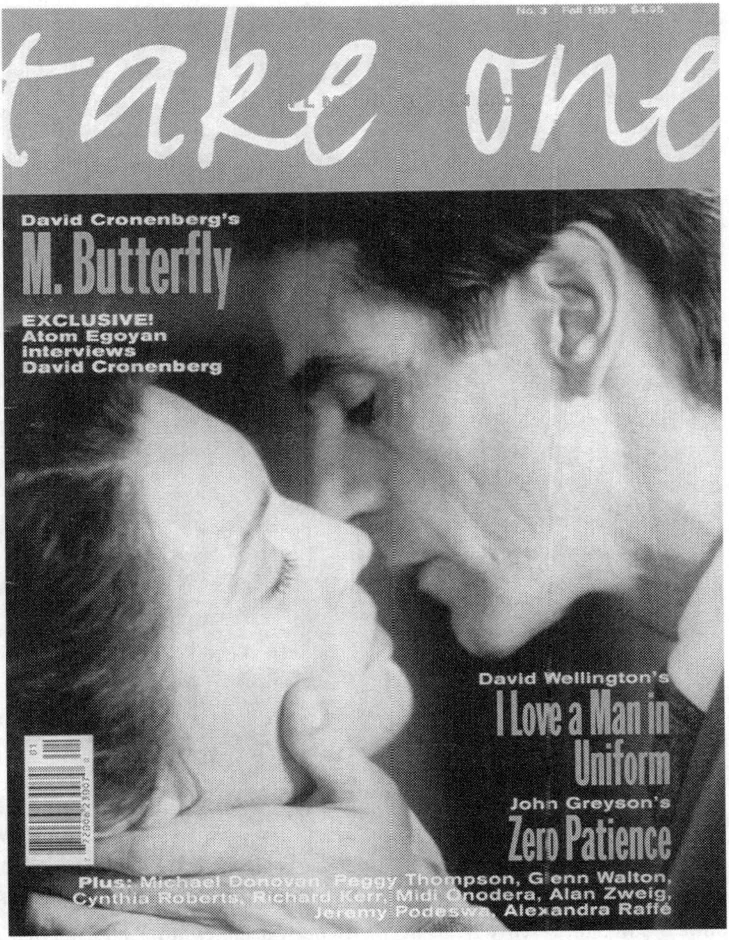

John Lone und Jeremy Irons auf dem Titel der kanadischen Filmzeitschrift »take one«.

Profil. Ich sage das den Regisseuren. Das linke Profil ist besser, wenn ich üppiger aussehen soll, das andere Profil sieht verletzlicher aus.«[54]

An Jeremy Irons' Filmographie fällt auf, daß er größtenteils in Literaturverfilmungen mitgespielt hat. Und zwar in Verfilmungen von oft sehr anspruchsvoller und eigenwilliger Litera-

Stille Studie von Jeremy Irons als britischer Parlamentarier Dr. Stephen Fleming (›Verhängnis‹; 1992).

tur. Es handelt sich um Autoren wie Isabel Allende, Alan Ayckbourn, Roald Dahl, John Fowles, Josephine Hart, David Henry Hwang, Henrik Ibsen, Harold Pinter, Marcel Proust, Graham Swift, Evelyn Waugh. Man kann also nicht behaupten, daß ihm die Rollen immer auf den Leib geschrieben wurden, sondern es war so, daß er vorgegebene literarische Figu-

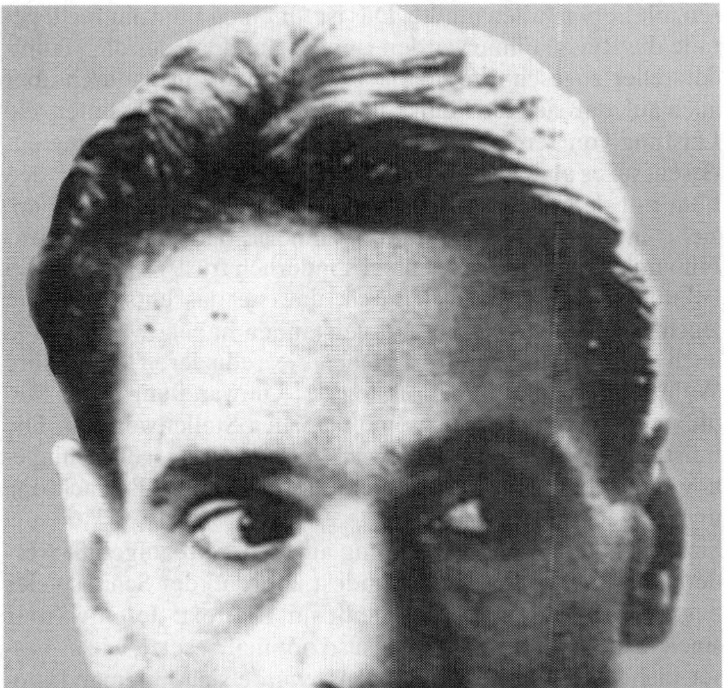

Für ›Kafka‹ (1991) schlüpfte Jeremy Irons in die Rolle eines unscheinbaren Bürokraten.

ren mit Leben füllen mußte. Das ist für einen Filmstar nicht gerade die Regel. Filme werden ja meist auf den oder die Hauptdarsteller zugeschnitten. Um so deutlicher fällt dadurch aber auch auf, daß sich die Filmkritiker fast nie die Zeit nehmen, die Leistung von Jeremy Irons in irgendeiner Form zu kommentieren, sei es als Verriß oder Lob. Sie halten sich damit auf, den Film mit dem Buch oder Stück zu vergleichen, und der Film zieht in dieser Konfrontation zumeist den kürzeren, was Filmemacher in der Regel nicht sonderlich frustriert. Natürlich bekunden die Kritiker dadurch, daß sie das entsprechende Buch oder Stück gelesen und verstanden haben, was ihnen ja auch hoch anzurechnen ist. Doch sie reduzieren damit ihre Wahrnehmung auf den Vorgang der Umwandlung eines Mediums in ein anderes, das seinen eigenen Stellenwert hat. Die Leistung eines Jeremy Irons wird nur noch als gegeben hingenommen, aber nicht weiter einer eindringlicheren Betrachtung unterzogen.

Sicherlich kann Nichterwähnung auch als Lob aufgefaßt werden, denn sie schließt ja zumindest aus, daß der Schauspieler negativ kritisiert wird. Das heißt im Klartext: Jeremy Irons spielt seine Rollen so gut und ist so optimal besetzt, wie es besser nicht sein könnte – denn sonst würde sich ja jemand mokieren.

Bei einem Weltstar wie etwa Anthony Quinn, der als Mexikaner, Araber, Marokkaner, Grieche, Italiener, Rumäne, Spanier, Portugiese, Schweizer, Eskimo und Indianer zu sehen war, als Beduinenanführer, als chinesischer Guerilla, als französischer Maler oder Glöckner, drängt sich der Eindruck auf: Mit einer starken Persönlichkeit, eindrucksvollem Äußeren und gelungener Maske kann ein Spitzenschauspieler jede Nationalität verkörpern. Doch gerade Jeremy Irons verkörpert britische Schauspielkunst und Lebensart im heutigen Film wie kaum ein anderer. Trotzdem wird er neben seinen englischen Rollen auch als deutscher Student, polnischer Schwarzarbeiter, französisch-jüdischer Kunstkenner, französischer Diplomat, zwei kanadische Gynäkologen, tschechischer Schriftsteller, österreichisch-ungarischer Emigrant, australischer Photograph, belgisch-australischer Wollhändler, dänischer Emporkömmling und chilenischer Großgrundbesitzer besetzt. Ebenso internationaler Herkunft sind seine Regisseure: die Amerikaner Herbert Ross und Steven Soderbergh, der Tscheche Karel Reisz, der Deutsche Volker Schlöndorff, der Pole Jerzy Skolimowski, der Belgier Jean-Jacques Andrien, der Franzose Louis Malle, der Kanadier David Cronenberg, der Däne Bille August, der in Teheran gebürtige Deutsch-Franzose Barbet Schroeder u. a.

Jeremy Irons (links) als Swann und Alain Delon als homosexueller Baron Charlus. Aus: ›Eine Liebe von Swann‹ (1983).

Mit der Verkörperung verschiedenster Nationalitäten steht Jeremy Irons in der Tradition großer englischer Film- und Bühnenstars. Zu seinen großen Vorbildern zählt Laurence Olivier. »Ich bewundere Olivier dafür, daß er während seiner Karriere so viel geleistet hat. Seine Karriere war so umfassend – er war in der Lage, fast alles zu können. Ich bewundere das, denn ich finde, er hat das Beste aus seinem Leben gemacht.«[55] Laurence Olivier ist in seinen Filmen unter anderem als niederländischer Gelehrter, deutscher KZ-Arzt, österreichischer Nazi-Jäger, russischer Politiker, Wüstenregent, römischer Prokonsul zu sehen. Alec Guinness, ein weiteres Vorbild von Jeremy Irons, sieht man als Obi-Wan Kenobi, Papst Innozenz III., Yevgraf Schiwago, Prinz Feisal, Marcus Aurelius, Adolf Hitler, Heinrich Mann … etc.

Die britische Filmjournalistin Anne Billson hat in bezug auf Jeremy Irons daraus bereits eine satirisch gemeinte Theorie abgeleitet: »Der Verdacht liegt nahe, daß eine Menge ausländischer Filmemacher da draußen lauern, die bereit und willens sind, die besten englischen Schauspieler zu verlocken, Rollen zu spielen, in denen sie andersartig sein können und unangenehm auffallen. Das ist eine große Verschwörung, um die englischen Werte zu untergraben! Leute, laßt euch das eine Lehre sein.«[56]

Jeremy Irons selbst spricht der Schauspielkunst gerade englischer Darsteller aber noch eine weitere Dimension zu, die insbesondere im Vergleich mit den Amerikanern einen großen Unterschied ausmacht, wenngleich er mit großer Achtung von Robert De Niro und Robert Duvall spricht. »Amerikaner scheinen mir sehr neidisch auf die Ausbildung zu sein, der sich englische Schauspieler unterziehen müssen. Die amerikanischen Schauspieler berufen sich auf ›Method Acting‹ (eine besonders von Lee Strasbergs »Actor's Studio« geprägte Form der Darstellung eines Charakters mit Leib und Seele mit völliger physischer und psychischer Identifikation, Anm. d. A.). Ich habe einmal gehört, wie Burt Lancaster über Sir Laurence Olivier gesprochen hat. Das war so, wie Reagan über die Russen spricht. Das ist wirklich die größte Schwierigkeit mit den Amerikanern in diesem Beruf: Sie bewahren sich nicht ihren Sinn

Jeremy Irons ist beliebtes Objekt für Fotobildbände.

für Humor oder vielleicht einfach nur eine gewisse Sachlichkeit. Wir lösen schließlich nicht das Hungerproblem auf der Welt und befreien keine politischen Gefangenen.«[57]

Seine Filmkarriere mutet im Grunde an wie die eines Schauspielers, der keine Filmkarriere machen will. Es gibt keine leichten, einfachen, eindimensionalen Rollen. Keine Helden und keine Bösewichter, keine klaren Konturen, keine Schublade. Jeremy Irons wird nie James Bond oder Indiana Jones sein. Er steht in der engeren Auswahl für die Rolle des Dracula in Francis Ford Coppolas BRAM STOKER'S DRACULA (1993), den dann aber der britische Kollege Gary Oldman spielt. Fehlt ihm das Diabolische, oder traut man es ihm nicht zu? Jeremy Irons hat sich immer um die Filmrollen selbst bemüht, die ihn interessierten. Am Anfang war das natürlich schwierig. »Ich habe mich für ganz viele Filme vorgestellt, aber immer wieder sah ich, wie der Blick sich trübte, als sie mich fragten, in welchen Filmen ich mitgespielt hätte, und ich sagen mußte, daß ich noch gar nichts vorzuweisen habe.«[58]

Über seine Arbeitsauffassung sagt er ganz deutlich: »Ich bin unmöglich. Intolerant, ungeduldig und unmöglich. Schlampige Arbeit kann ich nicht ausstehen, und wenn ich sehe, daß etwas schlecht getan wird, dann sage ich das auch.«[59] Seine Frau Sinéad beschreibt das in ihren Worten so: »Jeremy ist am Drehort extrem kampfbereit, wenn es um die Wahrhaftigkeit einer Szene geht. Um das zu erreichen, ist er schonungslos. Dabei nimmt er nicht allzuviel Rücksicht auf die Empfindsamkeit der Kollegen. Er findet einfach, daß wir alle groß genug sein sollten, diese Dinge besprechen zu können, und auch robust genug. Als seine Frau reagiere ich auf diese Haltung manchmal sehr schroff. Ich möchte das nicht erleben. Er muß sich vorsehen, denn zu Hause würde ich ihm sagen: ›Halt die Klappe!‹«[60]

Auf die Frage, wie er seinen Text bei Szenen, die wiederholt werden müssen, immer wieder »frisch« hervorbringt, antwortet Jeremy Irons klipp und klar: »Ich kann mir nicht vorstellen, wie Text klingt, wenn er nicht ›frisch‹ ist. Ich bin mir nicht sicher, wie ›abgestandener‹ Text klingt. Ich glaube nicht, daß ich ihn ›abgestanden‹ klingen lassen könnte – ich könnte es *unwahrhaftig* spielen. Ich könnte es unglaubwürdig klingen lassen, indem ich den Text ohne Überlegung sprechen würde. Das kann ich machen.«[61]

Die Zusammenarbeit mit dem Regisseur steht bei der Art von Filmen, die Jeremy Irons dreht, im Mittelpunkt. Zum einen handelt es sich in der Regel um Filme, in denen Irons fast in jeder Szene spielt, zum anderen zeichnet die Regisseure, mit denen Irons gearbeitet hat, starke Individualität und die eigene Vision aus. Jeremy Irons beschreibt ganz bescheiden seine Auffassung der Aufgabenverteilung: »Die besten Regisseure, wie Steven (Soderbergh) oder David Cronenberg, geben mir das Gefühl einer Partnerschaft. Sie geben dem Schauspieler das Gefühl, daß der Film seine Schöpfung ist, was er natürlich

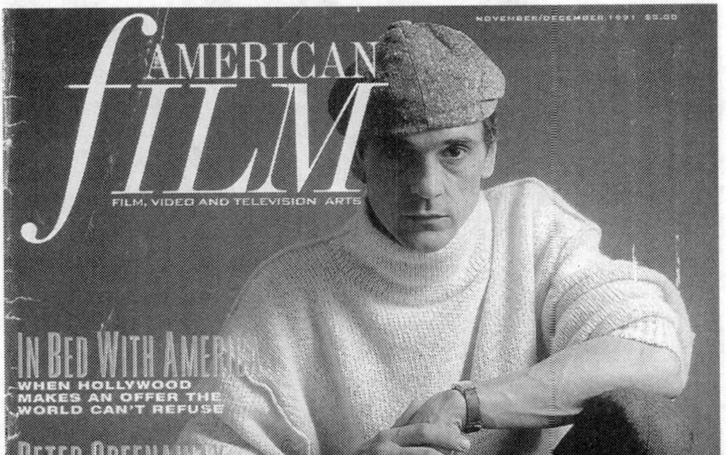

1991 war Jeremy Irons auf der Titelseite der inzwischen leider eingestellten Zeitschrift »American Film« zu sehen.

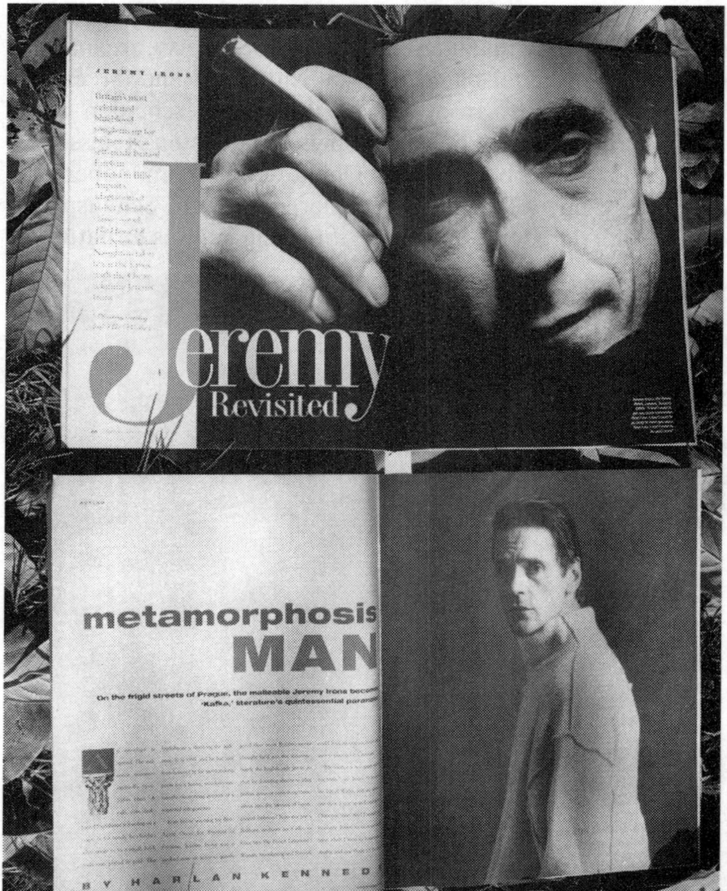

Filmzeitschriften wie »American Film« und »Premiere« (UK-Edition) veröffentlichten interessante Fotoserien mit Jeremy Irons.

nicht ist ... Der Schauspieler muß allerdings auch mitteilen, was er vorhat; man sollte sich die Rolle aneignen und, wenn gedreht wird, in der Rolle sein. Man muß sich natürlich nach der Kamera richten, nach der Kulisse, der Beleuchtung oder der Länge der Szene.«[62]

Zwischen den Szenen vertreibt Jeremy Irons sich gewöhnlich die Zeit mit dem Lösen von Kreuzworträtseln. »Ich mache das nur bei Dreharbeiten. Sie sind deshalb gut, weil man bruchstückhaft daran arbeiten kann. Wie Sie wissen, gibt es oft Wartezeiten, doch ein Buch zu lesen, würde sich nicht lohnen, da die Pause nur zehn Minuten oder so dauert.«[63]

Jeremy Irons ziert den Titel der Beilage einer deutschen Programmzeitschrift.

Bemerkenswert ist außerdem noch, daß Jeremy Irons in Filmen neben dem Risiko, dabei überhaupt mitzuwirken, auch körperliche Risiken einzugehen bereit ist. Es gibt Szenen, in denen er deutlich ungedoubelt riskante, ja lebensgefährliche Situationen vor der laufenden Kamera durchlebt. In DIE GELIEBTE DES FRANZÖSISCHEN LEUTNANTS ist er auf einer Hafenmole zu sehen, die während eines heftigen Unwetters immer wieder von riesigen Flutwellen überspült wird. Irons geht auf die Mole hinaus, obwohl die Gefahr besteht, von den Wassermassen ins Meer mitgerissen zu werden. Das wird besonders dadurch deutlich, daß die Nahaufnahmen der Gesichter von ihm und Meryl Streep erkennbar im Studio vor einer Rückprojektion aufgenommen wurden. In BETRUG überquert er am Anfang eine Straße, wobei er fast von einem herannahenden Auto erfaßt wird. Es sieht so aus, als ob das Fahrzeug noch seine Hacken gestreift hätte. Vielleicht hat Steven Soderbergh das in KAFKA dazu inspiriert, ihn fast von einer Pferdekutsche überrollen zu lassen. Jeremy Irons weicht ihr im allerletzten Moment aus. Die Erklimmung der Wasserfälle in MISSION schließlich läßt erkennen, daß auch hier Jeremy Irons neben den körperlichen Strapazen das Risiko auf sich genommen hat, in schwindelnder Höhe im kolumbianischen Dschungel eine dramaturgisch wichtige Szene selbst zu spielen.
Begonnen hat Jeremy Irons seine Karriere vor der Kamera mit Arbeiten für das englische Fernsehen.

Filmographie

The Voysey Inheritance (Fernsehfilm)

Liebe zu Lydia (Fernsehserie)
(Love for Lydia); Großbritannien 1977; *Buch:* Julian Bond nach dem Roman von H. E. Bates; *Produktion:* LWT/Richard Bates/Tony Wharmby; *Darsteller:* Mel Martin, Christopher Blake, Jeremy Irons, Beatrix Lehmann, Rachel Kempson, Michael Aldridge. 13 Folgen à 50 Minuten. Auch in der ARD 1978 ausgestrahlt.

»Bemühte und schließlich auch erfolgreiche Serie nach H. E. Bates' Roman über eine *jeune fille fatale* vor einem halben

Mel Martin und Jeremy Irons in der TV-Serie »Liebe zu Lydia« (1978).

Jahrhundert und den jungen Mann, den sie zu der Affäre verführt. Außer daß er ein großes Werk auf das übliche Serienformat zusammenschrumpfen mußte, kam auf den Autor Julian Bond auch noch zu, daß ihm in der Spätphase der Produktion ein neuer Produzent vorgesetzt wurde, als Richard Bates (der Sohn von H. E. Bates) durch Tony Wharmby ersetzt wurde.«[64]

LANGRISHE, GO DOWN (Fernsehfilm)
Großbritannien 1978; *Regie:* David Jones; *Drehbuch:* Harold Pinter nach dem Roman von Aidan Higgins; *Kamera:* Elmer Cossey; *Produzent:* David Jones; Produktion: BBC Television; *Länge:* 90 Min.; *Erstausstrahlung:* 20.9.1978 (BBC 2); Farbe.
Darsteller: Jeremy Irons (Otto Beck), Judy Dench (Imogen Langrishe), Annette Crosbie (Helen Langrishe), Harold Pinter (Barry Shannon), Margaret Whiting (Maureen Layde), John Molloy (1. Mann im Bus), Niall O'Brien (2. Mann im Bus), Susan Williamson (Lily Langrishe), Arthur O'Sullivan (Joseph Feeney), Liam O'Callaghan (Mr. Langrishe), Joan O'Hara (Mrs. Langrishe), Michael O'Brian (Priester).

»Drei unverheiratete Schwestern in einem zerbröckelnden irischen Herrenhaus verlieren ihr seelisches Gleichgewicht – in einem Fall ihre Jungfräulichkeit –, als ein deutscher Student sich im Pförtnerhaus einquartiert.«[65]

Die Handlung spielt 1932 und 1937. Die Erzählung springt zwischen den Zeiten hin und her, geht am Schluß dann noch nach 1903, 1900 und 1919 zurück. Jeremy Irons spielt den 35jährigen mittellosen deutschen Studenten Dr. Otto Bernhardt Beck, der eigentlich für fünf Shilling die Woche das Cottage des heruntergekommenen Landhauses »Springfield House« bei Dublin gemietet hat, um dort seinen wissenschaftlichen Studien über Irland im 17. Jahrhundert und irische Gebräuche nachzugehen. Doch nachdem er mit Imogen, mit 39 Jahren die jüngste der drei Langrishe-Schwestern, die alleine dort wohnen, in Dublin eine Nacht durchgezecht hat, entwickelt sich eine Beziehung zwischen den beiden, in deren Verlauf Beck sich nach Strich und Faden verwöhnen läßt und ins Haus zu Imogen

zieht. Dabei läßt er sie aber immer seine Bildungsüberlegenheit spüren und auch die vermeintliche kulturelle Überlegenheit seines Herkunftslandes Deutschland. Als er ihr schließlich – wie das Selbstverständlichste von der Welt – mitteilt, er würde die Münchener »Schnall'n«, die Prostituierten, vermissen, dreht Imogen bei einer geringfügigen Auseinandersetzung durch und erschießt ihn. Anschließend schreibt sie stapelweise Liebesbriefe an ihn und verstaut sie in einer Schublade. Das hatte ihre Schwester Helen zuvor auch schon getan …
Der Film entstand nach dem Roman des Iren Aidan Higgins und wurde auch in Irland gedreht. Harold Pinter, der Jeremy Irons von der Bühne her kannte, machte sich für ihn stark. Im nachhinein meinte Irons, daß er für diese Hauptrolle überhaupt nicht geeignet gewesen war, doch Harold Pinter muß das ganz anders gesehen haben, denn er schlug anschließend dem Filmregisseur Karel Reisz vor, ihn 1981 mit der Doppelrolle in DIE GELIEBTE DES FRANZÖSISCHEN LEUTNANTS zu besetzen, was auch geschah.
Dieser Fernsehfilm war ursprünglich als Kinospielfilm geplant, doch die Finanzierung konnte nicht zusammengebracht werden. Erst 1982 gelang es dem Trio David Jones (Regie), Harold Pinter (Buch) und Jeremy Irons (Hauptdarsteller) mit BETRUG/BETRAYAL, doch einen gemeinsamen Kinofilm zu realisieren. Drehbuchautor Harold Pinter kann hier zugleich auch als Darsteller bewundert werden. Ursprünglich wollte er den Film auch inszenieren, weshalb in seinem veröffentlichten Drehbuch auch ganz detaillierte Kamerapositionen angeführt sind. Pinter weist darauf hin, daß David Jones sich bei der Realisierung nicht immer daran gehalten habe, daß die Struktur des Films jedoch erhalten geblieben sei.
»Go down« ist ein Dressur-Befehl für Hunde.

LITERATURHINWEIS:
Harold Pinter: »The French Lieutenant's Woman and Other Screenplays«, London, Boston 1991 (faber and faber). Darin: »Langrishe, Go Down«.

NOTORIOUS WOMEN (Fernsehfilm)
Jeremy Irons verkörpert Franz Liszt.

NIJINSKY
(Nijinsky); USA 1979; *Regie:* Herbert Ross; *Buch:* Hugh Wheeler nach dem Buch »Nijinsky« von Romola Nijinsky und »Das Tagebuch von Waslaw Nijinsky«, herausgegeben von Romola Nijinsky; *Kamera:* Douglas Slocombe; *Musik:* Alexander Borodin, Claude Débussy, Nikolai Rimskij-Korsakow, Robert Schumann, Igor Strawinsky, Carl Maria von Weber – gespielt vom Philharmonischen Orchester Los Angeles, geleitet von John Lanchbery; *Schnitt:* William Reynolds; *Ton:* Cyril Swern, Theodore Soderberg; *Production Design:* John Blezard; *Bauten:* George Richardson (Ungarn), Tividar Bertalan (Sizilien), Pierluigi Basile (Monaco), Tony Roman; *Ausstattung:* Peter James; *Kostüme:* Alan Barrett; *Choreographie:* Michail Fokine, Kenneth MacMillan, Waslaw Nijinsky (»Jeux«, »Le Sacre du Printemps«); *Ballett-Einstudierung:* Irina Baronova, William Griffith; *Make-up:* Kenneth Lintott; *Produzenten:* Harry Saltzman, Nora Kaye, Stanley O'Toole; *Produktion:* Paramount/Hera; Länge: 124 Min.; Farbe; FSK: ab 12, ffr.; *Kinostart:* 14.8.1980.
Darsteller: Alan Bates (Sergei Diaghilew), Leslie Browne (Romola de Pulsky), George de la Peña (Vaclaw Nijinsky), Alan Badel (Baron Dimitri de Gunzberg), Carla Fracci (Tamara Karsawina), Jeremy Irons (Choreograph Michail Fokine), Colin Blakeley (Vassili), Ronald Pickup (Igor Strawinsky), Ronald Lacey (Leon Bakst), Vernon Dobtcheff (Sergej Grigoriew), Frederick Jaeger (Gabriel Astruc), Anton Dolin (Maestro Cecchetti), Janet Suzman (Emilia Marcus), Stephan Chase (Adolph Bolm), Sian Phillips (Lady Ripon), Thomas Millian jr. (Junger Mann am Strand), Charles Kay (Argentinischer Botschafter), Mart Crowley (Baron Adolphe de Meyer), Geoffrey Hughes (Gavrilow), Mitglieder des London Festival Ballet.

INHALT: »1912. Vaclaw Nijinsky, Star Tänzer des Ballets Russes, ist auf dem Höhepunkt seiner Karriere; von Männern und Frauen gleichermaßen bewundert, befindet er sich jedoch in künstlerischer und emotionaler Abhängigkeit von seinem Liebhaber Sergei Diaghilev, dem Gründer des Balletts. Ob-

Französisches Plakat zu ›Nijinsky‹ (1979) mit Leslie Brown, George de la Peña und Alan Bates (von links)

wohl er seine größten Triumphe in Aufführungen genossen hat, die Michail Fokine choreographiert hat, will Nijinsky seine Bandbreite erweitern und selbst ein Choreograph werden. Als Diaghilew ihn in seinem Wunsch unterstützt, zieht er den Zorn Fokines auf sich, besonders wegen der Auswahl des Balletts ›L'Après-Midi d'un Faune‹, das unverschämt stark an Fokines ›Daphnis und Chloé‹ erinnert. Diaghilew nimmt ›Daphnis und Chloé' aus dem Repertoire und droht, Fokine zu entlassen, weil der ihm vorwirft, daß er durch seine Liebe zu Nijinsky geblendet sei. Die beiden Liebenden reisen auf der Suche nach Inspiration nach Griechenland. Inzwischen überredet die junge Erbin Romola de Pulsky , die sich in Nijinsky verliebt hat, den Tanzdirektor Cecchetti, sie als Schülerin aufzunehmen. Als die Aufführung von ›L'Après-Midi‹ mit einer deutlich obszönen Geste beendet wird, gibt es in Paris einen Skandal, und Nijinsky fürchtet trotz Diaghilews Beschwichtigungen um sein Leben. Seine nächste Choreographie, ›Le Sacre du Printemps‹ beschwört fast einen Aufruhr herauf, was Diaghilew vermuten läßt, daß Fokine doch recht hatte mit seinen Zweifeln an Nijinskys Fähigkeiten. Da Diaghilew und sein Protegée sich auseinandergelebt haben, begleitet er das Ballets Russes nicht auf eine Südamerika-Tournee. Auf der Schiffsreise freundet sich Romola mit dem enttäuschten Nijinsky an, und sie schlafen miteinander. Weil er glaubt, daß er endgültig verstoßen sei, heiratet Nijinsky Romola ohne Aufsehen in Buenos Aires. Diaghilew löst sofort Nijinskys Vertrag und weist auch Romolas Fürsprachen für ihren inzwischen geistig behinderten Ehemann ab. Er stellt ihr statt dessen seinen neuen Schützling vor, Leon Myassin, einen hübschen jungen Choreographen.«[66]

ZUM FILM: Jeremy Irons ist in diesem Film nur in einer Nebenrolle zu sehen. Er verkörpert Michail Fokine (26.4.1880–22.8.1942), der in Rußland und im Exil in Frankreich und den USA zu den führenden Choreographen zählte und den modernen Tanz entscheidend mitprägte, indem er der Mimik, der Musikalität, dem Bühnenbild und den Kostümen mehr Bedeutung zukommen ließ und ein organisches Gesamtwerk forderte. Er war einer der ersten, der den Begriff »Tanztheater« mit Inhalt füllte und der Ensembleleistung den Vorrang gab vor dem herausgestellten Star. Er prägte unter der Leitung von Sergei Diaghilew die Entwicklung des Balletts im 20. Jahrhundert. Fokine studierte den »Sterbenden Schwan« für die damit berühmt gewordene Diva Anna Pawlowa ein (1905), die wie er aus St. Petersburg stammte, und er schuf mit »Der Feuervogel« (1910) und »Petruschka« (1911) Meilensteine der Ballettgeschichte.

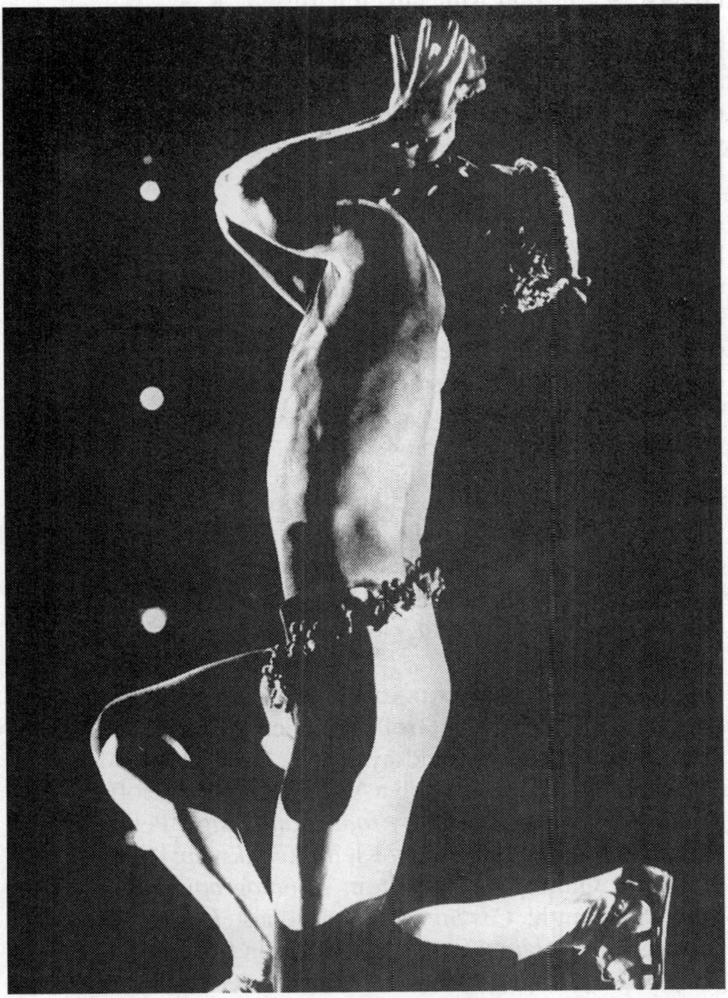

George de la Peña vom »American Ballet Theatre« in der Titelrolle als in Vaclaw Nijinsky in ›NIJINSKY‹ (1979).

Die Darstellung der Liebesbeziehung wurde von Regisseur Herbert Ross in den Mittelpunkt gestellt. Mit George de la Peña vom American Ballet Theater wurde zwar ein professioneller Tänzer engagiert, der aber mit dem wirklichen Nijinsky (1889 – 1950) kaum Ähnlichkeit hatte.

KRITIKEN: »Eher langweilig geschrieben mit der Betonung auf homosexueller Liebe, überzeugt dieser Film schließlich doch durch seine mitreißenden Persönlichkeiten und die ausgeprägte Wiedergabe jener Zeitepoche.«[67] (Halliwell's Film Guide)

»Fast bereits von der ersten Einstellung an wird Homosexualität als die (zweit-)natürlichste Sache der Welt behandelt – eine Sichtweise, die durch Diaghilews liebenswerte Bemerkung verdeutlicht wird, als ihm vom beleidigten Nijinsky vorgeworfen wird, daß er einer Gruppe von Jungen nachstarre, die am Strand Fußball spielt: ›Ich wäre doch kein Mensch, wenn ich es nicht täte.‹ … «[68] (Gilbert Adair in: *Monthly Film Bulletin*)

»Ansehnliche, aber enttäuschende Chronik … Das erzählenswerte Thema wird durch das seifenopernhafte Drehbuch und die angeblich unauthentischen Figuren zerstört. Aber toll die Darbietung von Bates und hervorragend von Badel als reicher Mäzen.«[69] (TV Movies and Video Guide)

Wiedersehen in Brideshead (Fernsehserie)
(Brideshead Revisited); Großbritannien 1981; *Regie:* Charles Sturridge & Michael Lindsay-Hogg; *Buch:* John Mortimer nach dem Roman von Evelyn Waugh; *Musik:* Geoffrey Burgon; *Schnitt:* Anthony Ham; *Production Design:* Peter Phillips; *Kostüme:* Jane Robinson, Joy Kleiner; *Make-up:* Deborah Tinsey, Ruth Quinn, Susan Milton; *Choreographie:* Roy Jones; *Ton:* Phil Smith; *Casting:* Doreen Jones; *Produzent:* Derek Granger; *Produktion:* Granada Television Ltd.; *Länge:* 13 Folgen à 50 Min. (in der Bundesrepublik zu sieben Folgen zusammengeschnitten); 16 mm; Farbe; *britischer Videoanbieter:* Castle Communications PLC/WHSmith Video (Originalfas-

sung), entleihbar beim British Council Köln, Hahnenstr. 6, 50667 Köln; Tel.: 0221/206440.

Darsteller: Jeremy Irons (Charles Ryder), Anthony Andrews (Sebastian Flyte), Laurence Olivier (Lord Marchmain), Claire Bloom (Lady Marchmain), John Gielgud (Edward Ryder), Stephane Audran (Cara), Mona Washbourne (Oma Hawkins), Michael Gough (Doctor Grant), Jane Asher (Celia Ryder), Kenneth Cranham (Sergeant Block), Richard Hope (Lieutenant Hooper), John Nettleton (Commanding Officer), David McAlistar (Second in Command), Wayne Paulo (Adjutant), Robin Hooper (Captain Dodds), Gary Waldhorn (Major Wilson), Cecil Humphreys (Captain Downs), Simon Chandler (Lieutenant James), Vance Dallas (Corporal), Bill Owen (Lunt), Stephen Moore (Jasper), Nicholas Grace (Anthony Blanche), Christopher Good (Collins), Colin Higgins (Partridge), Jeremy Sinden (Boy Mulcaster), John Shuckburgh (Student), Robin Sachs (Alter Etonianer am Fenster), John Kidd (Geschichtsdozent), Diana Quick (Julia Flyte & Julia Mottram), Michael Bilton (Hayter), Graham Seed (Jorkins), Venetia Maxwell (Miss Orme Herrick), Bill Hepper (Begleiter), Paul Butterworth (Portier), Al Gillyon (Schaffner), Roger Milner (Wilcox), Simon Jones (Brideshead), Phoebe Nicholls (Cordelia Flyte), Ralph Nossek (Plender), Alfredo Michelagnoli (Butler), Maria Scarpa (Maria), Victor Baring (Graf Guzzolli), John Grillo (Mr. Samgrass), Brian Hayes (Portier), Charles Keating (Rex Mottram), Jenny Runacre (Brenda Champion), John Byron (Grüngesichtiger Mann), Edwin Brown (Portier), Maria Charles (Ma Mayfield), John Moore (Kellner), June Page (Krankes Kind), Sue Jones-Davies (Kopf einer Toten), Margaret Nolan (Effie), Tony Goodall (Polizist), Andy Rashleigh (Polizist), Michael Stainton (Polizei-Sergeant), Anthony Dawes (Selwyn), Donald Eccles (Mr. Grigg), Terry Fitzgerald (Priester), Anna Quayle (Nancy Tallboys), John Le Mesurier, Ronald Fraser (Rothaariger), Peter Gordon (Gaston) u. v. a.

Gedreht wurde an folgenden Schauplätzen: Castle Howard, Yorkshire; Tatton Park, Cheshire; Hertford College, Oxford;

Christ Church, Oxford; Wadham College, Oxford; The Palazzo Barbaro, The Palazzo Polignac, The Palazzo Pisani Moretta, Venedig; Heaton Hall, Manchester; Portmeirion Hotel, Wales; auf den Inseln Malta und Gozo und an Bord der Queen Elizabeth II.

»Ein gigantisches Unternehmen, das mit fünf Millionen Pfund teurer wurde, als es sich je jemand hätte träumen lassen. Es galt nicht nur als CÄSAR UND KLEOPATRA des britischen Fernsehens, sondern auch als Albatros im Nacken der Produktionsgesellschaft Granada. Doch der Erfolg bei der Kritik war fast einhellig, und die Einschaltquoten waren kein Desaster. Der Film rückte die Homosexualität mehr in den Mittelpunkt als der Roman, und deshalb wurde ihre Darstellung sehr neugierig aufgenommen. Trotz unvermeidlicher Längen war die Kamera immer am rechten Fleck, und weniger als prachtvoll wirkte der Film nie. Seine Mängel sind letztendlich auch die des Buches, an dem fast mit Besessenheit festgehalten wurde.«[70]

Jeremy Irons hatte sich selbst energisch um die Hauptrolle des Charles Ryder bemüht. Ursprünglich war er für die Rolle des Sebastian Flyte vorgesehen.

DIE GELIEBTE DES FRANZÖSISCHEN LEUTNANTS
(auch: DIES HERZ, FÜR LIEBE NICHT GEZÄHMT)
(The French Lieutenant's Woman); Großbritannien 1981; *Regie:* Karel Reisz; *Buch:* Harold Pinter nach dem Roman »The French Lieutenant's Woman«/»Ein Herz für Liebe nicht gezähmt« von John Fowles; *Kamera:* Freddie Francis; *Musik:* Carl Davis, Adagio der Sonate in D von Wolfgang Amadeus Mozart (K 576), gespielt von John Lill; *Schnitt:* John Bloom; *Production Design:* Assheton Gorton; *Bauten:* Norman Dorme, Terry Pritchard, Allan Cameron; *Ausstattung:* Ann Mollo; *Kostüme:* Tom Rand; *Make-up:* Sue Barradell; *Frisuren:* Simon Thompson; *Ton:* Ivan Sharrock; *Spezialeffekte:* Alan Bryce, Nobby Clarke; *Sarahs Zeichnungen:* Sally Scott; *Casting:* Patsy Pollock; *Produzenten:* Leon Clore; *Produktion:* United Artists/Juniper; *Länge:* 124 Min.; *Farbe;* FSK: ab 12,

Das französische Plakatmotiv zu ›DIE GELIEBTE DES FRANZÖSISCHEN LEUTNANTS‹ (1981).

ffr.; *Prädikat:* Besonders wertvoll; *Kinostart:* 11.3.1982; *Videoanbieter:* Schauinsland Video (Originalfassung).
Darsteller: Meryl Streep (Sarah Woodruff/Anna), Jeremy

Irons (Charles Smithson/Mike), Hilton McRae (Sam), Emily Morgan (Mary), Charlotte Mitchell (Mrs. Tranter), Lynsey Baxter (Ernestina Freeman), Peter Vaughan (Mr. F. W. Freeman), Jean Faulds (Cook), Colin Jeavons (Vikar), Liz Smith (Mrs. Fairley), Patience Collier (Mrs. Poulteney), John Barrett (Milchmann), Leo McKern (Dr. Grogan), Arabella Weir (Mädchen auf Felsen), Ben Forster (Junge auf Felsen), Catherine Willmer (Dr. Grogans Haushälterin), Anthony Langdon (Herbergsbetreiber), Edward Duke (Nathaniel Dyson), Richard Griffiths (Sir Tom Burgh), Graham Fletcher-Cook (Botenjunge), Toni Palmer (Mrs. Endicott), David Warner (Sergeant Murphy), Cecily Hobbs (Betty Anne), Michael Elwyn (Montague), Alun Armstrong (Grimes), Gerard Falconetti (Davide), Penelope Wilton (Sonia), Joanna Joseph (Lizzie), Judith Anderson (Rothaarige Prostituierte), Orlando Fraser (Tom Elliott), Vicky Ireland (Mrs. Tranters Haushälterin), Claire Travers-Deacon (Mrs. Poulteneys Haushälterin) u. v. a.
Deutsche Synchronschauspieler: Christian Wolff (Jeremy Irons), Hallgard Bruckhaus (Meryl Streep), Wolf Ackva (Leo McKern), Heinz Engelmann (Peter Vaughan), Michael Brennicke (Michael Elwyn), Kurt E. Ludwig (David Warner).

Der Film erhielt »Oscar«-Nominierungen für die Hauptdarstellerin, das Drehbuch, den Schnitt, die Ausstattung/Production Design und die Kostüme, errang aber in keiner Kategorie die Trophäe. Er gewann den British Film Award für den besten Ton (Ivan Sharrock), die beste Musik (Carl Davis) und die beste Schauspielerin (Meryl Streep).

INHALT: (Die Szenen, die nicht in der viktorianischen Zeit spielen, sind *kursiv* gesetzt.)
Schon am Anfang erfährt man, daß es sich um einen Film im Film handelt, denn die erste Szene zeigt zwar Meryl Streep in einem weiten schwarzen Mantel, aber kurz darauf wird klar, daß sie als Schauspielerin in einem historischen Film agiert. Doch nach dem Schlag der Klappe (»Zweiunddreißig, die Zweite«) geht die Schauspielerin Anna als Sarah Woodruff bis zum Ende der Hafenmole, und es entwickelt sich zunächst sie-

Charles Smithson (Jeremy Irons) wird seine Verlobung mit der Fabrikantentochter Ernestina (Lynsey Baxter) lösen (›DIE GELIEBTE DES FRANZÖSISCHEN LEUTNANTS‹; 1981).

ben Minuten lang die viktorianische Geschichte in Lyme Regis, einem Badeort im Süden Englands im Jahre 1867.
Das rege Treiben in dem Städtchen nicht beachtend, meißelt

Anna (Meryl Streep) und Mike (Jeremy Irons) haben während der Dreharbeiten zu ›DIE GELIEBTE DES FRANZÖSISCHEN LEUTNANTS‹ (1981) eine Affäre.

der gutgestellte Fossilienforscher Charles Smithson an einer Versteinerung herum. Während die Menschen draußen rege und fleißig sind, sitzt er im Morgenmantel in einem Hotelzimmer über seinen Studien, bevor er sich entschließt, seine Verlobte Ernestina aufzusuchen. Sechs Wochen weilt der Londoner schon in Lyme, nun faßt er sich ein Herz und hält unsicher um ihre Hand an. Unbemerkt beobachtet werden sie von Sam, Charles' Diener, und Mary, Ernestinas Hausmagd, die die Szene altklug kommentieren.

Anna und Mike, die Darsteller von Sarah und Charles, liegen morgens nackt gemeinsam in Annas Bett. Der Maskenbildner ruft an, um zu fragen, wo Anna bleibt, das Team sei drehbereit.

Sarah (Meryl Streep) und Charles (Jeremy Irons) sind ein Liebespaar, das die viktorianische Gesellschaft nicht dulden kann (›DIE GELIEBTE DES FRANZÖSISCHEN LEUTNANTS‹; 1981).

Sarah (Meryl Streep) und Charles (Jeremy Irons) finden endlich für eine Liebesnacht zusammen (›DIE GELIEBTE DES FRANZÖSISCHEN LEUTNANTS‹; 1981).

Da Mike das Gespräch angenommen hat, befürchtet Anna: »Sie werden annehmen, ich bin eine Hure.« – »Bist du doch auch«, entgegnet Mike.

Charles wird von Ernestinas Vater in dessen Betrieb erwartet und von dem Großunternehmer als künftiger Schwiegersohn akzeptiert. Das erzählt er Ernestina bei einem Spaziergang im Hafen. Dort kommt es zur schicksalhaften Begegnung. Sarah steht am Ende der Mole, und die Wellen schlagen gefährlich hoch dagegen. Ernestina erklärt, daß die Fischer sie »des französischen Leutnants Geliebte« nennen. Charles will sie von der Mole holen, doch nach einem vielsagenden Blick wendet sich Sarah wieder der wilden See zu. Später erklärt die Verlobte, daß Sarah von dem Leutnant verlassen worden sei und auf dessen Rückkehr warte. »Wie banal«, kommentiert Charles.

Sarah muß nach dem Tod ihrer Vermieterin die Vermittlung

des Vikars in Anspruch nehmen, der sich für sie bei der alten Witwe Mrs. Poulteney einsetzt. Sie wird von der verhärmten, auf die Moral pochenden Frau als Gesellschafterin eingestellt, aber unter der Bedingung, daß sie ihre Wanderungen an der Küste unterläßt, um ihre Schande nicht öffentlich zur Schau zu tragen.

Anna und Mike liegen angezogen auf dem Bett und unterhalten sich über die doppelte Moral im »prüden« viktorianischen England. »1857 gab es 80 000 Prostituierte in London, und von 60 Häusern war eins ein Bordell«, zitiert Anna. Mike errechnet, »daß außerhalb der Ehe ein viktorianischer Gentleman 2,4mal pro Woche bumsen konnte«.

Bei einem Streifzug durch den Wald entdeckt Charles Sarah und verfolgt sie. Als er sie anspricht und fragt, ob er sie begleiten dürfe, lehnt sie ab.

Anna und Mike proben bei Regen in einem Wintergarten die Szene eines weiteren Spaziergangs. Anna tut so, als ob sie drehbuchgemäß fiele, doch sie will sich von Mike nicht aufhelfen lassen, sondern es noch einmal probieren. Mitten im zweiten Fall wird auf Charles und Sarah umgeschnitten. Sarah hält sich beim Fall in Höhe des Herzens an Charles' Jacke fest und zieht ihn fast mit zu Boden. Es ist der Beginn von Charles' Niedergang. Zum erstenmal unterhalten sich die beiden. Sarah spricht von dem französischen Leutnant und sagt, daß er nie wiederkehren werde, weil er verheiratet sei.

Beim Tee im Haus der Freemans kann Sarah, die mit der nörgelnden Mrs. Poulteney zu Gast ist, Charles heimlich eine Nachricht zustecken. Beim Treffen nachts bei der Kirche bittet Sarah Charles, dem sie als einzigem vertraut, an den nächsten Tagen ihre ganze Geschichte anzuhören.

Anna liegt im Halbschlaf im Bett, Mike ist aufgestanden und sieht sie an. Sie greift auf die leere Bettseite und sagt »David«, den Namen ihres französischen Freundes.

Nachdem Charles von Dr. Grogan die Theorie von der »obskuren Melancholie« bei Sarah erfahren hat, die auch besagt, daß sie gar keine Heilung von ihrer Depression will, hört er sich am nächsten Tag im Wald ihre Geschichte an. Leutnant Varguennes habe Schiffbruch erlitten, sei verwundet gewesen und von ihr bei ihren damaligen Arbeitgebern gepflegt worden. Er habe ihr Komplimente gemacht. Später habe er sie in einer billigen Absteige aber nur noch als »amüsanten Zeitvertreib« betrachtet, doch sie habe sich ihm trotzdem hingegeben. Sie habe so zwar ihre Ehre verspielt, aber dadurch die Freiheit gewonnen, nicht so leben zu müssen wie verheiratete Frauen. »Ich bin jenseits aller Grenzen. Ich bin kaum noch ein menschliches Wesen. Ich bin des französischen Leutnants Hure.« Während ihrer ausführlichen Schilderungen sitzt Charles mit finsterer Miene, verkrampft und mit verschränkten Armen in einiger Entfernung von ihr. Plötzlich kommt er von hinten auf sie zu, streckt seine Hände nach ihr aus, zieht sie aber gleich wieder zurück. Dann entscheidet er: »Sie müssen weg aus Lyme. Wir dürfen uns nie wieder allein treffen. Gehen Sie.« Sichtlich enttäuscht geht sie.

Anna und Mike liegen am Strand. »Du siehst so traurig aus,« sagt Mike. »Das bin ich nicht«, lautet die nicht sehr glaubwürdige Antwort.

Sarah provoziert ihre Entlassung und übernachtet im Wald. Charles sucht Rat bei Dr. Grogan, der merkt, daß sich Sarah das Mitleid von Charles erschleichen wollte und er sich in sie verliebt hat. Grogan will Sarah in ein Sanatorium einweisen. Charles sucht sie im Wald auf, küßt sie, wobei er von seinem Diener Sam und dessen Freundin Mary gesehen wird. Er verpflichtet die beiden zu schweigen, entschuldigt sich bei Sarah und rät ihr, nach Exeter zu ziehen. Er will ihr Geld schicken.

Anna verabschiedet sich in einer Drehpause von Mike, da sie nach London fährt, um ihren Freund David zu empfangen. Mike will sie unbedingt in London treffen. Sie sagt zu.

Charles verabschiedet sich von Ernestina, weil er wegen »Formalitäten im Ehevertrag« seinen Anwalt in London konsultieren will. Doch er weist diesen nach einem Tennismatch in der Halle nur an, Sarah Geld zu schicken. Abends läßt er sich in einem Club vollaufen. Am nächsten Tag will er zurück nach Lyme reisen, macht jedoch in Exeter Zwischenstation und besucht Sarah in ihrem Hotelzimmer. Nach ein paar Floskeln fallen sie sich in die Arme, er trägt sie aufs Bett, und sie lieben sich leidenschaftlich. Dabei stellt sich heraus, daß Sarah noch

Jungfrau gewesen ist. Den Franzosen habe es zwar gegeben, aber er sei mit einer Prostituierten ins Hotel gegangen. Statt sich darüber zu ärgern, belogen worden zu sein, sagt Charles zärtlich: »Sarah, das ist der schönste Name.« Sie gesteht: »Ich war verloren, als ich dich zum erstenmal sah.« Er antwortet: »Ich auch.« Charles will nach Lyme zurück, um seine Verlobung zu lösen, und am nächsten Tag wiederkommen. Sarah verabschiedet sich: »Ich weiß jetzt, es gab einen Tag, an dem du mich wirklich geliebt hast. Das läßt mich alles ertragen. Du hast mir die Kraft gegeben zu leben.«

Mike bringt Anna in Exeter zum Zug nach London. »Ich muß dich haben.« Anna erwidert: »Aber du hattest mich doch gerade in Exeter.«

In Lyme versucht Charles, Ernestina zunächst zu erklären, daß er ihrer nicht würdig sei, da er es nur auf das Geld ihres Vaters abgesehen habe. Doch sie spürt bald, daß eine andere Frau dahintersteckt. Er gibt es zu, erfindet aber eine frühere Freundin aus London. Außer sich vor Wut, droht Ernestina an, daß ihr Vater ihn gesellschaftlich ruinieren werde.

Diener Sam hat kein Verständnis mehr für Charles' Treiben und kündigt. Zurück in Exeter, erfährt Charles verwundert, daß Sarah bereits abgereist ist. Angeblich soll sie nach London gefahren sein.

Mike ruft von seinem Haus aus Anna in London an, legt aber auf, als ihr Freund David ans Telefon geht. Seiner Frau Sonja schlägt er vor, am Wochenende eine Party für die Kollegen vom Film zu geben. Dann ruft er erneut Anna an. David gibt ihr den Hörer. Er sagt: »Du warst nicht in deinem Hotelzimmer in Exeter … Ich liebe dich.«

Charles gibt eine Suchmeldung in der *Times* auf und beauftragt einen Detektiv, Sarah zu suchen.

Anna kauft ein graues Kleid.

Charles unterschreibt auf Anraten seines Anwalts ein Schuldbekenntnis, das unter anderem besagt, daß er kein Gentleman mehr sei und die geschädigte Partei alle Tatsachen veröffentlichen dürfe. Charles sucht Sarah unter den Fabrikarbeiterinnen und Prostituierten Londons.

Party bei Mike, seiner Frau und ihrem kleinen Töchterchen. Die

Gäste sitzen im Garten. Mike und David wechseln ebenso belanglose Worte miteinander wie Anna und Sonja, dennoch merkt man, daß hinter den Fassaden ganz andere Gedanken vorherrschen.
Drei Jahre später: Charles erhält telegrafisch die Nachricht, wo Sarah sich aufhält. Sie arbeitet als Kindermädchen und Malerin bei einer wohlhabenden Familie. Er sucht sie auf und wird zum erstenmal laut, weil sie drei Jahre lang nichts von sich hören ließ. Sie sei verschwunden, weil sie sich ihm aufgedrängt habe, verteidigt sich Sarah. Sie habe zu sich finden müssen und ihre Freiheit benötigt. Charles macht ihr heftige Vorwürfe und stößt sie zu Boden. »Es ist Ihr absolutes Recht, mich zu verdammen, aber wenn Sie mich noch immer lieben ... « – »... dann muß ich Ihnen verzeihen«, setzt Charles fort und verzeiht ihr.
In den Kulissen der letzten Szene wird die Abschiedsparty gefeiert. In der Erwartung, daß Anna mit ihm wegfahren würde, sucht Mike sie, doch er findet nur noch ihre rote Perücke. Sie fährt ohne ihn. Nicht »Anna«, sondern »Sarah!« ruft er ihr hinterher.
Der Abspann läuft über Bilder einer Kahnfahrt von Charles und Sarah, die aus einer Höhle heraus ins Helle führt.

ZUM FILM: Der 9,5 Millionen Dollar teure Film wurde in den Twickenham-Studios in London und an Originalschauplätzen in Lyme Regis im Südwesten Englands an der Kanalküste gedreht.
John Fowles, der Autor der Vorlage, lebt selbst mit seiner Frau in Lyme Regis und hat dort den Roman geschrieben. Das erfolgreiche Werk des Briten kam 1969 heraus, wurde in 18 Sprachen übersetzt und schon vor der Verfilmung vier Millionen Mal verkauft. Es galt lange Zeit als unverfilmbar. Fowles bot seinem Freund Karel Reisz, den er für den besten in Großbritannien arbeitenden Regisseur hielt, als erstem die Rechte an, als der Roman noch gar nicht veröffentlicht war. Doch Reisz hatte gerade einen anderen historischen Film (ISADORA) abgedreht und wollte deshalb nicht schon wieder die Strapazen von historisch korrekten Rekonstruktionen auf sich neh-

Charles Smithson (Jeremy Irons, mit Bart) läßt Sarah Woodruff (Meryl Streep) zum erstenmal seine Wut spüren: ›DIE GELIEBTE DES FRANZÖSISCHEN LEUTNANTS‹ (1981).

men. Außerdem konnte er sich auch keine Form der Umsetzung vorstellen. Als nächstes war Fred Zinnemann (ZWÖLF UHR MITTAGS/HIGH NOON; JULIA) im Gespräch. Zusammen mit Dennis Potter verfaßte er ein Drehbuch, doch seine Vorstellung von der Besetzung der Sarah muß wohl sehr festgelegt gewesen sein, denn es wurde keine Darstellerin gefunden. Mike Nichols und Franklin Schaffner, Richard Lester, Lindsay Anderson, Sydney Pollack und Michael Cacoyannis scheiterten ebenfalls. Fowles blieb aber hartnäckig. Zehn Jahre später startete er seinen zweiten Versuch bei Karel Reisz, der nun das Projekt, das von United Artists eigentlich schon aufgegeben worden war, schließlich doch in Angriff nahm.
Da die Handlung im Roman zwar im 19. Jahrhundert spielt, aber aus heutiger Sicht erzählt und immer wieder erklärt und kommentiert wird, wurde eine stimmige Lösung gesucht.

Außerdem kam hinzu, daß der Autor als Erzähler auch noch über sich selbst reflektiert, indem er z. B. klarstellt, das weitere Schicksal von Charles und Sarah jederzeit bestimmen zu können. Später taucht er als Figur sogar selbst im Romangeschehen auf. Eine in Erscheinung tretende Erzählfigur in den Film einzuführen, wäre für die Handlung zu hemmend gewesen. In diesem Zusammenhang war zunächst an Peter Ustinov gedacht worden. Gemeinsam mit dem Dramatiker und Drehbuchautor Harold Pinter entwickelte Reisz dann seine Grundidee, die Geschichte als Film im Film zu erzählen, da man so auch die unterschiedlichen Schlüsse der Vorlage in den Film integrieren konnte. Zehn Wochen lang arbeiteten die beiden Männer intensiv zusammen. Reisz hat allerdings Pinters Drehbuch noch in einigen Szenen abgeändert, z. B. Charles' Besuch bei einer rothaarigen Prostituierten namens Sarah weggelassen und das Tennismatch hinzugefügt. (Das Drehbuch wurde veröffentlicht. Dort kann man weitere Unterschiede zum fertigen Film entdecken.)

Karel Reisz, der 1926 in der Tschechoslowakei geboren wurde und 1938 vor den Nazis nach Großbritannien floh und dort blieb, schrieb 1953 das Standardwerk »The Technique of Film Editing« (Die Technik des Filmschnitts). Mit Parallelmontagen und Zwischenschnitten von scheinbar nicht zur Handlung gehörenden Elementen hatte er bereits vor DIE GELIEBTE DES FRANZÖSISCHEN LEUTNANTS gearbeitet. Waren schon die Einschübe in John Fowles' Roman wie Schnitte im Geschehen, so sind die 13 zwischen die viktorianische Liebesgeschichte geschnittenen Passagen der Affäre der beiden Filmdarsteller Anna und Mike eine ideale Umsetzung der geistigen Grundlage des Romans. Denn die moderne Handlung (etwa ein Viertel des Gesamtfilms) korrespondiert mit der historischen geschickt, ohne sie zu zerstören.

Nachdem die Engländerinnen Vanessa Redgrave, Julie Christie, Glenda Jackson und Charlotte Rampling sowie schließlich auch die Amerikanerinnen Faye Dunaway, Debra Winger, Diane Keaton und Sissy Spacek erstaunlicherweise nach Meinung von Reisz und Pinter alle nicht dem Bild der Sarah entsprachen, konnte man schließlich die frischgekürte »Oscar«-

Preisträgerin Meryl Streep für eine geringe Gage (350.000 Dollar) engagieren. Sie soll sich angeblich dafür in die Auswahl des Hauptdarstellers eingemischt haben. Kein Wunder, daß auf ihrer Wunschliste Robert Redford, Robert De Niro, Paul Newman, Al Pacino und Jack Nicholson standen. Und wenn's denn schon ein Brite sein sollte, dann Anthony Andrews, der anämische Sebastian aus der Serie WIEDERSEHEN IN BRIDESHEAD. Doch nachdem Harold Pinter einmal mehr Jeremy Irons vorgeschlagen hatte und dieser sich dann selbst um die Rolle bewarb, bekam er sie auch. Regisseur Karel Reisz: »Ich hatte ihn eine Rolle spielen sehen, die von ihm verlangte, daß er unsympathisch, verhärmt, spröde und grausam war (LANGRISHE, GO DOWN, Anm. d. A.). Ich fand daß er damit wirklich Mut bewies, denn junge Schauspieler fürchten immer um ihr Image.«[71] Meryl-Streep-Biographin Andrea Thain berichtet: »Als Meryl endlich die Probeaufnahmen von Jeremy Irons sah, soll die Streep ausgerufen haben: ›O mein Gott, habt ihr keinen Attraktiveren finden können?‹«[72]
Jeremy Irons zur Zusammenarbeit mit Meryl Streep: »Sie war wie eine Tigerin, die sich in meinen Knöchel verbiß und so lange daran nagte, bis das Problem gelöst war. Als wir die Parallelszenen filmten, in der Meryl aufwacht und sieht, wie ich sie beobachte, hatte ich große Schwierigkeiten, und wir mußten die Szene oft wiederholen. So kam sie schließlich zu mir und schüttelte mich. Dabei sagte sie: ›Es ist schwer, wirklich schwer. Aber du mußt es schaffen, obwohl es nicht einfach ist.‹«[73] Meryl Streep war nun einmal der Star des Films. Sie hatte gerade den »Oscar« für KRAMER GEGEN KRAMER/KRAMER VS. KRAMER gewonnen. Irons änderte daraufhin seine Darstellungstechnik und orientierte sich an Streeps Spielweise, was letztendlich auch den Regisseur erfreute: »Er hatte dann doch noch erkannt, daß das Spiel mit einer Perfektionistin auch seiner eigenen Darstellung nur nutzen konnte.«[74] Das kann man allerdings auch anders sehen. In ihren gemeinsamen Szenen spürt man förmlich, wie Jeremy Irons, selbst ja auch kein Freund von großen Gesten und breiter Theatralik, sich noch mehr zurücknimmt, um dem lethargischen, zerdehnten Stil der Streep Raum und Zeit zu lassen. In seinen eigenen Szenen ent-

wickelt Jeremy Irons viel mehr Dynamik, benutzt stärker seine Körpersprache – die Art zu gehen, die Bewegungen des Oberkörpers, des Kopfes, selbst der Finger. Da kann er agieren, doch wenn Meryl Streep, die in beiden Rollen an ihren Haaren herumnestelt, dabei ist, bleibt nur das Reagieren. Das hat natürlich auch mit der Rolle des biederen Gentleman zu tun, der sein ganzes geregeltes Leben plötzlich umstößt aus Leidenschaft für eine Unbekannte, die ihn, ohne daß er es merkt, voll im Griff hat.

Jeremy Irons' Kommentar zum Regisseur Karel Reisz: »Er ist wie eine Vaterfigur. Er versucht, die Rollen richtig zu besetzen, und gibt dann den Schauspielern die Freiheit, sich auszudücken.«[75]

Meryl Streep war mit Mann und Sohn Henry nach Großbritannien gekommen, doch ihr Gatte mußte bald aus beruflichen Gründen zurück in die USA. Jeremy Irons gab nach Drehschluß als »Genugtuung« in einem Interview bekannt, daß er mit Meryl Streep auch in Wirklichkeit eine Affäre hatte, »um die Gefühle unverfälscht darstellen zu können«, was die Streep, von Journalisten bedrängt, energisch zurückwies. Aber es war ein genialer Coup von Jeremy Irons, nach der Liebesgeschichte im 19. Jahrhundert und der Affäre der beiden Schauspieler im Film nun sozusagen in die dritte Dimension zu gehen und damit der filmischen Illusion eine »reale« hinzuzufügen.

1986 äußerte sich Jeremy Irons allerdings desillusionierend: »Wollen wir nicht alle mit Meryl Streep weglaufen? Sie ist eine wundervolle, außergewöhnliche Schauspielerin. Aber ihr Ehemann war immer an ihrer Seite, und wenn ich versucht hätte, etwas mit Meryl anzufangen, dann hätte er mir bestimmt einen knallharten Kinnhaken verpaßt. Das Gerücht ist Unsinn. Wir einigten uns sogar, die Bettszenen angezogen zu spielen.«[76]

Zwölf Jahre später sollten beide in DAS GEISTERHAUS erneut gemeinsam vor der Kamera stehen. Meryl Streeps Darstellungsstil wird sich nicht um einen Deut verändert haben, aber Jeremy Irons wird sich nicht mehr zurückhalten.

Der Romanautor John Fowles, der bei den Dreharbeiten zeit-

weise anwesend war, wurde später um seine Meinung zur Besetzung gefragt: »Es war interessant, wie Meryl und Jeremy ihre Rollen gestalteten, denn kein Romancier hat ein klares Bild seiner Charaktere. Man hat ein geistiges Bild, ein psychologisches, aber man beschreibt sie absichtlich nicht physisch. Denn das ist ein wichtiger Punkt in der Beziehung zum Leser. Der Leser fügt bestimmte Details ein. Sofern ich mir überhaupt eine Vorstellung von Sarah gemacht hatte, war sie wirklich nicht wie Meryl. Sarah hatte diese eigenwilligen, ziemlich großen Augen … exophtalmische Augen (hervorstehende Augäpfel, Anm. d. A). Meryls Gesicht ist eher normal. Ich finde, Jeremy Irons ist ganz phantastisch. Seltsamerweise gibt es fast überhaupt keine jungen englischen Schauspieler, die Menschen aus der Oberschicht spielen können, ohne daraus Idioten zu machen. Aber Jeremy … ist einer der Oberklasse, ein Gentleman, wie er im Buche steht, er macht sich nicht lächerlich.«[77]
Inzwischen kann man eine Lesung des John-Fowles-Romans von Jeremy Irons als Audiocassette erwerben (Collins Audio). In der Originalversion ist Annas Freund ein Franzose (!), der durch seinen Akzent als solcher erkennbar ist. Die deutsche Synchronisation hat diesen Akzent leider unterschlagen. Und Meryl Streep spricht im Original britisches Englisch, wenn sie Sarah spielt, amerikanisches Englisch, wenn sie Anna darstellt. Auch dafür fand die deutsche Fassung keine Entsprechung; wie auch?

KRITIKEN:
Jeremy Irons ist im Film der eigentliche Handlungsträger. Er hat in seiner Rolle als Charles Smithson die meisten Szenen zu spielen und die größten Konflikte auszufechten. Dennoch wird der Darsteller außer durch die bloße Nennung der Besetzung in Rezensionen von renommierten Filmkritikern wie Pauline Kael (»5001 Nights at the Movies«), Urs Jenny (*Der Spiegel*), Josef Schnelle (*film-dienst*) oder Horst Schäfer (»111 Meisterwerke des Films – Das Video-Privatmuseum«) nicht weiter zur Kenntnis genommen. Urs Jenny rückt hingegen Meryl Streep in die luftigen Höhen der Garbo oder von Vivien Leigh.

»... Bestechend verleiht die Oscar-Preisträgerin Meryl Streep beiden Figuren ihre auf den ersten Blick so verschieden scheinende Identität. Sarahs ›femme fatale‹ steht die emanzipierte Anna gegenüber ... Bei solch übermächtigen Frauengestalten hatte es der vom Theater kommende Jeremy Irons nicht leicht. Aber er entledigt sich seiner Doppelrolle mit einfühlsamem, zurückhaltendem Spiel. Wohl auch ein Verdienst des glänzenden ›Schauspielerführers‹ Karel Reisz ... «[78] (Rolf Rüdiger Hamacher in: Programmankündigung von Uni-Film Köln, o. J.)

LITERATURHINWEISE:

Harold Pinter: »The French Lieutenant's Woman and Other Screenplays«, London/Boston 1991 (faber and faber).
Volker Behrens: »Metamorphosen eines Traumbilds: Die drei Versionen von The French Lieutenant's Woman – John Fowles, Harold Pinter, Karel Reisz« in: Franz-Josef Albersmeier, Volker Roloff (Hg.): »Literaturverfilmungen«, Frankfurt/M. 1989 (suhrkamp taschenbuch).
Neil Sinyard: »Filming Literature. The Art of Screen Adaptation«, New York 1986 (St. Martin's Press).

The Captain's Doll (Fernsehfilm)
Großbritannien 1982; *Regie:* Claude Whatham.
Mit Gila von Weitershausen.

Schwarzarbeit

(Moonlighting); Großbritannien 1982; *Regie:* Jerzy Skolimowski; *Buch:* Jerzy Skolimowski; *Kamera:* Tony Pierce Roberts; *Musik:* Stanley Myers, Hans Zimmer; *Schnitt:* Barrie Vince; *Ton:* Alan Bell, David Stevenson, Richard King; *Ausstattung:* Tony Woolard; Bauten: Mark Shivas; *Kostüme:* Massada Wilmot; *Make-up:* Sheila Thomas; *Spezialeffekte:* Roy Whybrow; *Produzent:* Michael White; *Produktion:* Michael White Ltd/ National Film Development Fund/Channel Four/ZDF; *Produzenten:* Jerzy Skolimowski, Mark Shivas; *Länge:* 97 Min.; Farbe; *Deutsche Fernseh-Erstsendung:* 13.12.1982 (ZDF); Originalfassung in Polnisch mit englischen Untertiteln.
Darsteller: Jeremy Irons (Nowak), Jiri Stanislav (Wolski), Eugène Lipinski (Banaszak), Eugeniusz Haczkiewicz (Kudaj), Dorothy Zienciowska (Lot-Fluggesellschaft-Angestellte), Edward Arthur (Einwanderungsbeamter), Denis Holmes (Nach-

bar), Renu Setna (Ladenbesitzer), David Calder (Supermarktleiter), Judy Gridley (Supermarktaufsicht), Claire Toeman (Kassiererin), Catherine Harding (Diebin), Kenny Irelan (Holzhändler), Jenny Seagrove (Anna), Jerzy Skolimowski (Boß).

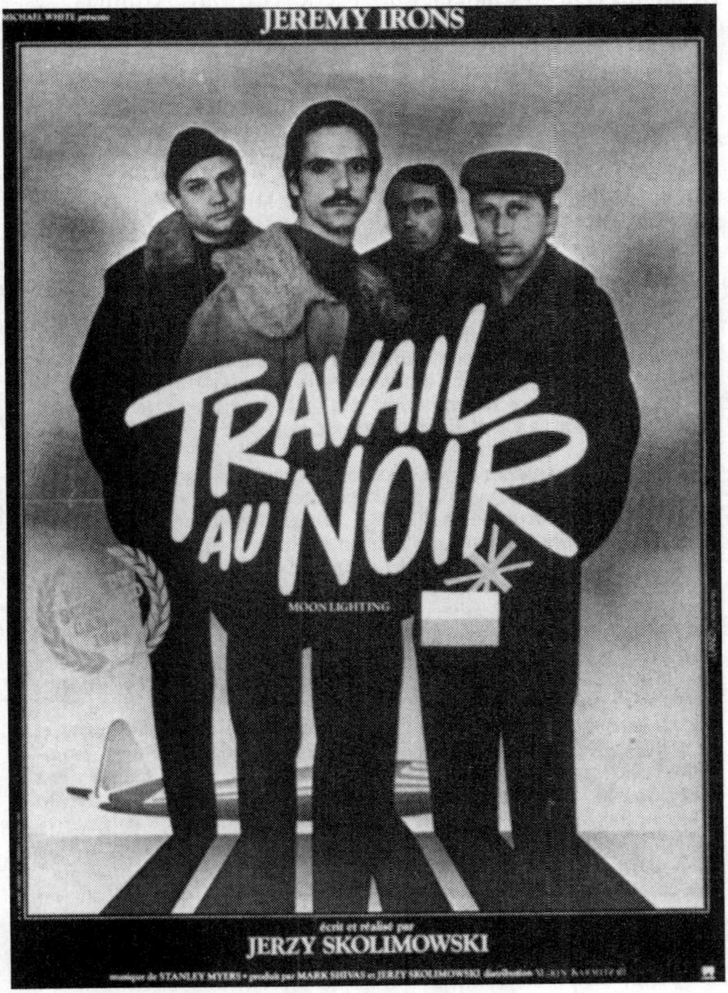

Französisches Plakat zu ›SCHWARZARBEIT‹ (1982).

Preis: »Bestes Drehbuch« beim Internationalen Filmfestival in Cannes 1982.
Deutsche Synchronschauspieler: Frank Glaubrecht (Jeremy Irons), Friedrich W. Bauschulte (Denis Holmes), Wolfgang Völz (Renu Setnu), Rebecca Völz (Claire Toeman), Friedrich Georg Beckhaus (David Calder), Lutz Riedel (Edward Arthur).

INHALT: Vier polnische Handwerker reisen am 5.12.1981 mit Touristenvisa für einen Monat und mit 1200 Pfund nach London. Am Flughafen schleust sie ihr Vorarbeiter Nowak durch die Kontrollen mit der Begründung, daß sie von dem Geld einen Gebrauchtwagen kaufen wollen. Er kann als einziger von ihnen Englisch. Doch in Wirklichkeit sollen die Arbeiter ein heruntergekommenes Reihenhaus instand setzen, das ihr pol-

Die gläubigen Katholiken besuchen anfänglich noch den Gottesdienst. Jeremy Irons und Eugène Lipinski mit dem Kollektenkorb in ›Schwarzarbeit‹ (1982).

Nowak (Jeremy Irons) hört heimlich die aktuellen Nachrichten über die Situation in Polen über den Lautsprecher des defekten Fernsehers (›SCHWARZARBEIT‹; 1982).

nischer Boß in London gekauft hat. Der will die kostspieligen britischen Bauarbeiter umgehen, die viermal so teuer wären. Doch die Polen können in einem Monat so viel verdienen wie sonst in einem ganzen Jahr. Die vier wohnen auch heimlich in diesem Haus, während sie es renovieren.
Nowak kauft von seinem Taschengeld zwar einen gebrauchten Fernseher, doch der gibt schon bald seinen Geist auf – ausgerechnet während der Übertragung eines Fußballspiels –, so daß das Quartett ohne Kontakt zur Außenwelt ist. Nowak erwartet zwar den wöchentlichen Anruf seiner Freundin Anna aus Warschau in einer Telefonzelle, doch weil er befürchtet, daß

Der polnische Vorarbeiter Nowak (Jeremy Irons) vor einem Solidarnosc-Plakat in London in ›SCHWARZARBEIT‹ (1982).

sie sich ihrem Boß annähert, ruft er sie an. Aber die Verbindung kommt nicht zustande wegen des in Polen ausgerufenen Kriegszustandes. Als er vor dem Schaufenster eines Fernsehgeschäfts von dem Verbot der Gewerkschaft »Solidarnosc« am 13.12.1981 in seiner Heimat erfährt und davon, daß dort Kriegsrecht herrscht, verschweigt er seinen Landsleuten diese Nachricht, um sie nicht zu beunruhigen. Natürlich will er auch vermeiden, daß sie ihre Arbeit im Stich lassen. Auch einen Brief von der Frau eines Kollegen vernichtet er. Isoliert arbeiten sie in dem Haus in Kensington. Da das Geld nicht reicht, um alle Baumaterialien zu beschaffen, bestiehlt Nowak den

örtlichen Supermarkt. Aber den drei Arbeitern kommt es seltsam vor, daß sie ohne Nachricht von zu Hause bleiben. Auch mißfällt ihnen, daß sie 18 Stunden am Tag arbeiten müssen, und besonders, daß Nowak ihre Geldzuteilung für den Kauf einer Betonmischmaschine mißbraucht. Selbst Weihnachten und Neujahr müssen sie arbeiten.
Doch sie werden pünktlich fertig. Einen Monat nach ihrer Ankunft, am 5.1.1982, begeben sie sich mit einem Einkaufswagen aus dem Supermarkt zum Flughafen. Den sechsstündigen Weg dorthin müssen sie zu Fuß zurücklegen, da kein Geld mehr für ein Taxi da ist. Unterwegs eröffnet Nowak ihnen endlich zum erstenmal die Situation in ihrer Heimat und die Tatsache, daß sie gar nicht nach Hause können. Die Arbeiter greifen Nowak wütend an und schlagen ihn zusammen.

ZUM FILM: Der polnische Regisseur Jerzy Skolimowski verließ sein Heimatland, nachdem 1967 sein Film RECE DO GORY

Banaszak (Eugène Lipinski), Nowak (Jeremy Irons), Wolski (Jiri Stanislav), Kudaj (Eugeniusz Haczkiewicz) v.l. in ›SCHWARZARBEIT‹ (1982).

von der Regierung verboten worden war. Danach konnte er allerdings in der Bundesrepublik Deutschland, Belgien und Großbritannien weiterhin Filme realisieren. Die Produktionsgeschichte *dieses* Films klingt recht abenteuerlich. Dauert es oft mehrere Jahre, bis ein Filmprojekt auf die Beine gestellt wird, so war es hier ganz anders.

Jerzy Skolimowski hatte für sich selbst das im Film benutzte Haus in Kensington gekauft und einige Freunde aus Polen eingeladen, ihm beim Renovieren zu helfen und gleichzeitig London kennenzulernen. Bei den Ausflügen war er der einzige, der Englisch konnte, und mußte übersetzen. Das war der Grundstein für die Filmidee.

Doch erst vor dem Hintergrund der politischen Entwicklungen in Polen 1981, der Ausrufung des Kriegsrechts durch das Militärregime Jaruzelskis am 12.12., kam Skolimowski zum späteren Handlungsgerüst. Er half einigen Polen, die in London gestrandet waren, weil keine Flugzeuge mehr nach Polen flogen, bei polnischen Familien unterzukommen. Einen nahm er selbst auf. Der brach immer in Tränen aus, wenn in den Nachrichten über sein Heimatland berichtet wurde und sein Gastgeber die Meldungen übersetzte. Um ihn zu schonen, erläuterte Skolimowski schließlich alles etwas gemäßigter. So war Nowak »geboren«.

Am 6.1.1982 erzählt Skolimowski seine Idee dem Produzenten Mark Shivas, und sofort wurden Finanziers gesucht. Die staatliche Filmstiftung National Film Finance Corporation lehnte ab, da nur ein Exposé existierte, aber kein Drehbuch. Der National Film Development Fund stellte aber 11.500 Pfund in Aussicht, die jedoch nie gezahlt wurden. Doch durch die Zusage motiviert, entstand das Drehbuch in weniger als 14 Tagen. Skolimowski schloß sich zusammen mit drei polnischen Freunden in seinem Haus ein und arbeitete fast rund um die Uhr am Drehbuch, bis es fertig war. Am 25.1. wurden etliche Firmen und Sender im In- und Ausland angeschrieben. Channel 4 und Michael White, der auch noch drei weitere Produktionen gleichzeitig betreute, entschlossen sich als erste, das Projekt zu unterstützen.

Jerzy Skolimowski: »Das erste, was ich tat, war Jeremy Irons

Jeremy Irons und Regisseur Jerzy Skolimowski (rechts) drehen ›SCHWARZARBEIT‹ (1982), wobei viele Szenen spontan improvisiert werden.

anzurufen, der mich besonders in den letzten Folgen von WIEDERSEHEN IN BRIDESHEAD/BRIDESHEAD REVISITED beeindruckt hatte, wo er völlig zurückhaltend spielte. Es gab lange Einstellungen, in denen er seine Miene nicht veränderte, und trotzdem mußte man ihm total gespannt zusehen. Ich wollte, daß diese Rolle eigentlich gar nicht ›gespielt‹ wird, also nicht alles aus ihr herausgeholt wird. Alles sollte so weit wie möglich unterkühlt sein. Wenn das ein polnischer Film geworden wäre, hätte es viel Dramatik und Qual gegeben, was ich vermeiden wollte. Also rief ich ihn einfach an. Glücklicherweise schien er meinen Namen zu kennen, und am selben Abend nach einem 15- oder 20minütigen Gespräch und einigen Wodkas sagte er: ›Okay, ich bin dabei.‹«[79]

Da Jeremy Irons am 15. März bereits seine nächste Filmverpflichtung hatte, mußte alles schnell gehen. Außerdem war das Thema brandaktuell, und man wollte sich noch für das Filmfestival in Cannes bewerben. Der unabhängige und risikofreudige Produzent Michael White (THE ROCKY HORROR PICTURE SHOW, 1974; JABBERWOCKY, 1977; POLYESTER, 1981; MEIN ESSEN MIT ANDRÉ/MY DINNER WITH ANDRÉ, 1981) sprang als Geldgeber sofort ein und stellte die erforderlichen Summen gleich zur Verfügung.

Als Drehstart war der 15. Februar vorgesehen, doch da schon alles bereit war, begann man bereits drei Tage früher. Fünf Wochen nach diesem Frühstart wurde dem Festivalleiter von Cannes, Gilles Jacob, ein Rohschnitt des Films als möglicher Wettbewerbsbeitrag bei den Filmfestspielen vorgeführt. Der Film wurde angenommen und gewann die Auszeichnung »Bestes Drehbuch«.

»Viereinhalb Monate von der ersten Idee bis zur Einladung nach Cannes – das ist natürlich außergewöhnlich, aber es sagt etwas über die Inflexibilität der britischen Filmförderung und die verfügbaren Mechanismen der unabhängigen Produktion in Großbritannien (und selbstverständlich über Jerzy Skolimowski) aus.«[80]

Voller Stolz erklärt Mark Shivas, daß er schon vor Drehbeginn einen Filmarchitekten in Skolimowskis wunderbar renoviertes Haus schickte, um es wieder in den jämmerlichen Zustand zu versetzen, in dem es sich vor der Renovierung befand. Während der Dreharbeiten, die nahezu rund um die Uhr stattfanden, wurde das Haus dann aber wieder in den schönen Zustand versetzt. Jeremy Irons, der sich ja eigentlich auf seine textreiche Rolle in dem Film BETRUG/BETRAYAL vorbereiten sollte, war wohl auch angetan von dieser »Jetzt-oder-nie-Haltung« Skolimowskis, der bereit war, sein eigenes, frisch und aufwendig renoviertes Haus für einen Film wieder völlig demolieren zu lassen.

Jeremy Irons spielt Nowak, der schon am Flughafen beteuert, kein Mitglied von »Solidarnosc« zu sein (»Die einzige wahre Antwort, die ich gegeben habe«, sagt er im Off-Text), in all seiner Gebrochenheit: Er fühlt sich seinem Auftraggeber gegenüber verpflichtet, der allerdings zu den wohlhabenden, reformfeindlichen Bonzen zählt. Er hinterfragt weder dessen Position noch seine Vorgehensweise. So geht er streng mit den Arbeitern um. Er stellt sogar die Uhr vor, damit sie glauben, sie hätten schon länger geschlafen als tatsächlich. Gleichzeitig weiß er um ihre Nöte und versucht, ihr Leben einigermaßen erträglich zu machen, ohne allerdings gewerkschaftliche Errungenschaften auch nur im entferntesten zu berücksichtigen. Er fiebert mit bei der Entwicklung in seinem Heimatland, ist aber ebensosehr bemüht, sich nicht anmerken zu lassen, was er weiß. Die Sprache ist nicht mehr das Mittel zur Kommunikation, sondern sie verschleiert, lügt. Konsequenterweise erfährt Nowak die Wahrheit über die Vorgänge in Polen aus den im Schaufenster ausgestellten Fernsehern ohne Ton. Und obwohl die britischen Medien voll sind von Sympathiekundgebungen für »Solidarnosc«, werden die Polen mit »Haut endlich ab nach Polen, ihr Kommunisten!« von dem in seiner Ruhe gestörten Nachbarn angeraunzt.

Nowaks Freundin Anna wird von Jenny Seagrove gespielt, mit der Jeremy Irons in ALLES NUR THEATER/A CHORUS OF DISAPPROVAL 1989 erneut gemeinsam vor der Kamera steht.

KRITIKEN:

»Skolimowskis Film ist ein leises politisches Pamphlet, das Ausbeutungs- und politische Vernebelungsmechanismen totalitärer Regime in ihrer privaten wie in ihrer allgemein politischen Dimension wechselweise erhellt.«[81] (Lexikon des Internationalen Films)

»Faszinierende Studie von Einsamkeit und Verzweiflung, voller Ironie und bittersüßem Humor mit einer herausragenden Schauspielerleistung von Irons.«[82] (TV Movies and Video Guide)

»... Ein bemerkenswerter Film. MOONLIGHTING ist aber noch viel bemerkenswerter, weil diese Parabel auch Raum läßt für die Konflikte der Charaktere oder den verschmitzten Humor. Er präsentiert keine aufdringliche Botschaft. Die tiefgründige Satire, deren Glanzlicht Jeremy Irons' hervorragendes Portrait von jemandem ist, der in gutem Glauben Informationen zurückhält, ist von konstruktiver Leidenschaft und nicht von destruktivem Spott geprägt.«[83] (Tom Milne in: *Monthly Film Bulletin*)

»... ›Ein Haus namens Polen' könnte man das Gebäude nennen, das die Arbeiter renovieren. Die Instandsetzung dieses Hauses erfolgt parallel zur ›Normalisierung‹ in Polen ... Die stilistische Souveränität und der schwarze Humor, mit dem Skolimowski seinen Kommentar zu Polen 1981 inszeniert hat, machen diesen Film zu einem kleinen Meisterwerk.«[84] (Franz Ulrich in: *film-dienst*)

BETRUG / BETRAYAL – BETRUG

(Betrayal); Großbritannien 1982; *Regie:* David Jones; *Buch:* Harold Pinter nach seinem eigenen Theaterstück; *Kamera:* Mike Fash; *Musik:* Dominic Muldowney; *Partymusik:* Mike Moran; *Solo-Saxophon:* John Harle; *Schnitt:* John Bloom; *Ton:* Brian Simmons; *Production Design:* Eileen Diss; *Kostüme:* Jane Robinson, Jean Muir, Joyce Stoneman; *Make-up:* George Frost; *Frisuren:* Hugh Green, Joan Carpenter; *Produzent:* Sam Spiegel; *Produktion:* Horizon Pictures; *Länge:* 95 Min.; Farbe; FSK: ab 16, ffr.; *Prädikat:* Wertvoll; *Kinostart:* 10.2.1984; *Videoanbieter:* Virgin (Originalfassung).

Darsteller: Jeremy Irons (Jerry), Ben Kingsley (Robert), Patricia Hodge (Emma), Avril Elgar (Mrs. Banks), Ray Marioni (Kellner), Caspar Norman (Sam), Chloe Billington (Charlotte mit 5), Hannah Davies (Charlotte mit 9), Michael Konig (Ned mit 2), Alexander McIntosh (Ned mit 5).

Deutsche Synchronschauspieler: Friedhelm Ptok (Jeremy Irons), Peter Matic (Ben Kingsley), Almut Eggert (Patricia Hodge).

INHALT: 1980. Robert, ein Verleger von schöngeistiger Poesie, und seine Frau Emma verabschieden ihre letzten Gäste. Die Kamera bleibt draußen vor dem Küchenfenster. Emma

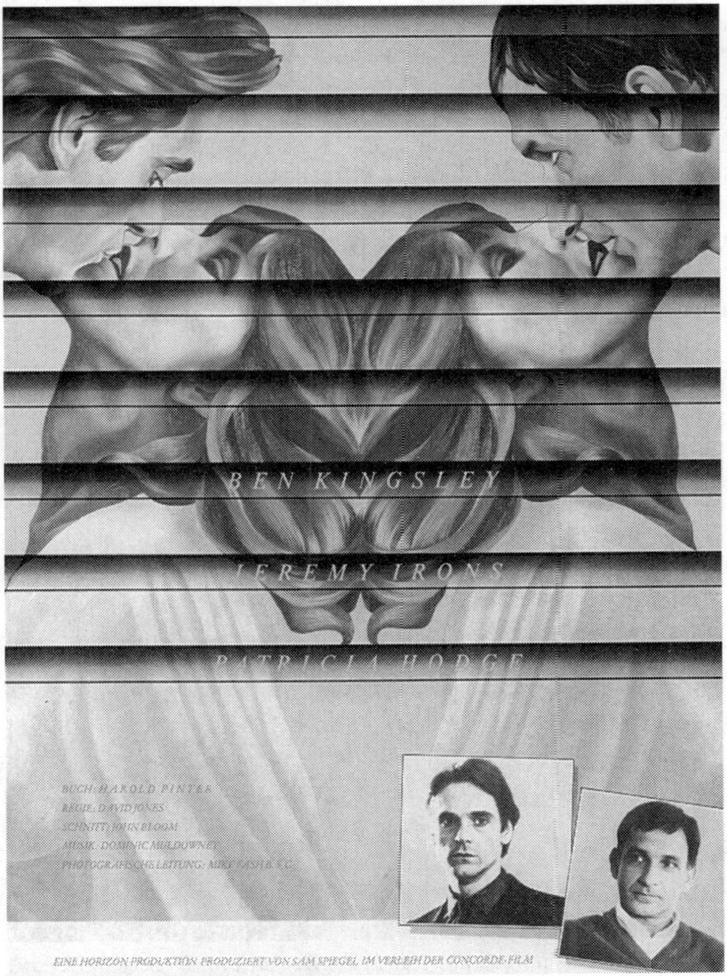

Plakatmotiv zu ›Betrayal – Betrug‹ (1982).

räumt das Geschirr weg, während Robert zusieht und sein Glas leert. Ein Streit entbrennt, und beide ohrfeigen sich gegenseitig. Der kleine Ned im Schlafanzug taucht auf. Emma trägt ihn hinaus. Die ganze Szene ist gespenstisch still, weil der Zuschauer nur von draußen zusieht. Es ist das Ende einer Ehe,

Emma (Patricia Hodge), das Objekt der Begierde im Dreiecksverhältnis in Harold Pinters ›Betrayal – Betrug‹ (1982).

die keine Basis mehr hat. Sie ist kaputt. Schnitt auf ein Autowrack ohne Reifen in London.
In einer Kneipe treffen sich Emma und ihr früherer Liebhaber Jerry, ein Literaturagent. Er ist der älteste Freund von Robert und war auch Trauzeuge bei der Hochzeit. Seit zwei Jahren ist

seine Beziehung zu Emma abgekühlt. Sie reden Belangloses über ihre jeweiligen Familienmitglieder. Emma erinnert an ihre gemeinsame Wohnung in Kilbourne, die sie unter dem Namen Green angemietet hatten. Jerry beteuert stolz, daß sie es geschafft hätten, sieben Jahre lang ihre Beziehung geheimzuhalten. Doch Emma rückt schließlich damit heraus, daß sie ihrem Mann Robert alles über ihr Verhältnis gebeichtet habe. Auch Robert habe ihr am Vorabend seine Affären gestanden, und es aus sei zwischen den beiden. Das macht Jerry zu schaffen.

Die besten Freunde und doch Rivalen: Jeremy Irons und Ben Kingsley in ›Betrayal – Betrug‹ (1982).

Jerry bittet Robert, zu ihm zu kommen. Jerrys Frau Judith hat als Ärztin Nachtdienst. Man wird sie den ganzen Film hindurch nicht kennenlernen. Robert erklärt, daß er schon vor vier Jahren von Emma über ihr Verhältnis aufgeklärt worden sei. Das bestürzt Jerry noch mehr. Auf die Frage, warum Robert ihm nichts gesagt habe, erfährt er, daß Robert dachte, daß Jerry wüßte, daß er es wüßte. Robert meint auch, daß Judith eventuell davon etwas mitbekommen habe. Dann erklärt auch Robert seine Ehe für beendet. Sie reden noch über Emmas gegenwärtigen Liebhaber Casey, einen Poeten, den Jerry entdeckt hat und den Robert erfolgreich verlegt, und über Jerrys Urlaubspläne. Beide trinken die ganze Zeit Whisky, und Robert behält seinen Mantel an.

Zwei Jahre früher: Emma und Jerry streiten sich in ihrer extra für ihr Liebesverhältnis angemieteten Wohnung darüber, daß sie sich nachmittags nicht mehr dort treffen, obwohl dies früher möglich war. Es ist das Ende ihrer Beziehung. Sie reden über Gardinen, Tischdecken und wie die Wohnung aufgelöst wird. Jerry weiß schon nicht mehr, daß sie das Bett gemeinsam gekauft haben. Emma hatte versucht, die Wohnung zu einem »Zuhause« zu machen. Jerry hat das nie so gesehen, weil sein Zuhause immer woanders war. Aber jetzt bittet Emma Jerry, den Wohnungsschlüssel von ihrem Bund abzumachen, den Schlüssel zum heimlichen Glück. »Hör mal, ich glaube, wir haben genau die richtige Entscheidung getroffen«, sagt Emma im Hinausgehen. Im Auto weint sie, während Jerry in der Wohnung alleine zurückbleibt und traurig die Tragweite der Entscheidung begreift.

Ein Jahr früher: Jerry ist zu Besuch bei Robert und Emma, die das Baby zu Bett bringt. Danach reden die drei über den Autor Casey, dessen Unehrlichkeit Emma anprangert. Die beiden Männer verabreden ein Squash-Spiel mit anschließendem Lunch. Robert weist Emma darauf hin, daß befreundete Männer beim Squash und beim anschließenden Lunch eine Frau »kilometerweit weg« wünschen. Jerry kündigt an, daß er mit Casey nach New York reise, und Robert küßt, nachdem Jerry gegangen ist, seine Frau leidenschaftlich. Doch sie weint, als er sie in die Arme nimmt, ohne daß er es sieht.

Jerry (Jeremy Irons) weiß nicht, daß Robert (Ben Kingsley) weiß, daß Jerry ein Verhältnis mit Roberts Frau Emma (Patricia Hodge) hat in ›Betrayal – Betrug‹ (1982).

Ein Jahr früher: Robert und Emma machen gemeinsam mit ihrer Tochter Urlaub in Venedig, wo sie auch schon kurz nach ihrer Hochzeit waren. Robert hat zufällig von der Existenz eines Briefes erfahren, den Jerry an Emma geschickt hat. (Er war bei »American Express« hinterlegt.) Er will nun von ihr wissen, ob auch etwas für ihn darin steht. Emma gesteht ihm: »Wir lieben uns.« Sie erzählt von der gemeinsamen Wohnung und daß die Affäre schon fünf Jahre währt. Der innerlich aufgewühlte, aber beherrschte Robert will wissen, von wem das einjährige Baby sei und Emma nennt Robert als Vater. Robert reagiert schließlich unerwartet gelassen: »Ich hab' Jerry immer gemocht. Um ganz ehrlich zu sein, ich habe ihn immer mehr gemocht als dich. Vielleicht hätte ich eine Affäre mit ihm haben sollen.« Zurück in England, treffen sich Emma und Jerry in ihrer Wohnung, aber Emma verschweigt ihr Geständnis. Sie sagt, sie hätte Sehnsucht nach ihm gehabt.
Anderntags verabschiedet Robert sich vom Baby, aber nicht

von Emma, die im Wohnzimmer hinter einer Zeitung verborgen sitzt. Er trifft Jerry im italienischen Restaurant, erzählt ihm begeistert von seinem Ausflug nach Torcello vor Venedig und daß er am liebsten gar nicht mehr nach London zurückgekommen wäre. Er macht auch seinen Beruf und die Literatur madig. Während er Jerry verschweigt, daß er über die Affäre Bescheid weiß, verschweigt Jerry ihm, daß er sich bereits mit Emma getroffen hat. Grinsend sagt Robert den zweideutigen Satz über Emma: »Sie freut sich immer, wenn du kommst.«
Zwei Jahre früher: In ihrer gemeinsamen Wohnung grübelt Emma darüber nach, ob Jerrys Frau Judith etwas von der Affäre weiß, ob sie eventuell selbst ein Verhältnis hat. Jerry weist beides völlig überzeugt von sich. Emma erzählt, daß sie von ihrem Mann schwanger sei.
Zwei Jahre früher: Emma ist bei Jerry zu Besuch. Seine Frau und die Kinder sind bei Judiths Mutter. Sie lieben sich. Tags darauf nehmen sie als »Geschäftsleute aus Leicester« die gemeinsame Dachwohnung in Kilbourne.
Ein Jahr früher: Im Haus von Robert und Emma ist eine Party in Gang. Der betrunkene Jerry wartet im Schlafzimmer auf Emma und gesteht ihr, daß er nach ihr verrückt ist, sie liebt. Sie küssen sich. Als Robert hereinkommt, weichen sie auseinander. Jerry beteuert ihm die Schönheit seiner Frau. Robert geht wieder, und Jerry ergreift Emmas Hand. Die beiden schauen einander tief in die Augen.

ZUM FILM: Der Film basiert auf dem gleichnamigen, 1978 uraufgeführten Theaterstück von Harold Pinter (was der Vorspann nicht erwähnt). Der Film endet mit dem Anfang der Beziehung zwischen Jerry und Emma. Das ist auch ein Art Betrug am Zuschauer, der das klassische Happy-End des konventionellen Films kennt, dem aber hier der Anfang einer außerehelichen Affäre als letzte Szene präsentiert wird. Harold Pinter hat also die klassische Erzähldramaturgie von Film und Theater auf den Kopf gestellt. Er beginnt mit dem Ende und hört mit dem Anfang auf. Dabei verwendet er keine üblichen Rückblenden, die ja zumeist Erinnerungen oder zurückliegende Ereignisse wiedergeben, um anschließend im Filmgeschehen fortzufahren. Er geht chronologisch immer weiter zurück und kehrt nie wieder in eine einmal bereits verlassene Zeit zurück.

Das bietet den großen Reiz, die bereits gegebenen Informationen mit dem zurückliegenden Geschehen in Verbindung setzen zu können. Der Zuschauer weiß also nach einiger Zeit schon wesentlich mehr als die handelnden Figuren, die ja in einem früheren Stadium ihres Lebens gezeigt werden, und fühlt sich ihnen dadurch scheinbar überlegen. Auch weiß man bald, daß man den Worten, die gesprochen werden, nicht trauen darf, denn sie geben nur bedingt das wieder, was die Figuren wirklich denken. Tatsächlich verbergen sie mehr, als sie erhellen.

Jeremy Irons: »Eine meiner schwierigsten Rollen war die in BETRAYAL, denn Harold Pinters Arbeit ist so exakt und muß so gespielt werden, daß man ganz aufmerksam die genauen Einzelheiten der Satzmelodie herausarbeitet. Ich hatte gerade MOONLIGHTING abgedreht, wo das Drehbuch mir gar keinen Text abverlangte ... Naja, es war praktisch ein Stummfilm, oder nicht? Und der Regisseur ließ sich auf Improvisation und Spontaneität ein. BETRAYAL war diametral entgegengesetzt dazu. Meine Darstellung hing hier ganz von den Dialogen und der Inszenierung ab und von der psychologischen Stilisierung.«[85]

Oft wiederholt jemand fragend die Aussage seines Gesprächspartners, um sich zu vergewissern, ob er das auch gesagt hat, oder es wird gefragt »Was meinst du damit?« Das wird schon fast zu einer Manie. Außerdem wird immer wieder geäußert, daß man etwas weiß oder nicht weiß, daß man etwas wirklich meint. Als Jerry und Robert im Restaurant sitzen, fragt Jerry auf den Kellner bezogen:

Jerry: »Ist das der, der schon immer hier war, oder ist das sein Sohn?«

Robert: »Du meinst, ob sein Sohn immer hier war?«

Jerry: »Nein, ob er der Sohn ist. Ich meine, ist er der Sohn von dem, der schon immer hier war?«

Robert: »Nein, er ist sein Vater.«

Jerry: »Ah, ist er?«

Zum Text von Harold Pinter äußert sich Hubert Haslberger treffend im *film-dienst:* »Es sind meisterhafte Dialoge, die sich zwar der Alltagssprache des gebildeten Mittelstandes mit scheinbar boulevardähnlicher Leichtigkeit bedienen, aber doch hochgradig stilisiert sind, haarscharf kalkuliert in der Kunst der Auslassung und des absichtsvollen Verdeckens. Selten nur wird das Eigentliche gesagt – und wenn doch, so ist das im Zuge der herrschenden galligen Ironie bereits wieder mit Vorsicht zu genießen.«[86]

Ein Beispiel ist das Gespräch zwischen Emma und Robert in Venedig. Er beschwert sich über die legere Mentalität der Italiener, da er fast den Brief von Jerry, der für seine Frau bestimmt war, bei »American Express« ausgehändigt bekommen hätte.

Es sei doch eher unwahrscheinlich, daß zwei Leute, die Towns heißen, miteinander verheiratet sind. Er sagt, daß er sich am liebsten beim Dogen von Venedig beschweren würde. Dabei will er eigentlich sagen: »Wieso schickt Jerry dir hierher nach Venedig einen Brief? Und wieso schickt er ihn nicht ganz normal an das Hotel, in dem wir hier als Ehepaar leben?« Letzten Endes bringt er Emma aber doch dazu, daß sie ihr Verhältnis mit Jerry eingesteht.

Auch Regisseur David Jones war von dem Text und den Leerzeichen angetan: »Ich glaube, daß das Schweigen zwischen den Zeilen sehr viel aussagt. Das Drehbuch ist so, als sei es mit Noten versehen, wie eine musikalische Partitur, wie eine Scarlatti-Sonate für Cembalo. Das, was man herausfinden muß, ist das, was zwischen den Pausen geschieht. Manche Leute denken, daß Pinter eine sehr interessante Kombination ist zwischen einem Autor, für den das Wort von tragender Wichtigkeit ist, für den aber das, was zwischen den Worten geschieht, von ebenso großer Wichtigkeit ist. Er ist ein sehr fruchtbarer, knapper und sparsamer Schriftsteller, gelegentlich ein rätselhafter. Aber er läßt genügend Raum für Schauspieler und Regisseur, sehr viel ihrer eigenen Interpretation der Aussagen zwischen den Worten hinzuzufügen.«[87]

Als weiteres Beispiel soll eine Dialogpassage wiedergegeben werden, die aus der Szene stammt, in der Emma und Jerry sich darüber streiten, daß sie sich so lange nicht mehr in ihrer gemeinsam gemieteten Wohnung getroffen haben:

Jerry: »Nachts kam es sowieso nie in Frage, und das weißt du. Ich habe eine Familie.«

Emma: »Ich habe auch eine Familie!«

Jerry: »Das weiß ich nur zu gut. Vielleicht darf ich daran erinnern, daß dein Mann mein ältester Freund ist.«

Emma: »Was meinst du damit?«

Jerry: »Ich meine gar nichts damit.«

Emma: »Also was versuchst du zu sagen, wenn du das sagst?«

Jerry: »Ich versuche überhaupt nichts zu sagen. Ich habe genau das gesagt, was ich sagen wollte!«

Emma: »Ach so.«

Das kann von schlechten Schauspielern wie drittklassiges Seifenopernniveau klingen. Doch mit den richtigen Gesten, dem Gesichtsausdruck und der Körperhaltung wird solch ein Dialog zum Ausdruck der Entfremdung, der Leere einer Beziehung, die ihre Leidenschaft und ihren Reiz verloren hat. Durch die Worte hindurch wird erkennbar, wie schmerzhaft diese Erkenntnis beiden gewahr wird und was damit verbunden ist.

Die besondere Kunst von Jeremy Irons liegt darin, daß er die Rolle des Jerry spielt, indem er auf der einen Seite die Liebesbeziehung zu Emma glaubhaft darstellt, auf der anderen Seite aber Robert vorspielt, es wäre nichts zwischen ihnen. Gleichzeitig verbindet ihn ja auch die langjährige Freundschaft mit Robert. Er spielt, wie er seinem besten Freund etwas vorspielt. Der allerdings weiß schon lange, daß Jerry ihm etwas vorspielt. Das ist auch der Unterschied in der Spielweise von Jeremy Irons und Ben Kingsley. Irons reagiert scheinbar immer spontan und ausdrucksreich. Er runzelt die Stirn, bewegt den Kopf ruckartig, reagiert mit den Händen. Sein Mienenspiel ist sehr beweglich. Ben Kingsley hingegen kommt fast immer mit dem gleichen Gesichtsausdruck aus: einem breiten Lächeln, von dem man nie weiß, ob es aufgesetzt oder tatsächlich freundschaftlich ist. Er wirkt gegenüber Jeremy Irons auf jeden Fall als der Abgeklärtere, allerdings auch als undurchschaubarer. Erst Patricia Hodge, eine vielbeschäftigte britische Theaterschauspielerin, bringt in den Film Wärme, da sie mit der gleichen Herzlichkeit die Ehefrau und Mutter darstellt wie auch die Geliebte. Auf die Frage von Alan Arnold, ob Pinter etwas über den Status der Ehe aussage, antwortete Jeremy Irons:

»Ja, ich glaube, daß er sehr viel Häßliches darüber aussagt und über Freundschaft und über Betrügereien, wenn sich jemand so unglücklich in die Frau seines besten Freundes verliebt. Abgesehen davon, daß er seine Personen sich auf interessante Art und Weise willentlich ineinander verlieben läßt. Man hat das Gefühl, der Mann beschließt, sich in die Frau seines besten Freundes zu verlieben. Sie kennen sich alle schon sehr lange. Er war der Brautführer bei der Hochzeit seines Freundes; er kennt Emma seit sieben Jahren. Und doch ist er ein ehrenhafter Mann, der scheinbar die Ehe seines Freundes als nicht so richtig gelungen ansieht. Das gibt ihm scheinbar das Recht, sich in diese Frau zu verlieben, ohne daß er merkt, etwas Böses zu tun. Er kann Gut und Böse nicht unterscheiden. Es ist fast so, als sei sie ein Teil seines Besitzes, eben weil er seinen Freund so gern hat. Ein eigenartiges zweischichtiges Denken läuft durch die ganze Affäre. Er kann mit der Frau dieses Mannes schlafen und zwei Tage später mit dem Ehemann essen und sich darüber sorgen, daß die Ehe nicht so läuft, wie sie sollte. Das ist, glaube ich, eine Fähigkeit, die die Menschen besitzen … Jerry ist ein Mann, der instinktiv handelt, ohne über die Konsequenzen nachzudenken; er ist ein Unschuldiger, denke ich.«[88]

Eine interessante Aussage, wenn man bedenkt, daß Jeremy Irons immer wieder derartig gelagerte Rollen angeboten werden und er sie mit dieser aufrichtigen Unschuldigkeit spielt, die man ihm abnimmt. Hier wird diese Unschuldigkeit aber noch nicht so hart bestraft wie z. B. später in VERHÄNGNIS. Sie geht einfach verloren. In diesem Film fällt auf, wie wichtig der Alkoholkonsum für die Personen ist, denn es wird fast immer getrunken, ob nun Whisky, Wein oder Bier. Das Trinken ist ein elementarer Bestandteil des Films, da es einerseits die vertrackte Situation durch die betäubende Wirkung scheinbar »erträglicher« macht, andererseits aber auch Bewegung in ansonsten eher statische Szenen bringt. Das Flaschenöffnen, Einschenken, Flasche wegstellen, Glas zum Mund führen, all das begleitet die Gespräche der Akteure und macht auch den Zuschauer ziemlich durstig.

Produzent dieses Films ist der legendäre Sam Spiegel (geb. 1901 in Polen, ab 1941 in Hollywood, gest. 1985), dessen Filme mit 16 »Oscars« prämiert wurden und der schon Klassiker wie AFRICAN QUEEN (1951) von John Huston mit Humphrey Bogart und Katharine Hepburn, DIE FAUST IM NACKEN/ON THE WATERFRONT (1954) von Elia Kazan mit Marlon Brando und Lee J. Cobb und LAWRENCE VON ARABIEN/LAWRENCE OF ARABIA (1962) von David Lean produzierte. LAWRENCE VON ARABIEN mit Peter O'Toole war, wie eingangs erwähnt, jener Film, der Jeremy Irons' Liebe zum Kino erweckte. DER LETZTE TYCOON/THE LAST TYCOON (1975) brachte Spiegel mit Harold Pinter zusammen, der das Drehbuch aus F. Scott Fitzgeralds unvollendeter Romanvorlage über Irving Thalberg entwickelte, das mit Robert De Niro, Robert Mitchum, Tony Curtis, Jack Nicholson und Jeanne Moreau realisiert wurde.

KRITIKEN:

»... Dank dreier ganz hervorragender Hauptdarsteller bezwingt er (der Regisseur; Anm. d. A.) den in Pinters Drehbuch oftmals ungelösten formalen Widerspruch zwischen zwei Gattungen doch größtenteils mit Bravour, indem er die streng analytische Erzählweise und die bewußte Künstlichkeit der Dialogebene gegen lupenreine realistische Milieustudien spannungsreich ausspielt.«[89] (Hubert Haslberger in: *film-dienst*)

»Eine intelligente, ›zivilisierte‹, gut gespielte und letzten Endes sinnlose Adaption von Pinters eisigem Komödien-Drama über die vielfachen Erscheinungsformen von untreuem Eheleben in der gehobenen Mittelklasse.«[90] *(Sight & Sound)*

»... ›Betrayal‹ ist ein Film um Betrug, Selbstverleugnung und die Frage von ›Ehrlichkeit um jeden Preis‹, nicht zuletzt aber auch ein bösartiger Angriff auf die wohlerzogenen, höflichen Phrasen und normierten Verhaltensweisen eines gehobenen Bildungsbürgertums, das eher an den eigenen Gefühlen erstickt, als sich selbst und anderen Schwächen einzugestehen.«[91] (Anita Post in: *Kölner Stadt-Anzeiger*)

Eine Liebe von Swann
(Un amour de Swann/Swann in Love); Frankreich/Bundesrepublik Deutschland 1983; *Regie:* Volker Schlöndorff; *Buch:* Volker Schlöndorff nach der Adaption von Peter Brook, Jean-Claude Carrière und Marie-Hélène Estienne nach Motiven aus dem Roman »Auf der Suche nach der verlorenen Zeit« von Marcel Proust; *Kamera:* Sven Nykvist; *Musik:* Hans Werner Henze; *Schnitt:* Françoise Bonnot; *Ton:* Jean-Claude Laureux, Gilles Ortion, Michel Barlier; *Ausstattung:* Jacques Saulnier; *Bauten:* Georges Glon, Jean-Pierre Nossereau, Gilbert Pieri; *Kostüme:* Yvonne Sassinot de Nesle; *Make-up:* Michel Deruelle, Mario Di Salvio, Joan Hills, Jean-Pierre Eychenne; *Frisuren:* Jean-Pierre Berroyer, Paolo Franceschi, Catherine Leblanc; *Casting:* Romain Bremond, Caroline Huppert, Marie-Christine D'Aragon; *Produzenten:* Margaret Menegoz/Nicole Stéphane de Rothschild/Eberhard Junkersdorf/Emmanuel Schlumberger; *Produktion:* Les Films Du Losange/Gaumont/FR 3/S.F.P.C./Ministre de la Culture (Paris)/Bioskop Film (München)/WDR (Köln); *Länge:* 110 Min.; Farbe; *FSK:* ab 16, ffr., in Großbritannien ab 18; *Prädikat:* Wertvoll; *Kinostart:* 23.3.1984; *Videoanbieter:* Artificial Eye (französisches Original mit englischen Untertiteln).
Darsteller: Jeremy Irons (Charles Swann), Ornella Muti (Odette de Crécy), Alain Delon (Baron Palmède de Charlus), Fanny Ardant (Herzogin de Guermantes), Marie Christine Barrault (Madame Verdurin), Anne Bennent (Chloë), Nathalie Juvet (Madame Cottard), Charlotte Kerr (Die Madame), Jean-François Balmer (Doktor Cottard), Roland Topor (Biche), Vincent Martin (Swanns Kutscher Remi), Philippine Pascale (Madame de Gallardon), Charlotte de Turckheim (Madame de Cambremer), Jean-Louis Richard (Monsieur Verdurin), Jacques Boudet (Herzog de Guermantes), Geoffroy Tory (Graf de Forcheville), Catherine Lachens (Tante des Pianisten), Bruno Thost (Saniette), Nicolas Baby (Junger jüdischer Mann), François Weigel (Pianist bei den Verdurins), Marc Arian (Swanns Kammerdiener), Daniel Tarrare (Swanns Friseur) u. v. a.
Deutsche Fassung: Volker Schlöndorff und Florian Hopf nach

Romantisches Plakatmotiv der englischen Version von ›Eine Liebe von Swann‹ (1983).

den Übersetzungen von Walter Benjamin und Eva Rechel-Mertens.
Deutsche Synchronschauspieler: Joachim Bißmeier (Jeremy Irons), Helga Anders (Ornella Muti), Walter Schmiedinger (Jacques Boudet), Cornelia Froboess (Marie-Christine Barrault).

INHALT: Paris, Ende des 19. Jahrhunderts. Der wohlhabende jüdische Kunstexperte Charles Swann notiert in seinem Bett liegend, wie sehr er in Odette verliebt ist. Er wird frisiert und angezogen. Währenddessen erinnert er sich daran, wie er Odettes Kleidausschnitt liebkost hat. Odettes Gesicht wird noch nicht gezeigt. Baron de Charlus hatte sie bekannt gemacht. Zusammen mit ihm trifft er auf einem Empfang am Hof der Guermantes ein, wo er dem Baron erzählt, er sei über Odette hinweg und fände sie nicht schön. Der schwule Baron bändelt gleich mit einem jungen Diener an. Eifersüchtig fragt

Swann (Jeremy Irons) verfaßt morgens im Bett Tagebuchaufzeichnungen (›EINE LIEBE VON SWANN‹; 1983).

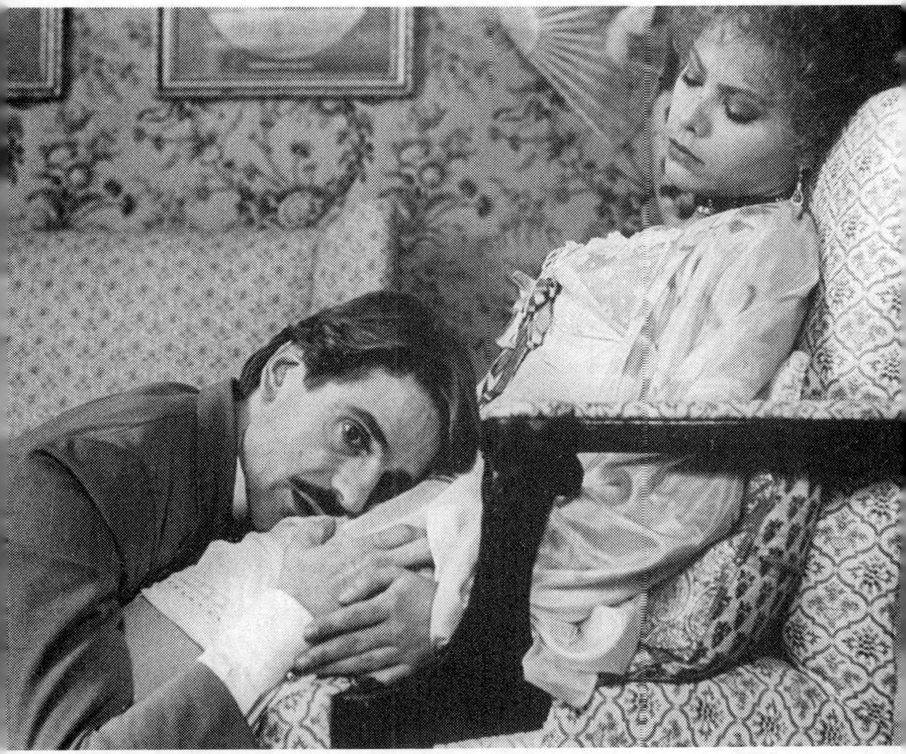

Swann (Jeremy Irons) ist Odette (Ornella Muti) ergeben. (›Eine Liebe von Swann‹; 1983).

Swann ihn allerdings, was der Baron am Vorabend mit Odette unternommen habe und ob er mit ihr geschlafen habe, was der Baron verneint. So bittet er ihn, Odette zu veranlassen, am späteren Nachmittag in einem bestimmten Lokal zu sein. Mit dem Ehepaar Herzog und Herzogin Guermantes redet er über den im Sterben liegenden Bruder des Herzogs, doch der meint nur, man solle ihm den schönen Tag nicht verderben, selbst als ein Bote den verschlimmerten Zustand des Bruders meldet. Später macht die Herzogin erfolglos einen Annäherungsversuch bei Swann. Als er in ein anderes Zimmer wechselt, bedeutet ihm der Herzog unter vier Augen, daß er im Falle einer

Swann (Jeremy Irons) sucht rauchend die junge Prostituierte Chloë (Anne Bennent) auf und verschafft sich Informationen und Befriedigung (›EINE LIEBE VON SWANN‹; 1983).

Hochzeit mit Odette seinen sozialen Stand verlieren würde und nicht mehr bei den Guermantes verkehren dürfte.
Im Parkrestaurant Bagatelle trifft Swann Odette. Sie setzen sich an den Tisch von Baron de Charlus, der bereits einen langmähnigen jüdischen Knaben zu sich gebeten hat. Später küssen sich Swann und Odette in der Öffentlichkeit. Odette zeigt sich verliebt. In ihrem Haus wartet eine »Kollegin« und unterbreitet Odette, daß eine Kundin ihr viel Geld für ihre Liebesdienste zahlen würde. Derweil legt Swann einen Geldschein in ein Kästchen in Odettes Zimmer.
Er zwingt Odette zu dem Geständnis, daß sie Beziehungen zu Frauen gehabt hat. Er weiß aber schon längst über ihr Ver-

hältnis zu Madame Verdurin. Während er sie liebkost, fragt er sie aus, wer und wann es gewesen ist. Schließlich erzählt ihm Odette die Geschichte, doch am Schluß sagt sie, sie hätte gelogen. Aber Swann hat so wunderbar gelitten, daß er ihr noch einen Geldschein zusteckt. Sie beklagt sich, daß er sie wie eine Hure behandle. Und statt mit ihm den Abend zu verbringen, geht Odette mit den Verdurins in die Oper.
Swann sucht daraufhin ein Edelbordell auf, das auf einem Zettel in Odettes Bett notiert war. Er fragt die »Madame«, die Chefin, ob Odette dort verkehren würde. Sie sagt, sie kenne sie nicht, aber die Prostituierte Chloë, die wie Odette aus Nizza kommt, erzählt ihm, während er sich mit der Zigarette im Mund von hinten an ihr befriedigt, daß Odette es für Geld mit einer Frau getrieben habe. Sie wird reichlich entlohnt.
Swann erinnert sich an Odettes ersten Besuch bei ihm. Sie bot ihm eine tiefergehende Beziehung an, doch er wollte sich nicht binden, keine Gefühle investieren.
Er läßt sich kurz entschlossen zur Oper fahren, doch die Vorstellung ist bereits vorbei. Aber Swann findet die Verdurins und ihre Freunde im Maison Dorée beim Dinieren. Er gesteht Odette seine Liebe. Er ist auch bereit, mit ihr nach Ägypten zu reisen, doch dann sagt sie, daß sie mit den Verdurins ohne ihn fahren werde, und Swanns Leidenschaft ist mit einemmal abgekühlt. Provokant steigt sie in Verdurins Kutsche, obwohl Swann sie eigentlich heimbringen wollte. Er erkennt, daß seine Liebe zu ihr eine Krankheit ist, die ihn zerstört, von der er nicht loskommt, aber auch nicht loskommen will. Er erinnert sich wieder daran, wie er im Mondlicht ihren Busen geküßt hat.
Derweil schmeißt Baron du Charlus mit großen Worten den jüdischen Knaben aus seiner Kutsche, der über die Annäherungsversuche des Barons völlig überrascht ist (»Ich dachte, wir wollten uns den Mond ansehen?«).
Swann will Odette mitten in der Nacht noch einmal sehen, doch er klopft erst am falschen Fenster an und weckt zwei alte Herren. Odette holt ihn schließlich zu sich herein. Er schenkt ihr eine Halskette, liebkost sie beim Klavierspiel, und sie gibt sich ihm hin, doch mitten in der Umarmung plagt ihn die Ei-

fersucht, und er durchsucht die Wohnung und den Vorgarten. Er will gehen, doch Odette wirft ihm vor, daß sie ihn nicht verstehe, und zieht sich aus. Sie lieben sich im Bett. Odette erwähnt dabei, daß eine Freundin von ihr geheiratet hat, prophezeit ihm aber, daß er sie verlassen werde.
Am nächsten Morgen besucht Baron de Charlus Swann in seinem Schlafzimmer. Er unterbreitet ihm, daß Odette mit den Verdurins und einem anderen Mann nach Ägypten fahre. Swann hält Jahre seines Lebens für vergeudet. Doch der Baron fragt ihn: »Wann wirst du sie heiraten?«
15 Jahre später: Der grau gewordene, kranke Swann besucht mit seiner Tochter Gilberte Herzog und Herzogin Guermantes,

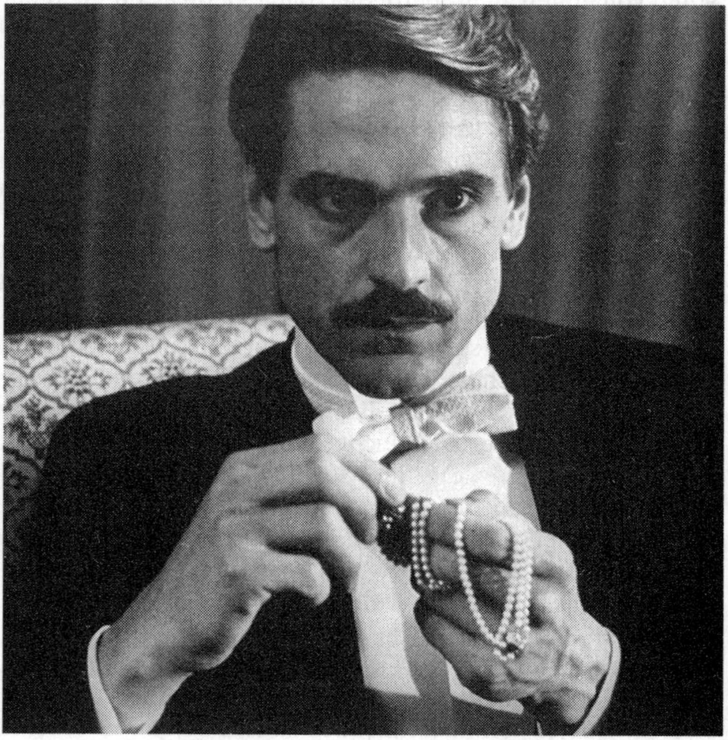

Mit kostbarem Schmuck versucht Swann (Jeremy Irons) die windige Odette für sich zu gewinnen (›Eine Liebe von Swann‹; 1983).

doch die sind gerade im Aufbruch. Er kann ihnen noch erzählen, daß er nur noch kurze Zeit zu leben habe. Wieder schiebt der Herzog das Thema beiseite, indem er seinem Mißtrauen gegenüber Ärzten Ausdruck verleiht. Die Tochter wurde nicht vorgestellt.
Mit Baron de Charlus spaziert Swann durch die Straßen von Paris. Der Baron ereifert sich über die Vulgarität der neuen Automobile und vergleicht die Damenhüte mit Vogelnestern. Sie philosophieren über das Leben. »Das Leben ist wie ein Künstleratelier: Überall halbfertige Skizzen.« Odette alias Madame Swann steigt stolz lächelnd aus einer Kutsche. Zwei Passanten erkennen sie. Der eine sagt zum anderen, daß er früher für 500 Franc mit ihr geschlafen habe, und zwar an dem Tag, an dem Präsident MacMahon[92] zuückgetreten sei.

ZUM FILM: Jeremy Irons über seine Auffassung von Swann: »Ich denke, daß dieser Swann – obwohl Franzose in der vierten Generation – sich immer noch als Jude fühlt und somit Außenseiter ist in seiner Gesellschaft; auch wenn diese Gesellschaft der Privilegierten ihn akzeptiert und hofiert. Er ist ein Mann, der seine Gefühle unter Kontrolle hat, der seine Leidenschaften unter der Oberfläche von Eleganz, Charme und guten Manieren verdeckt – doch auch fähig ist zu leiden Swann ist ein leidenschaftlicher Sammler von Kunstgegenständen, und ein Teil seiner Leidenschaft für Odette ist seine Besessenheit, sie zu besitzen – wie einen Kunstgegenstand. Er verfolgt sie, um sie zu erobern, aber als er sie endlich für immer an sich gebunden hat, stirbt seine Liebe. Die lebendige Konfrontation mit Odette kann ihm das geliebte Bild nicht ersetzen.«[93]
Proust hatte Swann sich selbst nachempfunden, dessen äußere Erscheinung aber dem Juden Charles Haas. Regisseur Volker Schlöndorff über Jeremy Irons: »Jeremy Irons wird beiden Vorbildern Swanns gerecht: Er ist groß, elegant, geistreich und arrogant, Mann von Welt, Liebling der Frauen und Kenner der Künste, wie der Snob, in dem Walter Benjamin den ersten Profi der Konsumgesellschaft sah. Er ist aber auch weise und traurig, süchtig nach Liebe, Opfer seiner Eifersucht.«[94]
Der opulent ausgestattete Film zeigt auf beeindruckende Wei-

se die doppelte Moral und die Zweigleisigkeit einer Gesellschaft, die ihren Fassaden frönt, indem die Regeln und Gesetze des äußeren Scheins gewahrt, ja sogar zelebriert werden. Doch auf der anderen Seite stehen die Sinnlichkeit, das Begehren und das Irrationale. Jeremy Irons spielt beides mit Vollendung und konsequent bis zum letzten Detail. Er verkörpert Swann mit einer fast schon beunruhigenden Intensität. Ähnlich wie in DIE GELIEBTE DES FRANZÖSISCHEN LEUTNANTS ist er hin- und hergerissen zwischen seinen Gefühlen und den

Ornella Muti und Jeremy Irons in der stilvollen Dekoration von ›EINE LIEBE VON SWANN‹ (1983) nach Marcel Proust.

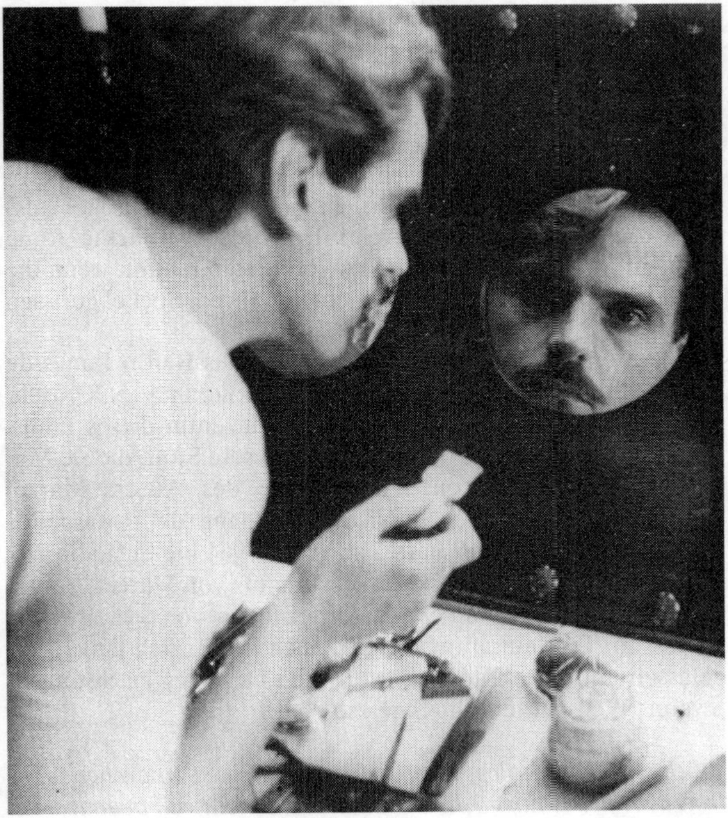

Swanns Morgentoilette ist sehr ausgiebig. Jeremy Irons in Schlöndorffs ›Eine Liebe von Swann‹ (1983).

Konventionen, aber auch zwischen Vertrauen und Eifersucht. Brigitte Desalm schreibt, Proust decke auf, »daß es kein Sein unter dem Schein gäbe, kein festgefügtes Dach für das Ich und seine Gefühle«.[95] Schlöndorff gibt der Entstehung des Scheins auch seinen Raum, indem er zeigt, wie Jeremy Irons frisiert wird, wie er am Schminkspiegel sitzt, wie die Hausdiener ihn oder Ornella Muti an- und auskleiden.

Für die Rolle der Adeligen wurden auch hochkarätige, adelige Statisten engagiert, die zum Teil ganz versessen darauf waren, mitzuwirken und mit hochwertigem Wein entlohnt zu werden. Der Film gewinnt dadurch eine eigentümliche Authentizität. Doch wer weiß, was sich die Herrschaften bei der Vorführung des fertigen Films gedacht haben, zum Beispiel bei der Szene, in der Roland Topor in erlauchter Runde beim Essen begeistert davon erzählt, daß er ein Gemälde betrachtet und gerochen habe, das mit Kot (er drückt sich noch drastischer aus) gemalt worden sei, wenn Jeremy Irons die fast nackte Anne Bennent im Bordell teilnahmslos von hinten nimmt, wenn die Welt des Hochadels ganz vehement von ihrem Sockel gerissen wird.

Nicole Stéphane de Rothschild, Tochter des Baron James de Rothschild, Schauspielerin (z. B. DIE SCHRECKLICHEN KINDER/LES ENFANTS TERRIBLE, 1949) und Produzentin dieses Films, besaß schon sehr lange die Rechte an diesem Stoff, die sie Madame Suzy Mante-Proust, der Nichte des Autors Marcel Proust und Freundin von Nicole Stéphane de Rothschilds Mutter, 1962 abgekauft hatte. Im April 1964 bietet sie bereits François Truffaut die Regie zur Verfilmung von Marcel Prousts »Un amour de Swann«, des Mittelstücks von »In Swanns Welt«, an. Truffaut antwortet ihr, nachdem er sich lange Zeit gelassen und »Du côté de chez Swann/Der Weg zu Swann/In Swanns Welt« erneut durchgelesen hat:

»... Es ist ein Sakrileg, einen Film nach Proust zu drehen, aber trotzdem fiel es mir nicht leicht zu sagen: nein, ich bedaure, ich bin nicht interessiert ... Ich legte das Buch mit der Überzeugung aus der Hand, nur ein Metzger würde sich darauf einlassen, den Salon Verdurin auf die Leinwand zu bringen, und wie ich nun erfahren habe, haben Sie sich, ohne daß mein Schweigen Sie übermäßig beunruhigt hätte, in der Tat an einen Metzger gewandt, an René Clement, der – neuerlicher Beweis der unverschämten Vulgarität, die ihm eigen ist – ohne zu zögern die Gelegenheit beim Schopf packt.

Ich wünsche Ihnen nichts Böses, ... aber Sie werden wohl verstehen, daß es mir unmöglich ist, Ihnen für das Gelingen dieses neuen Projekts alles Gute zu wünschen.

Wie dem auch sei, hier gebe ich Ihnen, wenn auch mit Verspä-

tung, meine Antwort: Ich kann Un amour de Swann *nicht verfilmen, weder in 16 mm noch in Cinerama.*

Mit vorzüglicher Hochachtung, Ihr
François Truffaut«[96]

Und am 21. November 1975 schreibt er an Gilles Jacob:

»… *Wenn ich es seit zehn Jahren ablehne,* Le grand meaulnes, Un amour de Swann, L'étranger, Zelda *und was weiß ich noch zu drehen, dann deshalb, weil ich die Leute, die diese Bücher lieben und bestimmte Bilder dazu im Kopf haben, nicht betrügen und enttäuschen will …* «[97]

Marcel Proust (1871–1922).

Neben Truffaut lehnen auch Alain Resnais und Louis Malle ab. (Ausgerechnet bei den beiden und Melville hat Volker Schlöndorff sein Filmhandwerk erlernt.) Marcel Proust (10.7.1871–18.11.1922) gilt als einer der angesehensten Autoren in Frankreich. Die vielgelobte Originalität seiner Sprache sowie die präzise, intensive philosophische Beschreibung von Empfindungen und dem Pariser Salonleben haben den kränklichen, homosexuellen Sohn reicher Eltern, der zum Schluß in mit Kork tapezierten Räumen lebte, um sich von Außengeräuschen abzuschotten, zum Idol werden lassen. Die ständigen Gerüchte und Versuche einer Verfilmung seines siebenteiligen Werkes *Auf der Suche nach der verlorenen Zeit/A la recherche du temps perdu* – »Eine Liebe von Swann/In Swanns Welt« ist einer dieser Teile – stilisierten es schließlich zum nationalen Heiligtum und historischen Monument empor.
Der oben von Truffaut erwähnte Regisseur René Clement kann auf ein Drehbuch von Bertrand de Fallois und Frantz-André Burguet zurückgreifen, das der Produzent Raoul Lévy in Auftrag gegeben hat. Doch es kommt nicht zur Realisierung.
Als Nicole Stéphane de Rothschild im Besitz der Rechte ist, schreibt zunächst Ennio Flaianno, ein Mitarbeiter Fellinis, ein Drehbuch, doch er findet in René Clément keinen Verbündeten. 1969 nimmt das Vorhaben erneut konkretere Formen an. Der Italiener Lucino Visconti recherchiert 40 Tage lang in Frankreich und sucht Originalschauplätze auf. Dann schreibt er nach Fertigstellung seines Films TOD IN VENEDIG/MORTE A VENEZIA nach Thomas Mann zusammen mit seiner Mitarbeiterin Suso Cecchi d'Amico ein Drehbuch in französischer Sprache, das das gesamte Werk AUF DER SUCHE NACH DER VERLORENEN ZEIT als Grundlage hat – bis auf »In Swanns Welt«. Seine Besetzungsliste sieht folgendermaßen aus: Alain Delon (Marcel), Helmut Berger (Charlie Morel), Silvana Mangano (Herzogin Oriane de Guermantes), Laurence Olivier oder Marlon Brando (Baron de Charlus), Charlotte Rampling (Albertine). Es gibt sogar Gerüchte, daß Greta Garbo als Königin von Venedig nach 30 Jahren Abstinenz wieder auf die Leinwand zurückkehren würde. Es soll ein vierstündi-

ger Film werden. Produzent Robert Dorfmann und Artistes Associés wollen ihn für 3,5 Millionen Dollar produzieren. Doch dann wendet sich Visconti plötzlich einem bevorzugteren Projekt zu: LUDWIG II. (1972) mit Helmut Berger (184 Min.). Sein Versprechen, Proust später zu verfilmen, löst der 1976 verstorbene Regisseur nicht mehr ein.

1972 versucht sich Harold Pinter auf Anregung von Regisseur Joseph Losey an einem Drehbuch zu Marcel Prousts *Auf der Suche nach der verlorenen Zeit.* Pinter arbeitet zusammen mit der Proust-Expertin Barbara Bray ein Jahr lang daran. 1973 liefert er es ab. Doch aus dem Projekt wird nichts. Joseph Loseys Vorhaben, den Gesamttext von Marcel Proust (4000 Seiten) in einem Fünfeinhalbstundenfilm zu realisieren, scheitert aus finanziellen Gründen. 22 Millionen Dollar hätte das Budget betragen. Man findet keinerlei Unterstützung aus den USA. Den Vorschlag, einen Fernsehfilm daraus zu machen, lehnt Losey kategorisch ab. Nach fünf Jahren fruchtloser Verhandlungen ist 1977 die Veröffentlichung von Harold Pinters Drehbuch das einzige Ergebnis. (»Brillant, aber wahrscheinlich unverfilmbar.«[98])

Nicole Stéphane de Rothschild tritt 1981 schließlich an Peter Brook heran, den britischen Theaterregisseur. Er entwickelt die Idee, das Geschehen auf 24 Stunden in Swanns Leben zu reduzieren und einen Epilog anzufügen. Nach kurzer Zeit legen er und Jean-Claude Carrière ein Drehbuch vor. Doch kurz vor Drehbeginn erhält Peter Brook die Einladung, mit seiner erfolgreichen »Carmen«-Inszenierung auf USA-Tournee zu gehen. Anschließend bietet sich ihm die Möglichkeit, ein langgehegtes Theaterprojekt in Indien zu realisieren, so daß das Drehbuch mindestens drei Jahre auf Eis liegen würde. In dieser Zeit wären allerdings die Rechte von Nicole Stéphane de Rothschild abgelaufen. Während eines Abendessens mit Volker Schlöndorff bietet ihm Brook unmittelbar vor seiner Abreise den Stoff und die Regie an, und der greift sofort zu. Da er Nicole Stéphan de Rothschild auch vorschlägt, den Film zu koproduzieren, kann sie die Verleihgesellschaft Gaumont zur Mitfinanzierung gewinnen.

Zu dem übergroßen Respekt vor Proust meint Schlöndorff ge-

Ornella Muti und Jeremy Irons zieren das Drehbuch zum Film ›EINE LIEBE VON SWANN‹ (1983).

lassen: »Mich juckt es überhaupt nicht, wenn ich Proust nicht gerecht werde oder wenn dieses große Heiligtum in der Gosse landet. Mir geht es um einen guten Film und darum, ob meine Personen glaubhaft sind und die Zuschauer berühren. Alles andere überlasse ich den Literaturprofessoren.«[99] Es mutet wirklich seltsam an, daß die Franzosen so lange nicht in der Lage waren, selbst eine Proust-Adaption zustande zu bringen. Die erwähnten Regisseure sind doch Meister im Verfilmen

Regisseur mit Hang zur Literatur: Volker Schlöndorff. Nachdem alle vorherigen Versuche gescheitert waren, wagte sich der Deutsche an das französische Heiligtum Marcel Proust.

von Literatur. Vielleicht mag da nicht nur der Respekt vor dem geschriebenen Wort eine Rolle gespielt haben, sondern auch die Tatsache, daß die von Proust akribisch notierten Details aus der Pariser Oberschicht deren heutigen einflußreichen Nachfahren wenig Freude gemacht hätten, geht es doch auch um Prostitution, Homosexualität und Männerbordelle.
Volker Schlöndorff legt sich nach reiflicher Überlegung bei der Besetzung von Swann nach seiner ersten Wahl, dem US-amerikanischen jüdischen Sänger Art Garfunkel aus dem Pop-Duo »Simon & Garfunkel«, auf Jeremy Irons fest. Eigentlich eine mutige Entscheidung. Art Garfunkel hat zwar sein schauspielerisches Talent z. B. in BLACK OUT – ANATOMIE EINER LEIDENSCHAFT/BAD TIMING (1979) von Nicholas Roeg bewiesen, und Jeremy Irons' Qualitäten stehen außer Frage. Dennoch gibt es gerade in Frankreich so erstklassige Schauspieler, daß bei der Verfilmung eines Herzstücks französischer Literatur die Verpflichtung eines Franzosen nahegelegen hätte. Doch Volker Schlöndorff meinte, daß die Pariser Adelsgesellschaft Swann auch wie einen Ausländer und Außenseiter angesehen habe. »Selbst ein konvertierter Jude ist immer noch ein Jude«, sagte eine der adligen Damen über ihn im Film. Aber Volker Schlöndorff hat auch aus dem Schweizer Faber (HOMO FABER, 1991) einen Amerikaner gemacht (mit Max Frischs Zustimmung). Die Italienerin Ornella Muti hatte er in einem Celentano-Film bei der Berlinale gesehen und sich »verliebt«. Doch eigentlich, gesteht er später, wäre Hanna Schygulla seine »Traum-Odette« gewesen, also auch keine Französin. Da mit Charlotte Kerr und Anne Bennent in weiteren Rollen sowie Komponist Hans Werner Henze und Kameramann Sven Nykvist neben Schlöndorff lauter Nicht-Franzosen wesentliche Funktionen übernehmen, besteht angeblich die Gaumont, die 70 % der acht Millionen Mark teuren Produktion aufbringt, auf der Verpflichtung des Stars Alain Delon für die Rolle des homosexuellen Baron Palmède de Charlus. Delon führt sich denn auch wie eine Diva am Set auf und pfuscht Schlöndorff ins Handwerk, bestimmt Kameraeinstellungen und macht auch noch den Journalisten das Leben schwer, wie zu lesen war.

Eine Italienerin (Ornella Muti) und ein Engländer (Jeremy Irons) als Odette de Crécy und Charles Swann, ein berühmtes Paar der französischen Literatur, inszeniert vom deutschen Volker Schlöndorff, abgelichtet vom Schweden Sven Nykvist.

Jeremy Irons, Ornella Muti, Charlotte Kerr, Anne Bennent und Bruno Thost spielen ihren gesamten Text in französischer Sprache. Jeremy Irons wird dann aber doch von dem Franzosen Pierre Arditi nachsynchronisiert, Ornella Muti von Micky Sébastien. Michael Schaper beobachtet bei den Dreharbeiten eine amüsante Episode am Rande: »Park der Tuilerien, elf Uhr abends. Gegenüber vom Louvre sind Kranwagen aufgefahren worden, bestückt mit 6000-Watt-Scheinwerfern. Pferde werden ausgeladen, Schienen für eine Kamerafahrt gelegt. Eine ältere Stadtstreicherin geht auf Jeremy Irons zu, der sich in Cape und Seidenschal vorkommt wie Bel Ami. ›Du siehst fast so schön aus wie mein Mann bei unserer Hochzeit‹, flötet sie. Galant lüftet Irons den Zylinder, grüßt und zieht weiter an seiner Zigarre – auf die er selbst zwischen den Kuß-Szenen mit Ornella Muti nicht verzichtet.«[100]

Jeremy Irons gibt nach der Hälfte der Dreharbeiten ein Fest für alle am Film Beteiligten. Er lädt auch die Techniker, Chauffeure, Assistenten, Ausstatter, Friseure ein. Hanna Schygulla taucht ebenfalls auf.

Schlöndorff hat Musil, Kleist, Böll, Grass, Frisch, Arthur Miller, Marguerite Yourcenar, Margaret Atwood verfilmt. Er hat seine spezielle Art gefunden, aus literarischen Vorlagen eindrucksvolle und durchdachte Filme zu machen. 1990 gesteht der emsige Literaturverfilmer Volker Schlöndorff aber unumwunden gegenüber der *FAZ* ein, daß er mit diesem Film gescheitert sei. »Ich habe nie gewußt, warum – ein großer Fehler.«[101] Und die *Zeit* zitiert ihn: »Also Prousts LIEBE VON SWANN, die hab' ich verpatzt. Da schäme ich mich.«[103] – »Swann drüber!« (Karin Thielmann)

LITERATURHINWEIS:

Proust, Marcel: Auf der Suche nach der verlorenen Zeit – In Swanns Welt 1 (deutsche Übersetzung von Eva Rechel-Mertens), edition suhrkamp, Frankfurt/M. 1961. Teilweise inkonsequent revidierte Ausgabe dieser Übersetzung von Luzius Keller: Unterwegs zu Swann, Suhrkamp Verlag, Frankfurt/M. 1994. (Zur Überarbeitung: »Entstanden ist so ein Text, der mal den weichen Ton der Fünfziger, mal den herben Ton der Neunziger trägt, eine Mischung, deren Sinn nicht einleuchtet.«[104] [*Rheinischer Merkur*])

KRITIKEN:

»... Den strahlenden, großherzigen, allseits geliebten Swann kann der Film nicht zeigen, weil er die Krankheitsgeschichte auf ihre Agonie verkürzt: Fast nur die Skala zwischen geschmerztem Lächeln und blassem Gram bleibt Jeremy Irons, dem dennoch – mit immer feuchteren Augen, immer hohleren Wangen – ein bewegender Swann gelingt ... «[105] (Urs Jenny in: *Der Spiegel*)

»Ein Juwel von einem Film.«[106] (Barry Norman in: *Film ›84*)

»Jeremy Irons ist einfach überwältigend. Es ist mit das Beste, was er je gemacht hat.«[107] (Richard Barklay in: *Sunday Express*)

»Ein wunderschöner Film ... Jeremy Irons' Swann ist ein Portrait von immenser Kraft.«[108] (Derek Malcolm in: *The Guardian*)

»Jeremy Irons ist überragend.«[109] (Alexander Walker in: *The Standard*)

»... Jeremy Irons spielt den Swann bis hin zu Äußerlichkeiten vorwiegend als Proust, was eine erlaubte Verdeutlichung ist ... «[110] (Brigitte Desalm in: *Kölner Stadt-Anzeiger*)

»... Jeremy Irons (synchronisiert) ist Swann, kühl und stutzerhaft, schraubt sich sanft sein Monokel vors Auge, als würde er die Kombination eines Safes ausprobieren, ›*un vrai gentleman*‹, wie der Franzose sagt, lebt seine Leidenschaft leidenschaftslos aus mit einer Art edler Melancholie, ein entsetzter und doch auch faszinierter Beobachter seines eigenen Leidens ... «[111] (Gilbert Adair in: *Monthly Film Bulletin*)

(Zu Ornella Muti:) »... Sie ist eine vollkommene Vorstadtschönheit. Ihr Gesicht besteht, ohne Kulturattribute wie ›nervös‹ oder ›edel‹ zu erfüllen oder sonst einen optischen Tiefgang, aus wunderbaren Einzelheiten: aus aggressiv, schräg aufwärts wachsenden Augenbrauen, aus einer zugunsten des provozierenden Mundes unauffälligen Nase. Sie hat von Natur aus blaßlila Schatten unter den Augen, die sie etwas übernächtigt aussehen lassen. Sie kann bedenkenlos lange mit offenem Mund lachen, wobei auch die Intaktheit ihrer Backenzähne sichtbar wird (›It's so basic‹ – Hans Liberg, Anm. d. A.) ... Sie hat nur das Drehbuch liegen, nicht wie Swann-Irons eine kleine Handbibliothek ... « (Zu Jeremy Irons:) »Den Swann spielt der Engländer Jeremy Irons, der von so empfindlicher Schönheit ist, daß er auf dem Satinpolster eines dicht schließenden Etuis zu Hause sein könnte. Die sich stufenweise verschärfende Traurigkeit seines Blicks gelangt manchmal an einen Punkt, an dem sich die Einstichstelle des Weltunglücks zu befinden scheint. Und seine gesamte Erscheinung mit der sicher auch ehrgeizigen Müdigkeit sticht fast die Müdigkeit der aristokratischen Männer von der Statisterie aus ... «[112] (Marie-Luise Scherer in: *Der Spiegel*)

THE WILD DUCK
Australien 1985; *Regie:* Henry Safran; *Buch:* Tutte Lemkow nach dem Theaterstück »Die Wildente« von Henrik Ibsen; *Länge:* 96 Min.; Farbe.
Darsteller: Jeremy Irons (Mr. Ackland), Liv Ullmann (Mrs. Ackland), Lucinda Jones (Henrietta Ackland), Arthur Dignam, John Meillon, Michael Pate.

INHALT: In Henrik Ibsens ursprünglicher Theatervorlage geht es um ein Standardthema des norwegischen Dramatikers: die Lebenslüge. Ein reicher Vater verheiratet seinen Sohn mit der Haushälterin, die vom Vater ein Kind erwartet. Der Sohn denkt jedoch, es sei von ihm, und richtet sich in der wohlsituierten Ehe als verwöhnter Faulenzer und Schwätzer ein. Die fortschreitende Erblindung der inzwischen 14jährigen Tochter, die ihren falschen Vater liebt, trübt die Ehefreude. In guter Absicht informiert ein Freund den Ehemann über die wahren Umstände, doch der verfällt in tiefes Selbstmitleid. Das Mädchen hat durch Lauschen auch die Wahrheit mitbekommen. Sie erschießt sich als Liebesopfer für ihren vermeintlichen Vater. »Nehmen Sie einem Durchschnittsmenschen die Lebenslüge, und Sie nehmen ihm zu gleicher Zeit das Glück«, läßt Ibsen eine Figur sagen.

ZUM FILM: Der inzwischen verstorbene Drehbuchautor Tutte Lemkow wurde beim Salzburger Filmfestival mit einem Preis geehrt. Aber der Film fand keinen Verleih und ist leider auch in der Versenkung verschwunden. Der Film wird auch in

Texten über Jeremy Irons übergangen und taucht in Interviews nicht auf. Nur einmal erwähnt Jeremy Irons, daß er in Australien für die am Film Beteiligten ein Flugzeug charterte, mit dem er zu einem erstklassigen Strandrestaurant flog, wo der Champagner schon bereitstand.[113]

KRITIKEN:
»Unsinnige Modernisierung Ibsens, die ein muffiger Langweiler ist. Irons gibt eine pingelige, übertriebene Vorstellung, die den Text nicht gerade erhellt; Ullmann spielt so verhuscht, daß sie von der vollgestopften Studiodekoration aufgesaugt wird; und der naiv-süßlichen Kinderdarstellerin (Jones) nimmt man die Henrietta kaum ab.« (Movies on TV and Videocassette)[114]

»Trotz der Besetzung, oder vielleicht gerade wegen ihr, erreicht diese ergreifende Geschichte um Liebe und Tragik nicht ihr ehrgeiziges Ziel.«[115] (Video Movie Guide 1992)

»Langweilige, enttäuschende Adaption von Ibsens Stück, das auf zwei Tage zusammengeschrumpft wurde ... Die Frage ist: Warum? Die Darstellungen sind okay, aber der Film ist, oh, so langsam und anmaßend.«[116] (TV Movies and Video Guide 1989)

(Obwohl hier Film- und Videoführer zitiert werden, ist der Film laut diesen Quellen nicht als Videokassette erschienen.)

MISSION

(The Mission); Großbritannien 1986; *Regie:* Roland Joffé; *Buch & Idee:* Robert Bolt; *Kamera:* Chris Menges; *Musik:* Ennio Morricone, gespielt vom London Philharmonic Orchestra; *Gesang:* Barnet Schools Choir London; *Schnitt:* Jim Clark; *Ton:* Clive Winter; *Production-Design:* Stuart Craig; *Bauten:* Norma Dorme, Francesco Bronzi; *Ausstattung:* Jack Stephens; *Kostüme:* Enrico Sabbatini; *Frisuren:* Paula Gillespie; *Make-Up:* Tommie Manderson; *Stunts:* Vic Armstrong; *Spezialeffekte:* Peter Hutchinson, Martin Gant; *Chefkoch:* Frank McGill; *Casting:* Juliet Taylor, Susie Figgis; *Produzenten:* Fernando Ghia, David Puttnam; *Produktion:* Warner Brothers/Enigma/Goldcrest/Kingsmere Production Ltd., eine Tochter von

Der Roman zum Film ›MISSION‹ (1986) von Robert Bolt.

The British Land Company Pic; *Länge:* 125 Min.; Farbe; *FSK:* ab 12, ffr.; *Prädikat:* Besonders wertvoll; *Kinostart:* 8.1.1987; *Videoanbieter:* Taurus-Film-Video.
Darsteller: Robert De Niro (Captain Rodrigo Mendoza), Jeremy Irons (Pater Gabriel), Ray McAnally (Kardinal Altamirano), Liam Neeson (Pater Fielding), Aidan Quinn (Felipe Mendoza), Ronald Pickup (Hontar), Charles Low (Cabezza), Monirak Sisowath (Ibaye), Asuncion Ontiveros (Indio-Häuptling), Cherie Lunghi (Carlotta), Daniel Berrigan (Pater Sebastian), Tony Lawn (Pater Provincial), Rafael Camerano (Spanischer Kommandant), Maria Teresa Ripoll (Carlottas Zofe), Enrique Llamas (Edelmann), Antonio Segovia (Edelmann), Harlan Venner (Sekretär), Alberto Borja (Priester), Jacques des Grottes (Priester), Sigifredo Ismare (Wunderheiler), Waumara-Indianer (Guarani-Indianer).
Deutsche Synchronschauspieler: Christian Brückner (Robert De Niro), Frank Glaubrecht (Jeremy Irons), Erik Schumann (Ray McAnally), Wolfgang Heß (Charles Low), Randolph Kronberg (Liam Neeson), Reinhard Glemnitz (Ronald Pickup), Fred Maire.
Deutsche Bearbeitung: Cine Adaption; *Buch und Regie:* Gerd Berner.

»Dank an die Waumara-Stämme in Pangali, Buyuzon, Papayo und Togorama, die Einwohner von Cartagena das Indias, Kolumbien, die Regierung der Provinz der Misiones und die Einwohner von Puerto Iguazu, Argentinien. Besonderer Dank an Sandy Lieberson und James Lee, ohne die der Film nicht gemacht worden wäre. Dem Gedenken an Bernabé Richter gewidmet.«

Als bester Film mit der Goldenen Palme bei den Internationalen Filmfestspielen Cannes 1986 ausgezeichnet. Drehbuchautor Robert Bolt erhielt den Golden Globe, Chris Menges den »Oscar« für die beste Kameraarbeit. Nominiert wurden außerdem der Film, der Regisseur, die Ausstattung, der Schnitt, die Kostüme und die Musik.
Zu der in Cannes gezeigten Fassung von MISSION Brigitte Desalm 1986:

»Joffés Film, der in buchstäblich letzter Minute aus dem Schneideraum nach Cannes geflogen wurde, hat noch nicht seine endgültige Schnittfassung. Das wird vor allem im Mittelteil spürbar, beeinträchtigt aber nicht die entscheidenden erzählerischen Qualitäten: den klug akzentuierten Zugriff der Geschichte, der die beiden Stars ein Maximum an Identifikationsmöglichkeiten abgewinnen – warum auch nicht –, und suggestive Bilderfindungen.«[117] Der Film wurde sogar mit zwei getrennten Geräten gezeigt, da die Tonspur zwar schon abgemischt, aber noch nicht in die Filmkopie als Lichtton einkopiert war, was die Vorführer und die Produzenten einigen Schweiß kostete.

INHALT: »Die historischen Ereignisse der folgenden Geschichte sind wahr. Sie haben sich im Jahre 1750 im Grenzland von Argentinien, Paraguay und Brasilien zugetragen.«
(Zum Hintergrund: Spanien und Portugal, die großen Kolonialmächte mit den umfassendsten Gebietsansprüchen in Südamerika, teilen im Vertrag von Madrid 1750 ihre Kolonieterritorien neu auf. Mitten in diesen Gebieten haben Jesuiten Missionsstationen aufgebaut, in denen die eingeborenen Guarani-Indianer, die ihre ursprüngliche Lebensweise beibehalten haben, christianisiert werden. Sie erhalten Bildung und arbeiten für ihren eigenen Profit auf Plantagen. Sie stellen aber auch hochwertige Geigen her, die selbst in Rom benutzt werden. Den Imperialisten sind die gebildeten und selbstbewußten Indianer ein Dorn im Auge, denn sie benötigen sie weiterhin als billige Sklaven zur Ausbeutung des Landes. Und deshalb fallen auch die Jesuiten, die von Rom aus mit einem fast militärischen Reglement geleitet werden, in Ungnade. Kardinal Altamirano, ein Abgesandter des Papstes und selbst ehemaliger Jesuit, soll die Situation vor Ort untersuchen. Begeistert von der grandiosen Arbeit der Jesuiten und dem positiven und kreativen Leben der Indianer, kann er doch nicht anders, als sich gegen die Missionsstation zu entscheiden. Denn ihm wird vom portugiesischen Staatslenker Marquis de Pombal signalisiert, daß andernfalls die Jesuitenorden in Portugal aufgelöst werden würden. 1758 kommt es deshalb zur Schlacht von Cai-

bale di Guarani, bei der schwerbewaffnetete portugiesische und spanische Truppen 1400 Indios niedermetzeln, obwohl diese ihnen im guten Glauben ihre christlichen Symbole entgegenhalten. Drei Jahre später wird trotzdem in Portugal, zehn Jahre später auch in Spanien der Jesuitenorden untersagt.)

Der Film beginnt mit der Abfassung eines Briefes des päpstlichen Abgesandten Kardinal Altamirano an den Heiligen Vater, nachdem das Gemetzel vorüber ist. Deprimiert gesteht er ein, daß nun die »Freiheit« der Indianer wiederhergestellt sei, um sie den Besatzern für die Sklaverei wieder zugänglich zu machen. Doch dann holt er noch einmal weiter aus, um über die Leistungen der Jesuiten zu berichten, über die hochstehende Kultur der Indianer und über das Leben in der Missionsstation San Miguel.

So bietet der Brief, den er diktiert, eine Einführung in die Thematik, denn seine Schilderung der Situation wird von Bildern der Missionsstation begleitet, in denen vor allem gezeigt wird, wie musikbegeistert die Indianer sind. Der Film wird also als Rückblende erzählt und von Kardinal Altamirano kommentiert.

Ein Jesuitenpater, der versucht hatte, die Indianer auf dem Hochplateau oberhalb der Iguazu-Wasserfälle zu bekehren, wird auf ein Holzkreuz gebunden und stürzt die Wasserfälle hinab. Pater Gabriel hatte ihm in San Miguel den Auftrag erteilt. Nun erklettert er selbst mit der Halskette des Märtyrers und seiner Schalmei die hohen, steilen Felswände der Wasserfälle. Oben kann er durch sein Schalmeienspiel die Indianer umgarnen. Altamirano ergänzt im Off-Kommentar: »Mit einem Orchester hätten sich die Jesuiten den ganzen Kontinent unterwerfen können. Und so kam es, daß die Indianer des Guarani-Stammes endlich der unermeßlichen Gnade Gottes zugeführt wurden und der kurzlebigen Gnade der Menschen.«

Die Indianer nehmen Pater Gabriel auf, und als der Sklavenjäger Mendoza auftaucht, Indios fängt und erschießt, sind diese schon so bekehrt, daß sie ihn gewähren lassen und keine Gewalt anwenden. Die Mission San Carlos entsteht auf der Hochebene.

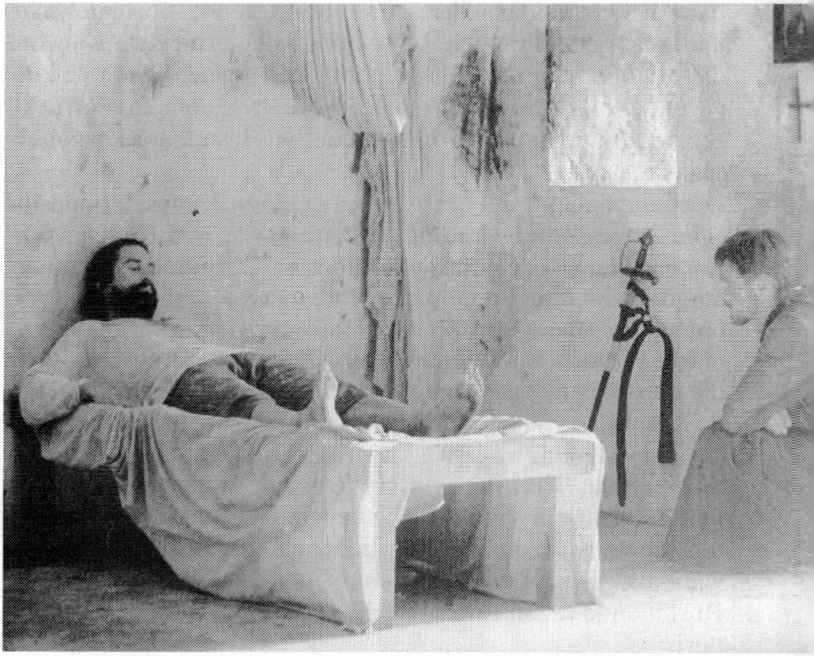

Pater Gabriel (Jeremy Irons) versucht, den bereuenden Captain Rodrigo Mendoza (Robert De Niro) wieder aufzurichten (›Mission‹; 1986).

Mendoza liebt Carlotta, sie jedoch liebt seinen Bruder Felipe. Im Streit ersticht Mendoza Felipe. Doch voller Gram und Schuld sucht er danach die Jesuitenmission San Miguel auf. Dort überredet ihn nach sechs Wochen Dahinvegetierens Pater Gabriel, Buße zu tun. Mendoza folgt ihm zur Mission San Carlos, allerdings mit einem Bündel im Schlepptau, das die Requisiten seines früheren Lebens enthält: seine schwere Söldnerrüstung und sein Schwert. Unter Qualen schleppt er sich in mehreren Versuchen die hohe Felswand an den Wasserfällen hoch. Er schafft es, doch oben wird er von einem Indianer zunächst als Feind mit einem Messer bedroht, dann jedoch von seiner schweren Last befreit. Er bricht in Tränen aus. Die Indianer greifen ihm freundschaftlich an den Bart, Pater Gabriel umarmt ihn und drückt ihn an seine Schulter. Als Mu-

sik ertönt das wunderschöne Schalmeienmotiv aus der Feder des Filmmusikkomponisten Ennio Morricone. Ihm wird vergeben.
In der Mission hilft Mendoza beim Aufbau mit. Die Indianer bemalen seinen Körper. Er studiert die Bibel und wird als Jesuit aufgenommen. Als Kardinal Altamirano die betroffenen Parteien anhört, beteuert der ehemalige Sklavenhändler Mendoza aufgrund seiner eigenen Erfahrungen, daß die Spanier genau wie die Portugiesen den Sklavenhandel betreiben. Dafür muß er sich demütig vor dem Vertreter des spanischen Königs entschuldigen. Doch ganz so einfach will sich Altamirano die Entscheidung, die Jesuiten aus ihren Missionen zu vertreiben, nicht machen. »Wenn ein Chirurg ein Leben retten will, ist er oft gezwungen, ein Körperteil abzunehmen, aber

Mendoza (Robert De Niro) wird neben Pater Gabriel (Jeremy Irons) selbst zum Jesuitenpater (›Mission‹; 1986).

wahrhaftig nichts hatte mich auf die Schönheit und Kraft dieses Körperteils vorbereitet, das abzutrennen ich hergekommen war.« Er lernt die Fertigkeiten der Indios kennen. Dennoch empfiehlt er Pater Gabriel, die Missionsstationen wegen des Drucks von oben aufzugeben.
Mendoza will von seinem Gelübde der Gewaltlosigkeit von Pater Gabriel entbunden werden. Doch der antwortet ihm nur, daß er alles zerstören würde, was die Jesuiten aufgebaut haben. »Gott ist Liebe!« sagt er noch, doch der päpstliche Gesandte Kardinal Altamirano hat bereits das Ende der Mission beschlossen. Er konnte dem Druck nichts entgegensetzen. Portugiesische und spanische Truppen besetzen die Mission San Miguel. Dann bereiten sie den Sturm auf die Mission San Carlos vor. Zwar kann Mendoza den Soldaten Gewehre und Munition entwenden, wobei er einen Wachtposten tötet, doch die Soldaten rücken mit großem Aufwand an. Gabriel schenkt Mendoza zum Abschied das Kreuz am Halsband, das er von dem getöteten Priester zu Beginn des Films übernommen hatte. Die beiden Männer umarmen sich ein letztes Mal. Die Schalmeienmelodie ertönt.
Im Verlauf der kriegerischen Auseinandersetzungen werden viele Indios dahingemetzelt, auch wenn sie sich mit Pfeil und Bogen verteidigen. Die Soldaten töten ohne Wahl auch Frauen und Kinder. Auch Mendoza und Pater Fielding, der sich ihm angeschlossen hatte, kommen um. Pater Gabriel wird erschossen, als er mit einem christlichen Symbol auf die Truppen zugeht, die die Mission zerstört haben. Kardinal Altamirano resümiert traurig, daß es letzten Endes sein Werk war.
Ein nacktes Indiomädchen fischt eine Geige aus dem Fluß und besteigt ein Boot mit Kindern, das davonfährt. Altamirano beschließt seinen Brief. Man hört den Gesang eines Kindes und seine Stimme: »Eure Heiligkeit, nun sind all Eure Priester tot, und ich lebe. Aber in Wahrheit bin ich es, der tot ist. Und sie leben. Denn wie Ihr wißt, Eure Heiligkeit, lebt der Geist der Toten in der Erinnerung der Lebenden weiter.«

ZUM FILM: Fast dokumentarisch echt wirkt der Film streckenweise, weil die Kameraführung von Chris Menges oft den

Mit religiösen Requisiten versuchen Pater Gabriel (Jeremy Irons) und die Indios vergeblich die Soldaten aufzuhalten (›Mission‹; 1986).

Eindruck erweckt, daß der Film nicht für diese Kamera inszeniert wurde, sondern sowieso alles stattfand und die Kamera glücklicherweise die wichtigsten Passagen des Geschehens eingefangen hat.

Der Film wurde für 23 Millionen Dollar (17 Millionen Pfund) im Dschungel Kolumbiens und in Argentinien gedreht, spielte allerdings in den USA nur enttäuschende 8,3 Millionen Dollar ein. Regisseur Roland Joffé drehte »eine epische Paraphrase über den Kolonialismus – und führte sich dabei selbst wie ein Kolonialist auf. Nicht nur Kameras und das Material für Spezialeffekte, Aufbauten und Elektrik wurden eigens aus Großbritannien eingeflogen, auch zwei mobile Küchen bis zur Salatsoße wurden in den Dschungel geschafft«[118], so Robert-De-Niro-Biograph Meinolf Zurhorst. Produzent David Puttnam

führt dies allerdings ganz logisch auf die fehlende Infrastruktur in Kolumbien zurück, wo man auf nichts zurückgreifen konnte. Dem Produzenten wurde außerdem die Arbeit erschwert, weil seine eigenen Leute von der Firma Goldcrest in London ihn in Kolumbien nicht ausreichend unterstützten. Da die Projekte REVOLUTION und ABSOLUTE BEGINNERS gleichzeitig mehr Geld als geplant verschlangen, wurde nicht genug nach Kolumbien geschickt, wo Puttnam nicht nur die Autoritäten, sondern auch die Mitarbeiter und Statisten wöchentlich in bar bezahlen mußte. Für den Produzenten die Hölle – ein Druck, den Regisseur Joffé zu spüren bekam, bis er vier Tage lang wegen Dehydrierung ins Krankenhaus mußte. Das wiederum veranlaßte die Versicherung, die Verträge kündigen zu wollen, was nur mit Mühe abgewandt werden konnte. Außerdem hatten die Kolumbianer gedroht, den Mitproduzenten Iain Smith zu kidnappen, wenn das Geld nicht rechtzeitig da sei. Und schließlich hatte die Drogenmafia wegen des verstärkten Einsatzes von Patrouillen der Amerikaner damit gedroht, jeden Amerikaner umzubringen, den sie auffinden würde, was Robert De Niro in große Gefahr brachte. Iain Smith engagierte schließlich bewaffnete Bodyguards vom kolumbianischen Geheimdienst für das Team und besonders für Robert De Niro, der rund um die Uhr von zwei Aufpassern bewacht wurde. So gerieten die Dreharbeiten selbst zu einem Abenteuer, das es wert wäre, verfilmt zu werden. Vielleicht kommt jemand ja einmal auf die Idee. Clint Eastwoods Film WEISSER JÄGER, SCHWARZES HERZ/WHITE HUNTER, BLACK HEART (1989) ist bereits ein beeindruckender Versuch, die abenteuerlichen Dreharbeiten zu John Hustons AFRICAN QUEEN (1951) im Film darzustellen.
Jeremy Irons über Robert De Niro: »Mit Bob zusammenzuarbeiten war eine lehrreiche Erfahrung, denn er arbeitet ganz anders als ich. Er ist ein sehr instinktiver Schauspieler und hat unheimlich viel Ausdauer, um wahrhaftige Situationen zu schaffen. Ich glaube, ich bin schneller und habe mehr technische Mittel, da ich eher ein Theaterschauspieler bin. Ich bin daran gewöhnt, in Filmen mitzuwirken, die nicht über das Budget verfügen, daß man eine Szene immer und immer wie-

der drehen kann. Bob neigt dazu, mehrere Anläufe zu brauchen, aber dabei bietet er dann außergewöhnliche schauspielerische Varianten an, sehr wahrhaftige Varianten.«[119]

An anderer Stelle sagt Irons: »Ich glaube, unsere Annäherung an eine Rolle ist nicht sehr verschieden. Wir haben denselben offenen und überraschenden Anspruch zur Wahrhaftigkeit vor der Kamera. Wie er dazu kommt, unterscheidet sich ein wenig von meinem Weg. Er ist ›Method Actor‹, ich nicht. Als Mensch trifft er nicht gerne Entscheidungen und engagiert sich nicht, deshalb tendiert Bob dazu, ein wenig langsamer das zu erreichen, was er will, als ich. Außerdem ist er Amerikaner. Und amerikanische Schauspieler mißtrauen englischen, weil sie denken, daß wir eine größere Technik und Tradition des Schauspielens haben. Doch sie – und wir – wissen, daß Technik und Tradition im Augenblick der Wahrhaftigkeit vor der Kamera nicht weiterhelfen. Die meisten erfolgreichen Filmschauspieler sind Amerikaner. Anfangs dachte er wohl, daß er mit einem britischen Darsteller arbeiten müsse, der ›schauspielere‹. Doch nach drei Wochen gemeinsamer Arbeit merkte er, daß das nicht der Fall war. Von da an faßten wir gegenseitiges Vertrauen.«[120]

Etwas anders war es wohl, wenn die Kamera nicht mehr lief. »Ich habe beim Drehen von MISSION etwas über das menschliche Wesen gelernt, ich glaube man nennt das so. Es ist zum Beispiel interessanter, einen Priester zu verkörpern als einen Gynäkologen. Ich mußte einen völlig ergebenen, zu Gott hingewandten, demütigen Mann spielen. Und etwa eine solche Einstellung erwartete man von mir persönlich auch während der Zeit der Dreharbeiten. Robert De Niro hatte es auch hinter der Kamera auf mich abgesehen, kritisierte meine Arbeit, spielte seine Rolle wie ein ›Method Actor‹ einfach während der ganzen Tortur weiter. Er ist eben ein ›Method Actor‹. Ich bin es nicht.«[121]

Über die Drehzeit hat sich Jeremy Irons aber auch folgendermaßen geäußert: »Bei Drehbeginn hatte Bob einige der frühen Szenen im Film als Sklavenhändler zu drehen. Er arbeitete auch intensiv an der Beziehung zu seinem Bruder im Film. Ich bereitete mich gemeinsam mit Daniel Berrigan vor (einem engagierten amerikanischen Jesuiten, der auch im Film einen Jesuiten spielt und als Wortführer und Aktivist der Anti-Vietnam- und Anti-Nuklear-Bewegung in Erscheinung trat und für seine Aktivitäten Gefängnisstrafen erhielt, Anm. d. A.). Deshalb schien es nicht sinnvoll, sich schon während der ersten paar Wochen miteinander vertraut zu machen. Aber während der Phase, in der er im Film selbst zu einem Jesuiten wurde, lernten wir uns viel besser kennen. Er ist ein sehr schüchterner Mensch, und man braucht lange, um ihn kennenzulernen, deshalb spiegelte unser Verhältnis hinter der Kamera das im Film wider. Für mich waren das glückliche Dreharbeiten. Manchmal kann die Filmerei ganz schön hart sein, aber wenn man an solchen Schauplätzen sein kann, ist das ein großer Ansporn für die Arbeit. Ich glaube, Leute wie David Puttnam und Iain Smith hatten eine viel schwierigere Zeit, doch davor haben sie uns behütet. Wir waren uns bewußt, daß sie manchmal enorme Probleme hatten, daß die Dinge komplizierter waren, als man es uns wissen ließ.«

Zu den Höhepunkten des Films, deren man sich emotional kaum erwehren kann, gehört die Szene, in der Pater Gabriel den weinenden Mendoza nach all den Strapazen wie ein kleines Kind in die Arme nimmt. Er wiegt ihn hin und her, und der total kaputte, verdreckte und verschreckte Mendoza, ehemals ein stolzer Soldat und Jäger, kauert wie ein Wrack auf dem Boden, wird ausgelacht von den Indios, aber gleichzeitig aufgenommen in ihre Gemeinschaft und die von Pater Gabriel und den Jesuiten. Die Last der Buße ist von ihm genommen. Hier vereint sich die überzeugende Kunst des »Method Acting« mit der Kunst der Kameraführung, des Schnitts und der Komposition einer emotional gefärbten Musik, zu deren Meistern Ennio Morricone gehört. Und Jeremy Irons umarmt Robert De Niro mit einer Herzlichkeit, die vielleicht höchste Schauspielkunst ist, aber wie ehrliche, spontane Ergriffenheit wirkt.

Später räumte Jeremy Irons ein, daß die Rolle des Gabriel ihn auch außergewöhnlich stark privat prägte. »Ich arbeitete sehr intensiv daran, einen Glauben zu finden, Glauben zu spielen. Deshalb verbrachte ich viel Zeit mit Daniel Berrigan, und es wurde behauptet, daß ich während dieser Dreharbeiten etwas anders war als sonst. Aber nicht so, daß ich es selbst gemerkt hätte. Normalerweise kann ich eine Rolle abends in einer Schublade ablegen und am nächsten Morgen wieder hervorholen.«[122] – »Es ist seltsam, aber alte Freunde, die mich lange nicht gesehen haben, sagen mir zur Zeit (1986, Anm. d. A.): Du bist so ruhig, irgendwie verändert. Und ich weiß, das kommt noch von meiner Rolle als Jesuitenpriester in MISSION. Wenn man einen solchen Charakter vier Monate lang spielt, dann hat das einen starken Einfluß.«[123]

Daniel Berrigan hat während der Dreharbeiten ein Tagebuch verfaßt, das in der inzwischen leider eingestellten Zeitschrift *American Film* vom American Film Institute 1986 abgedruckt wurde. Darin schreibt er über Jeremy Irons' Rollenvorbereitung:

»Jeremy muß sich selbst darüber klarwerden, wie er zu der

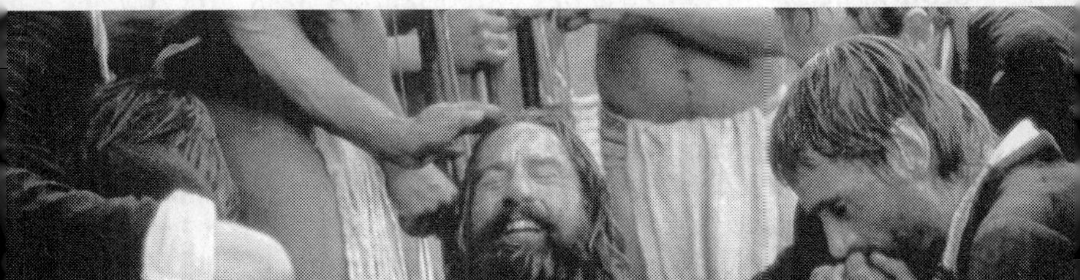

Mendoza (Robert De Niro) findet erlösende Vergebung bei den Jesuiten (rechts Jeremy Irons) und den Indianern (›MISSION‹; 1986).

Weisheit kommt, die diesen Mann zu dem macht, was er ist. Jeremys Rolle unterzieht sich keiner Wandlung, es ist eine Rolle, in der er Einsicht und Entschlossenheit verkörpert. Roland (Joffé) schlägt vor, daß Jeremy und ich zusammen einige Zeit in der Abgeschiedenheit verbringen sollen. Zum Glück gibt es in Cartagena genug Zeugnisse jesuitischer Geschichte, hauptsächlich um die Kirche von San Pedro Claver herum konzentriert. Wir begeben uns dorthin, werden kurz willkommen geheißen und halten uns dort 36 Stunden auf, in denen wir schweigen und reflektieren. Wir diskutieren unter anderem über Sünde, Vergebung, Schuld, Verantwortlichkeit. Jeremy gestern abend: ›Sie kommen morgen auch zu den Dreharbeiten oder nicht? Sagen Sie mir bitte, wenn auch nur das kleinste Anzeichen meiner eigenen Persönlichkeit zum Vorschein kommt.‹ Ich erinnere ihn an solche Triumphe der Persönlichkeitsunterdrückung wie Paul Scofield in EIN MANN ZU JEDER JAHRESZEIT/A MAN FOR ALL SEASONS (GB 1966, nach einem Theaterstück von Robert Bolt, dem Autor von MISSION, Anm. d. A.) *und den französischen Film TAGEBUCH EINES LANDPFARRERS/LE JOURNAL D'UN CURÉ DE CAMPAGNE* (Frankreich 1950) *und die scheinbare und brillante Unauffälligkeit dieser Rollen. Er hört mit großer Aufmerksamkeit zu.«*[124]

Jeremy Irons' Spielweise ist natürlich geprägt durch die Rolle, in der er einerseits starken körperlichen Anstrengungen unterworfen wird (z. B. das strapaziöse Erklettern der hohen Wasserfälle), die er meistert, und in der er andererseits einen ergebenen Gottesmann verkörpert, der seinem Glauben gemäß jegliche Gewaltanwendung, selbst bei größter Ungerechtigkeit, ablehnt. In der ursprünglichen Fassung verbrennt Gabriel in der Kirche, während er noch betet. Doch Regisseur Roland Joffé empfand, daß dieses Ende nicht optimal war. Es war zwar sehr dramatisch, aber es rückte Gabriel in ein schlechtes Licht, da er, besonders angesichts der Aktivität Mendozas, einem heutigen Publikum als Feigling hätte erscheinen können. Im geänderten Schluß versucht Gabriel im Rahmen seiner gewaltlosen Überzeugung wenigstens etwas zu tun, auch wenn er dabei umkommt. David Puttnam: »Wir rückten ihn eher auf eine Stufe mit Gandhi.«[125]

Regisseur Roland Joffé (links) mit Robert De Niro bei den Dreharbeiten zu ›Mission‹ (1986).

Drehbuchautor Robert Bolt schrieb schon für David Lean DOKTOR SCHIWAGO/DOCTOR ZHIVAGO (1965), RYANS TOCHTER/RYAN'S DAUGHTER (1970) und vor allem LAWRENCE VON ARABIEN/LAWRENCE OF ARABIA (1962), der Jeremy Irons für die Schauspielerei begeisterte. Das Skript zu MISSION hatte er bereits 1977 für den Produzenten Fernando Ghia fertiggestellt, nachdem der ihm das Thema schon 1975 vorgeschlagen hatte. Ghia fand jedoch lange keine Geldgeber, ehe David Puttnam mit seiner Firma Goldcrest einstieg. Puttnam war zuerst gegen Robert De Niro als Mendoza. Er hätte lieber einen unbekannten Schauspieler besetzt. Liam Neeson, der als Schindler in SCHINDLERS LISTE/SCHINDLER'S LIST (1994) zu Weltruhm kommt, und in MISSION Pater Fielding spielt, war schon engagiert. Doch Robert De Niro wollte die Rolle unbedingt spielen. Bei einem Gespräch in London sagte Puttnam ihm aber:

»Ich bin nicht ganz der Überzeugung, daß Sie in den Film passen.« Robert De Niro antwortete: »Das hat bis jetzt noch nie jemand zu mir gesagt, David. Ich bin Schauspieler, und meine Meinung ist, daß ich für all das der Richtige bin, von dem ich wirklich ernsthaft überzeugt bin, daß ich es schaffe.«[126] Als dann statt des zuerst geplanten unbekannten Jesuitenpaters Daniel Berrigan Jeremy Irons für die Rolle des Gabriel engagiert wurde, war es jedoch De Niro, der unsicher wurde. Er sah zunächst seine Position geschwächt, kam aber dann gut damit zurecht. Bei einer Auseinandersetzung über die Veränderung einer Szene, von der Robert De Niro meinte, daß seine Figur Mendoza eigentlich nicht so reagieren würde, wie im Drehbuch vorgesehen, konterte David Puttnam mit seiner Sichtweise als Produzent: »Wenn MISSION auch nur so viel einspielt, wie *Ihre letzten fünf Filme zusammen,* dann verlieren wir einen Haufen Geld.«[127] Er erklärte ihm, daß FALLING IN LOVE, TRUE CONFESSIONS, KING OF COMEDY und ONCE UPON A TIME IN AMERICA Flops waren, obwohl De Niro ganz wunderbar war. Daraufhin gab De Niro klein bei. Doch am Ende aller Strapazen sagte er, er würde jederzeit wieder mit diesem Team zusammenarbeiten.

Im nachhinein gab es sogar noch Auseinandersetzungen darum, wer als Produzent des Films bezeichnet werden sollte. Der Italiener Fernando Ghia, der den Stoff entwickelt hatte, den viele ihm ohne Erfolg abkaufen wollten, hatte den Kostümbildner Sabbatini und den Komponisten Ennio Morricone engagieren können. Doch David Puttnam hatte die Finanzierung zustande gebracht und den ganzen Streß an den Drehorten durchgestanden. Jeremy Irons, Robert De Niro und Roland Joffé solidarisierten sich mit David Puttnam und drohten, ihre Namen aus den Filmcredits streichen zu lassen. Ghia und Puttnam konnten sich dann einigen, als Koproduzenten genannt zu werden. Bei der Verleihung der Goldenen Palme in Cannes allerdings brach es mit Ghia noch einmal durch. David Puttnam: »Ich mußte Fernando mit Gewalt festhalten, als Roland (Joffé) aufstand, um den Preis entgegenzunehmen. Fernando brüllte, daß es seine Goldene Palme wäre. Er war davon überzeugt, daß man sie *ihm* überreichen müßte. Die Fernsehkameras waren auf uns gerichtet, und ich versuchte, so zu tun, als ob ich ihn leidenschaftlich umarmen würde. In Wahrheit mußte ich Fernando mit meiner ganzen Kraft daran hindern, daß er sich vor einem Millionenpublikum zum größten Arschloch aller Zeiten machte.«[128]

David-Puttnam-Biograph Andrew Yule, der eine exzellent recherchierte, kompetente, umfassende Arbeit vorgelegt hat, gibt Jeremy Irons die Schuld am kommerziellen Mißerfolg des Films. Er schreibt allerdings einfach nur, ohne das näher zu begründen: »THE MISSION … hat überhaupt nicht funktioniert, wurde total platt gemacht durch die falsch überlegte Besetzung von Leichtgewicht Jeremy Irons. David und Roland hätten besser daran getan, entweder mit dem Klischee von altem Mann und jungem Mann zu arbeiten oder jemand Bodenständigeren als Irons zu engagieren.«[129] Seine konkrete Kritik an Irons' Darstellung bleibt jedoch aus. Daher kann man sie auch nicht nachvollziehen. Dafür zitiert er Drehbuchautor Robert Bolt, der ihm gegenüber geäußert hat: »Es wurde nicht so, wie ich es mir gewünscht hätte. Die Jesuiten waren auf der einen Seite, alle anderen waren gegen sie; es war einfach zu simpel. Ich wollte diese klare Trennung nicht.« Sicherlich läßt sich über die Motivation und die Darstellung der Jesuiten streiten, denn sie missionierten im Auftrag der römisch-katholischen Kirche, und Robert Bolts ursprüngliches Drehbuch mag subtilere Elemente gehabt haben, die auch ihre Form der »Kolonialisierung« in Frage stellten. Aber Kino ist nun einmal nicht in erster Linie authentischer Geschichtsunterricht, sondern eine Variante des Geschichtenerzählens. Das leistet der Film in vortrefflicher Weise.

Und Jeremy Irons zeigt, daß er nicht nur auf bestimmte Rollentypen festgelegt ist, sondern als Jesuitenpater im Urwald genauso überzeugt. Yules Behauptung, Jeremy Irons sei die Schwachstelle des Films, ein älterer Darsteller wäre besser (und gewinnbringender) gewesen, regt zur Überlegung an, wer da in Frage gekommen wäre. Sean Connery hat als Mönch in DER NAME DER ROSE (1986) überzeugt, Alec Guinness als Kardinal in DER GEFANGENE/THE PRISONER (1955). Aber bei einem älteren Darsteller hätte man auf die dramatische Er-

Pater Gabriel (Jeremy Irons) erklimmt die steilen Felsen am Wasserfall zur Hochebene (›MISSION‹; 1986).

kletterung der Felswände an den Wasserfällen verzichten müssen. Doch gerade diese Szenen zu Beginn des Films verdeutlichen den enormen, unaufhaltsamen und uneigennützigen Aufwand, mit dem die Jesuiten ihre Christianisierung betrieben. Und man sieht, daß Jeremy Irons wirklich in der Felswand hängt. Außerdem wird in diesem Film viel mit Bildern erzählt, die nur von Musik untermalt sind. Was zunächst als Simplifizierung erscheinen mag, wird durch das, was durch die Bilder dargestellt wird, differenziert. Zum Beispiel knallt Mendoza zu Beginn des Films gnadenlos Indios von hinten nieder. Doch als er später als Jesuit ein kleines Wildschwein abstechen soll, weigert er sich. Das Ganze wird auch noch durch die enttäuschte Reaktion eines Indio-Jungen, der zu Mendoza ein persönliches Verhältnis aufgebaut hat, und seinen Gesichtsausdruck kommentiert. Wenn zu den Bildern von Indios, die geschickt in ihren Werkstätten mitten im Regenwald Geigen

und Flöten anfertigen, europäische Barockmusik ertönt, dann wird auch damit ein subtiles Mittel eingesetzt, hinter dem eine Aussage steht. Die Simplifizierung liegt wohl mehr in der Wahrnehmung.
Wenn von der Fehlbesetzung mit Jeremy Irons als Pater Gabriel die Rede ist (wie auch in *The Times Educational Supplement*), dann kann dies kaum nachvollzogen werden. Vielleicht sind durch Irons' vorangegangene Filmfiguren bestimmte Erwartungen geweckt worden, ist ein Image entstanden, aber die Rolle des Pater Gabriel spielt Jeremy Irons völlig überzeugend und mit Hingabe. Man kann sich gar nicht vorstellen, wie die Rolle besser hätte besetzt werden können. Wenn man über einen Videorecorder verfügt, kann man sich die Szenen im einzelnen immer wieder ansehen. Aber es wird nie ersichtlich, warum Jeremy Irons fehlbesetzt sein sollte. Außerdem war es die dramaturgisch geschicktere Lösung, keinen älteren Schauspieler zu engagieren, denn die Konfrontation mit dem etwa gleichaltrigen Mendoza wird dadurch dramatischer. Ein (groß-) väterlicher Pater Gabriel hätte vielleicht mehr Reife und Autorität ausgestrahlt, aber das Spannungsverhältnis zwischen den beiden Männern wäre kaum so intensiv geworden.
David Puttnam war über das relativ geringe Einspielergebnis weniger enttäuscht als Fernando Ghia, der für sich selbst Millionen erhofft hatte. Puttnam vertrat schließlich die Ansicht, daß mit diesem Film ein Traum verwirklicht wurde und auch das schließlich schon seinen Wert habe. Puttnam wurde kurz danach Chef der Columbia-Filmstudios in Hollywood, was er aber nicht lange blieb.
Jeremy Irons und David Puttnam sind inzwischen in der südirischen Hafenstadt Cork Nachbarn geworden.

KRITIKEN:
»... THE MISSION überrascht mit Bildern einer ungebändigten Urwaldnatur voll wilder Schönheit. Mächtig sich aufbäumende Wasserfälle stürzen über hohe Felsen hinweg, mit einem Getöse, das Ennio Morricones Musik unterstützt. Man erinnert sich an Coppolas APOCALYPSE NOW oder Herzogs FITZCARRALDO. Nur daß Joffés Bilder noch dynamischer, noch spektakulärer

und gewaltiger sind. Und zwei große Schauspieler stehen Joffé zur Verfügung … THE MISSION ist publikumsfreundlich, ohne sich anzubiedern, wunderbar in der Kameraführung, ernsthaft, dramatisch in der Handlung, groß in der schauspielerischen Leistung. Roland Joffé hat mit seinem zweiten Spielfilm bewiesen, daß er einer der genialen Regisseure ist.«[130] (Doris Blum in: *Die Welt*)

»… Die immense Kraft der Bilder, das brutale Pathos der leitmotivisch wiederkehrenden Wasserfälle von Iguazu, aber auch die symbolisch von Unordnung überleitenden Eingeborenenszenen erschließen sich erst in ihrem vollen Sinnzusammenhang mit der penibel durchdachten Akustik. Kaum ein Film in der Filmgeschichte arbeitet so differenziert mit Geräuschen, Stimmen, Eingeborenenmusik, Chören und akustischen Signalen wie dieser … Vergleiche mit Boormans DER SMARAGDWALD liegen nahe; doch alles, was dort noch ›Effekt‹ war, ordnet sich hier nahtlos dem dramaturgischen Konzept unter. Obwohl THE MISSION ein Film ist, der das gesamte Kompendium moderner Film- und Kinotechnik ausschöpft, trumpft er nirgendwo mit seinen Mitteln auf und erreicht vielleicht gerade dadurch seine starke Wirkung auf den Zuschauer … Einen Film wie diesen inmitten von TOP GUNS und CITY COBRAS zu entdecken, bedeutet mehr als nur die Begegnung mit einem Meisterwerk. Es bedeutet vielleicht auch Hoffnung für die filmische Zukunft … «[131] (Franz Everschoor in: *film-dienst*)

»Pater Gabriel ist ein Mann ohne Vorgeschichte, fehlbesetzt und viel zu jung in der Gestalt von Jeremy Irons. Robert De Niro macht, was er kann, und das ganz gut, obwohl er lange Zeit in einem Vakuum spielt. Puttnams bekannte Wunschvorstellung, großangelegte und bedeutsame Filme zu machen, ist vollkommen bewundernswert, wie auch sein Wunsch, das Publikum aufzuklären … Aber im Grunde ist das Ganze sehr verwässert.«[132] *(The Times Educational Supplement)*

»THE MISSION mag vielleicht nicht jenseits aller Kritik sein, aber er ist mit Sicherheit jenseits eines Vergleichs mit den meisten der modernen Filme … Roland Joffé demonstriert einmal mehr die Leidenschaft und die Intelligenz, die er bei THE KILLING FIELDS gezeigt hat.«[133] (Iain Johnstone in: *The Times*)

LITERATURHINWEIS:
Robert Bolt: The Mission (Roman), Heyne Verlag, München 1986.

DIE UNZERTRENNLICHEN

(Dead Ringers); Kanada 1988; *Regie:* David Cronenberg; *Buch:* David Cronenberg, Norman Snider nach dem Roman »Twins« von Bari Wood und Jack Geasland; *Kamera:* Peter Suschitzky; *Steadycam:* Robert Crone; *Musik:* Howard Shore, gespielt vom London Philharmonic Orchestra; *Song:* »In the Still of the Night (I'll Remember)« mit The Five Satins; *Schnitt:* Ronald Sanders; *Production Design:* Carol Spier; *Ausstattung:* Elinor Rose Galbraith; *Bauten:* Alicia Keywan, James McAteer; *Kostüme:* Denise Cronenberg; *Make-up:* Shonagh Jabour; *Frisuren:* Ivan Lynch; *Spezialeffekte:* Les Wilson, Gordon Smith; *Casting:* Deirdre Bowen; *Produzenten:* David Cronenberg, Marc Boyman; *Produktion:* Mantle Clinic II, Ltd. in Zusammenarbeit mit Morgan Creek Productions Inc. und Telefilm Canada; *Länge:* 116 Min.; Farbe; *FSK:* ab 18, ffr.; *Prädikat:* Wertvoll; *Kinostart:* 9.2.1989; *Videoanbieter:* Starlight-Film Video.

Darsteller: Jeremy Irons (Beverly Mantle, Elliot Mantle), Geneviève Bujold (Claire Niveau), Heidi von Palleske (Cary Weiler), Barbara Gordon (Danuta), Shirley Douglas (Laura), Stephen Lack (Anders Wolleck), Nick Nichols (Agent Leo), Lynn Cormack (Arlene), Damir Andrei (Birchall), Miriam Newhouse (Mrs. Bookman), David Hughes (Rektor), Richard Farrell (Dekan der medizinischen Fakultät), Warren Davis (Leiter des Anatomiekurses), Jonathan Haley (Beverly Mantle mit 9), Nicholas Haley (Elliot Mantle mit 9), Marsha Moreau (Raffaella), John Bayliss (Jeremy Irons' Körperdouble).

Deutsche Synchronschauspieler: Frank Glaubrecht (Jeremy Irons in beiden Rollen), Evelyn Maron (Geneviève Bujold), Almut Eggert (Shirley Douglas).

INHALT: Der Film beginnt mit Bildern von Spezialwerkzeugen für Gynäkologen und Chirurgen; es folgen Zeichnungen

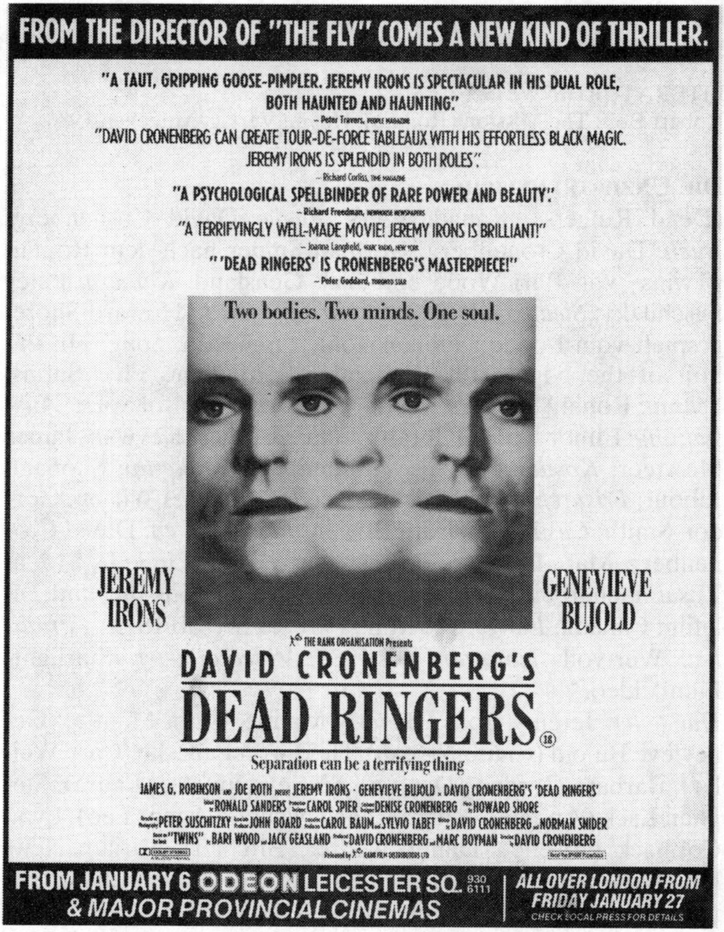

Britisches Werbemotiv zu ›Die Unzertrennlichen‹ (1988).

von Leonardo, auf denen eine Frau mit aufgeschnittenem Unterleib zu sehen ist, ein aufgeklappter Uterus mit Zwillingsembryos, eine aufgeschnittene Frau, deren geöffneter Uterus aus ihrem Leib entfernt wurde, weibliche Innereien, siamesische Zwillinge und immer wieder angsteinflößendes Gynäkologenbesteck.

Toronto, Kanada 1954. Die pubertierenden, bebrillten Zwillinge Beverly und Elliot Mantle philosophieren auf der Straße über Sex. Sex gäbe es nur, weil die Menschen nicht unter Wasser leben. Fische dagegen legen ihre Eier irgendwo ab, wo sie dann vom Männchen befruchtet werden. Als sie ein Nachbarmädchen auffordern, es mit ihnen beiden in der Badewanne zu treiben, erhalten sie eine derbe Abfuhr. »Sie sind so anders als wir – und all das bloß, weil wir nicht unter Wasser leben.« Zu Hause vollziehen beide an einer Puppe mit Hilfe eines selbstgebauten »Mantikulators« einen »intraovularen Eingriff«.

Cambridge, Massachusetts 1967. Im Seziersaal der Universität setzen die beiden Medizinstudenten Beverly und Elliot (jetzt beide von Jeremy Irons gespielt) ihr selbstkonstruiertes Spezialgerät ein, werden jedoch von ihrem Professor gewarnt, es nie an einer lebenden Patientin zu verwenden. Doch ihr Rektor lobt die beiden und ihren »Mantle-Retraktor« bei einer Feierstunde. »Er gehört von nun an zum Standard der Zunft.« Die Zwillinge umarmen sich stumm in ihrer Studentenbude.

Toronto, Kanada 1988. Die identisch aussehenden Zwillinge führen gemeinsam eine gynäkologische Klinik, in der sie auch wohnen. Elliot bahnt dabei regelmäßig Verhältnisse mit den Patientinnen an. Durch den Tausch der Identität kommt anschließend auch Beverly zu seinem Vergnügen. Beverly untersucht die Patientin Claire Niveau, eine bekannte Schauspielerin, und stellt bei ihr eine »Trifocation« fest, drei getrennte Gebärmutterhälse, die zu drei getrennten Höhlen im Uterus führen. Er bittet Elliot um Rat, der sie daraufhin auch untersucht, ohne daß Claire bemerkt, daß es sich um jemand anderen handelt.

Beim Essen in einem Restaurant erklärt Elliot Claire den Sachverhalt genauer. Anschließend nimmt sie ihn in ihr Appartement mit. Beverly vertritt unterdessen seinen Bruder bei einem Geschäftsessen. Am nächsten Tag besucht Beverly Claire, die glaubt, es handele sich wieder um den Beverly, der mit ihr die Nacht verbrachte, also in Wahrheit Elliot. Sie wird aber wegen dessen Zurückhaltung etwas stutzig. Auch ihr Wunsch, gedemütigt zu werden, den sie zuvor bereits im Restaurant geäußert hatte, wird von Beverly nicht aufgegriffen. Er kehrt um in die Klinik, wo Elliot gerade einer Patientin zu

nahe getreten ist. »Ich komme mit den Anständigen einfach nicht zurecht«, resigniert Elliot. Darauf Beverly: »Ich komme mit den Frivolen einfach nicht zurecht.«
Beverly sucht Claire wieder auf, fesselt sie ans Bettgestell und bringt sie in gehockter Stellung zum Orgasmus. »Doktor, Sie haben mich geheilt!« Bei seiner Rückkehr behält er gegenüber Elliot zum erstenmal die Details für sich. Elliot findet bei seinem nächsten Besuch bei Claire heraus, daß sie Drogen in Form von Tabletten konsumiert, die sexuell stimulieren, und bittet sie darum, daß nur er ihr fortan welche verschreiben darf. Er teilt Beverly die Vermutung mit, daß sie die beiden Ärzte nur benutzt, um an Drogen heranzukommen.

Zwischen Beverly Mantle (Jeremy Irons) und Schauspielerin Claire Niveau (Geneviève Bujold) entwickelt sich eine intensive Beziehung (›Die Unzertrennlichen‹; 1988).

Geneviève Bujold, umrahmt von Jeremy Irons als Zwillingspaar in ›Die Unzertrennlichen‹; 1988.

Als Beverly wieder bei Claire ist, erwähnt er zum erstenmal, daß er einen Bruder habe, dem er aber nicht sehr nahe stünde. Sie macht sich über Beverlys weiblichen Vornamen lustig, was ihn sehr in Rage bringt, da sie einen Punkt anspricht, den er verdrängen möchte – daß er der weichere, sensiblere der beiden Brüder ist. Da Claire immer noch keine Ahnung hat, daß sie es mit zwei Männern zu tun hat, vermutet sie, er sei schizophren, da sein Verhalten beim Sex so unterschiedlich sei. Beverly bricht das Thema ab, indem er ihr und sich eine Tablette verabreicht.

In einem Lokal trifft Claire eine Patientin, die sie darüber aufklärt, daß die Mantles eineiige Zwillinge sind. Daher verlangt sie von Beverly, daß er ihr seinen Bruder vorstellt. Als es dazu kommt, wird Claire plötzlich klar, was wirklich passiert ist. Sie beschimpft beide und kehrt ihnen den Rücken, was Beverly aus der Fassung bringt.

Auf einem Festbankett wird Elliot für seine Verdienste ausgezeichnet. Während er seine Dankesrede hält, taucht Beverly sturzbetrunken auf, unterbricht seinen Bruder und stellt lal-

lend klar, daß er selbst die medizinische Arbeit leiste, während Elliot es nur auf Sex abgesehen habe. Am nächsten Tag teilt der keineswegs erboste Elliot seinem Bruder mit, daß er eine Professur angenommen habe. Beverly greift erneut zu Tabletten und hat nachts Alpträume. Er trifft Claire wieder, die Verständnis für ihn zeigt, ihm aber auch klarmacht, daß seine Entscheidung für sie seinen Bruder eifersüchtig machen werde. In seinem nächtlichen Alptraum liegt Claire in seinen Armen, während Elliot stumm neben den beiden liegt und zusieht. Claire ruft: »Ich werde euch trennen!« und beißt ein Stück Fleisch durch, an dem die beiden zusammengewachsen sind.
Während Elliot als Dozent Applaus empfängt und es im Hotel mit zwei Zwillingshostessen treibt, von denen er verlangt, daß die eine ihn Elli, die andere ihn Bev nennt, beginnt Beverly bei der Operation zu zittern, konsumiert immer mehr Drogen, besonders als Claire ihn wegen zehnwöchiger Dreharbeiten alleine läßt.

Elliot sucht Claire an ihrem Drehort auf und macht ihr deutlich, daß sie »ein destruktives Element in die Mantle-Chronik« bringe. Seinen plumpen Annäherungsversuch weist sie ab. Im Drogenrausch ruft Beverly am Drehort an. Er hält Claires schwulen Assistenten für ihren Liebhaber und erklärt ihm ihre anatomische Besonderheit und wie er diese mit seinen Fingern überprüfen könne. In seinem Kummer sucht er Elliot in der Universität auf und beteuert unter Tränen, er sei in Claire verliebt. Zu Hause versuchen Elliot und seine Freundin, ihn aufzumuntern, doch Beverly kippt auf einmal um und atmet nicht mehr.

Er kann gerettet werden, und Elliot will fortan ein Entziehungsprogramm mit ihm durchexerzieren. Es scheint Beverly allmählich besserzugehen, und er arbeitet wieder. So untersucht er eine Frau, deren Gebärmutterhals fehlgebildet ist. Bei einem metallverarbeitenden Skulpturenkünstler gibt er völlig neuartige, aber nicht zugelassene gynäkologische Spezialwerkzeuge in Auftrag. In seiner Praxis kommt er inzwischen aber nur noch durch Injizierung von Drogen über die Runden. Seine Sprechstundenhilfe wird davon Zeuge und kündigt. Bei einer Operation will er die neuen Instrumente verwenden,

doch durch seinen Drogenrausch verliert er die Kontrolle über sich. Die Operationserlaubnis und damit auch die Zukunft der Klinik stehen auf dem Spiel.
Elliot vernichtet sämtliche Drogen, die er in der Wohnung finden kann, und stellt Medikamente zur Behandlung von Beverly zusammen. Auf dessen Frage, warum er das alles auf sich nähme, vergleicht Elliot die beiden mit den ersten bekannten siamesischen Zwillingen, von denen der eine starb, als er den Tod des anderen feststellen mußte. Elliot greift nun zunehmend selbst zu Drogen. Seine Freundin rät ihm, sich von Beverly zu trennen. Der erhält einen Anruf von Claire, die das Mißverständnis um ihren »Liebhaber« aufklärt. Sie bittet ihn zu sich. Elliot hatte ihn zwar eingeschlossen, aber Beverly kann den Portier dazu bringen, ihm zu öffnen. Auf dem Weg zu Claires Appartement sieht er die von ihm in Auftrag gege-

Elliott besucht seinen gerade noch geretteten Bruder Beverly im Krankenhaus. Jeremy Irons in ›Die Unzertrennlichen‹; 1988.

Völlig am Ende: Beverly Mantle (Jeremy Irons) hat im Drogenrausch seinen Zwillingsbruder umgebracht. Auch für ihn gibt es keinen Ausweg mehr (›Die Unzertrennlichen‹; 1988).

benen Instrumente als Ausstellungsobjekte in einer Galerie. Er geht hinein und nimmt sie einfach mit. Claire beschafft ihm schließlich die so dringend ersehnten Drogen. Am nächsten Morgen erklärt er ihr den Zweck der Instrumente: »Damit trennt man Siamesische Zwillinge.«

Als er in die Klinik zurückkehrt, ist die Wohnung völlig demoliert. Elliot sitzt im Drogenrausch angezogen unter der Dusche. Er stellt später den Drogenplan für die nächsten Tage bis zum Wochenende auf. »Am Montag hören wir dann endgültig auf.« Völlig benebelt sitzen sie zwischen den Trümmern auf

dem Boden, essen mit den Händen Torte und wünschen sich zum Geburtstag gegenseitig alles Gute.
Bei Kerzenlicht will Beverly nun die Operation der Trennung der Siamesischen Zwillinge an Elliot vornehmen. Er spritzt ihm ein Betäubungsmittel. »Wir werden immer zusammen sein« sind Elliots letzte Worte. Dann rammt ihm Beverly unter Tränen das dafür geplante Instrument in den Bauch.
Am nächsten Morgen wacht Beverly im Behandlungsstuhl auf und will seinem Bruder seinen schrecklichen Traum erzählen, doch dessen Leiche liegt auf einer Liege. Beverly rasiert sich, zieht sich an und verläßt die Klinik. Er ruft von einem öffentlichen Fernsprecher aus Claire an, doch als sie sich meldet, hängt er ein und kehrt in die Klinik zurück. Den nackten toten Bruder über dem Schoß liegend, lehnt Beverly selbst nackt regungslos in einer Ecke. Sie sind wieder zusammen.

ZUM FILM: Für Regisseur David Cronenberg zählt dieser etwa zehn Millionen Dollar teure Film zu einem »Triptychon«, zu dem die Filme DEAD ZONE/THE DEAD ZONE (USA 1983) und DIE FLIEGE/THE FLY (USA 1985) gehören. »Alle sind Liebesgeschichten. Sie handeln von Beziehungen, sowohl zwischen Individuen als auch zwischen dem Bewußtsein eines einzelnen und seinem Körper.«[134] DIE UNZERTRENNLICHEN ist wohl der düsterste Film dieser Trilogie, durch die sich Cronenberg nach hochgeachteten Horror-Filmen der B-Kategorie im Filmgeschäft als Regisseur mit eigener Handschrift etablieren kann. Mit dem Verweis auf die religiöse Dimension eines Triptychons spielt Cronenberg auf die spirituellen Elemente dieser Filme an, auf Dinge, die über die Materie hinaus von Kräften geleitet werden, die der Mensch nicht selbst bestimmt. In diesem Film kommt hinzu, daß die Mantle-Brüder durch die Eingriffe in die Körper von Frauen mit Kinderwunsch auch der Schöpfung »auf die Sprünge« helfen.
Der Film kreist um vier zentrale Themen: Im Mittelpunkt steht zunächst die enge Beziehung zwischen den beiden Zwillingen, damit in direktem Zusammenhang steht aber auch das Thema Gynäkologie. Denn das Heranwachsen von Zwillingen im Mutterleib stellt eine biologische Besonderheit dar, die die

medizinische Wissenschaft immer schon herausgefordert hat. Schließlich geht es auch mehr und mehr um die Persönlichkeitsveränderung durch Drogenkonsum und um Drogenabhängigkeit mit ihren fatalen Folgen. Über allem steht das Thema Liebe – die Bruderliebe, die geschlechtliche Liebe, die Entwicklung einer ernsthaften Liebesbeziehung, aber auch die Liebe zum Beruf, zur Wissenschaft, und alles immer auch angesiedelt in der Nähe von Besessenheit und Wahnsinn.
Jeremy Irons hat sich inzwischen zu einem Spezialisten für die Darstellung von Menschen entwickelt, die nach außen hin eine makellose Fassade demonstrieren, aber bereits die Anlage in sich tragen, in Extrembereiche des Lebens vorzudringen und diese auszuleben. Eine ideale Besetzung also. Doch er war zunächst überhaupt nicht für dieses Projekt vorgesehen. Cronenberg hatte zuerst viele amerikanische und kanadische Schauspieler angesprochen. »Einige waren wirklich nicht ver-

Jeremy Irons, Geneviève Bujold und Regisseur David Cronenberg am Set von ›Die Unzertrennlichen‹ (1988).

Jeremy Irons spielt Beverly Mantle, den brillentragenden Zwilling, in ›Die Unzertrennlichen‹ (1988).

fügbar, andere wurden plötzlich nicht mehr verfügbar. Aber viele lehnten die Doppelrolle ganz klar ab. Aus Angst. Es macht ihnen Freude, Mafia-Killer zu mimen, aber sie rechneten damit, daß Gynäkologen nicht zu ihrem Image paßten.«[135] Auch die Studios, denen er den Filmstoff anbot, forderten ihn auf, aus den Gynäkologen Rechtsanwälte zu machen.
Cronenberg weitete seinen Blick auf Europa aus und kam zuerst auf Jeremy Irons. »Er war bereits meine erste Wahl als Nichtamerikaner. Als ich keinen guten nordamerikanischen Schauspieler mehr fand, flog ich sofort nach England. Ich hatte Jeremy in SCHWARZARBEIT/MOONLIGHTING gesehen und war sehr beeindruckt von seiner außergewöhnlichen Körpersprache in diesem – notwendigerweise – fast stummen Film. Und ich fand, daß die Körpersprache der Schlüssel war, mit dem ein Schauspieler überzeugend die identischen Zwillinge in DEAD RINGERS darstellen könnte.«[136]
Diese Eigenarten der Körpersprache hat Jeremy Irons für die beiden Rollen eindrucksvoll herausgearbeitet. So geht der

selbstbewußtere Elliot kerzengerade, während Beverly sich etwas gebeugter bewegt. Er sitzt auch etwas krummer. Beverly trägt häufig eine Brille, die er immer abnimmt, wenn ihn etwas überrascht oder in Staunen versetzt. Oft sind es nur das Spiel der Augenbrauen oder die Haltung der Mundwinkel, die bestimmte Eigenheiten markieren, denn bei aller Unterschiedlichkeit der beiden Figuren sollte nie eine grundsätzliche Verschiedenheit dargestellt werden, weder vom Erscheinungsbild her noch vom Wesen (hier der Gute, da der Böse). Deshalb wurde auch *ein* Schauspieler mit beiden Rollen betraut und kein tatsächliches Zwillingspaar. Es fällt auf, daß Beverlys Mimik etwas umfangreicher ist. Er zieht die Mundwinkel herunter, bewegt den Kopf mehr. Seine Bewegungen sind fahriger. Häufig streicht er sich mit der Hand durchs ungekämmte Haar. Elliot hingegen hat stets eine gekämmte, gefönte Frisur, seine Bewegungen sind runder und ruhiger, kontrollierter. Er schaut aus offenen Augen gerade heraus, während Beverly seinen Blick häufig zu Boden senkt. Seine Augenlider schließen und öffnen sich im »Normaltempo«, Elliots hingegen oft fast provokativ langsam.
Natürlich sind auch die Kleidungsstücke Signale. Elliot trägt die elegantere, durchgestyltere Garderobe, während Beverly sich eher in gepflegten, aber legeren Textilien wohl fühlt. Je mehr Beverlys Verfall deutlich wird, um so extremer werden auch die Unterschiede in der Darstellung. Hier der drogenabhängige Verzweifelte, dort der hochgeachtete Professor.
David Cronenberg: »Zu Beginn der Dreharbeiten bat Jeremy um zwei Garderobenräume, für jeden Zwilling einen. Er sagte, daß ihm das dabei helfen würde, die Charaktere auseinanderzuhalten. Später waren solche Hilfen aber nicht mehr nötig. Jeremy hatte sich so sehr mit den Rollen vertraut gemacht, daß er problemlos von einer auf die andere umschalten konnte.«[137]
Es ist wirklich erstaunlich, mit welcher Perfektion Jeremy Irons diese Doppelrolle spielt. Hinzu kommt außerdem noch, daß es mehrere Szenen gibt, in denen er mit sich selbst spielt, also in beiden Rollen gleichzeitig im Bild zu sehen ist. Mit Hilfe einer neu entwickelten, computergesteuerten Bewegung der Kamera und der Doppelbelichtung des Films läßt sich das

technisch inzwischen einwandfrei realisieren, aber der Schauspieler muß mit äußerster Präzision arbeiten. Wenn die beiden Figuren sich gegenüberstehen, dann hat Jeremy Irons die Szene zweimal ganz alleine gedreht. Die Blickrichtung muß ebenso stimmen wie die Position. Das Timing der Sprache muß bei Dialogen exakt eingehalten werden. Besonders überzeugend gelungen sind allerdings Schwenks von einem auf den anderen Bruder. Man kann tatsächlich nicht erkennen, daß es sich um einen Trick handelt.
Es gibt aber auch Szenen, in denen einer der beiden Zwillinge entweder aus dem Off spricht (also nicht im Bildausschnitt zu sehen ist),oder ein Double mit dem Rücken zur Kamera oder im Dunkeln einen von beiden verkörpert. Bei Kamerafahrten, bei denen sich die beiden Brüder im Bild berühren, wurde dann genau in dem Moment der Schnitt angesetzt, in dem eigentlich das Gesicht des anderen Zwillings hätte sichtbar

Vor seinem Zusammenbruch findet Beverly (Jeremy Irons, rechts) noch Trost bei Elliot und seiner Freundin (›Die Unzertrennlichen‹; 1988).

werden müssen. Das fällt jedoch überhaupt nicht störend auf, sondern wirkt wie ein dramaturgisch logischer Schnitt.
Von der Rolle zwar begeistert, aber wegen der Kompliziertheit der Dreharbeiten verunsichert, überlegt Jeremy Irons anfänglich, ob er die Rolle überhaupt annehmen soll, und besteht deshalb im Juni 1987 auf Probeaufnahmen. Regisseur Cronenberg: »Er war sich nicht sicher, ob er Szenen mit sich selbst spielen könnte, denn das hatte er nie zuvor getan. Er wollte sich zeigen lassen, wie so etwas gemacht wird, denn er wollte vermeiden, daß wir bereits eine Woche lang drehen und er dann feststellt, daß er das nicht kann, daß er nicht weiß, wie er es machen soll. Also flog er nach Toronto, wo wir Zwillings-Testaufnahmen auf Video drehten, in denen er mit sich selbst spielt. Dazu gehören seltsame Dinge, die man sich normalerweise nicht vorstellt, zum Beispiel ein Playback seines eigenen Textes. Er mußte den zweiten Zwilling nicht gegenüber einer Person spielen, sondern zu einer Bandaufnahme von sich selbst, die er über einen kleinen Ohrhörer hörte. Es gab also kein Wechselspiel zwischen zwei realen Schauspielern. Es ist sehr schwierig, so etwas dann auch echt wirken zu lassen.«[138]
David Cronenberg erzählt die Geschichte, die fast nur in geschlossenen Räumen spielt, in bläulich kalten Farben. Die Ausstattung ist dezent, aber gediegen. Doch ihre sterile Ausstrahlung wirkt so unpersönlich, daß die Zwillinge in ihrer Klinik zwischen Operationszimmer und Wohnbereich fast gar keinen Unterschied mehr zu machen scheinen.
Der im Originaltitel verwandte Ausdruck »Dead Ringer« bedeutet soviel wie »jemandem aufs Haar gleichen«. Ein Film mit dem Titel DEAD RINGER (DER SCHWARZE KREIS) entstand bereits 1964 in den USA unter der Regie von Paul Henreid. Darin erschießt Bette Davis ihre reiche Zwillingsschwester und nimmt deren Identität an. Jeremy Irons hat diesen Film und THE PARENT TRAP (DIE VERMÄHLUNG IHRER ELTERN GEBEN BEKANNT, USA 1960) mit Hayley Mills in einer Zwillingsrolle vor den Dreharbeiten gesichtet. »Ich fand heraus, daß die Darstellungen der Schauspieler zu sehr von der Zwillingssituation geprägt waren. Sie reagierten nicht spontan. Doch für einen Schauspieler ist es ja gerade der Ansporn, nicht vorher

»Zwei Körper. Zwei Leben. Eine Seele.« So heißt es auf dem Filmplakat. Ein Schauspieler: Jeremy Irons als Zwillingspaar in ›DIE UNZERTRENNLICHEN (1988).

schon zu wissen, wie der andere reagieren wird. Hier war eine fast mechanische Kontrolle zu erkennen. Dabei ist das Publikum eher darauf aus, zu sehen, daß bei dieser mechanischen, technischen Form der Darstellung von Zwillingen Schnitzer passieren. Das Ganze ist eher eine Frage der Produktion als der Kunst. Deshalb habe ich versucht, nicht so sehr auf mich selbst als Gegenüber zu reagieren, sondern auf die Stimmungen, die entstehen.«[139]

Das Wortspiel mit dem Namen Mantle (Deckmantel) läßt sich auch noch weiter deuten durch die gleichlautende englische Aussprache von *mental* (geistig), und zwar dahingehend, daß die Mantle-Brüder auch im Geiste vereint, doch gleichzeitig geistig recht abwegig veranlagt sind.

Der Film beruht auf einer tatsächlichen Begebenheit: Die Zwillinge und anerkannten Gynäkologen Cyril und Stewart Marcus wurden am 17.7.1975 im Schlafzimmer ihrer feudalen Wohnung in Manhattans 63. Straße halb verwest aufgefunden. Sie waren offensichtlich stark drogenabhängig gewesen und hatten unter Einfluß von Drogen Operationen durchgeführt, galten allerdings als Genies. Der Doppelselbstmord der als ›unzertrennlich‹ bekannten eineiigen Zwillinge sorgte nicht nur für aufsehenerregende Schlagzeilen, sondern auch für Diskussionen über den Drogenmißbrauch von Ärzten und erforderliche Maßnahmen dagegen.
Zu den tiefenpsychologischen Aspekten des Films nimmt Helen W. Robbins in ihrem Essay »More Human Than I Am Alone – Womb Envy in David Cronenberg's *The Fly and Dead Ringers«* Stellung: »... Der Gebärmutter-Neid von Cronenbergs Protagonisten läuft darauf hinaus, daß der weibliche, mütterliche Körper überstilisiert wird als Umkehrung von Freuds phallokratischer Theorie der Kastrationsangst ... «[140] Ihr wissenschaftlicher Aufsatz ist Teil der Studie »Screening the Male – Exploring Masculinities in Hollywood Cinema«, herausgegeben von Steven Cohan und Ina Rae Hark, London/New York 1993.

LITERATURHINWEIS:
Rodley, Chris (Hg.): Cronenberg on Cronenberg, London/Boston 1993 (faber & faber).

KRITIKEN:
»... Jeremy Irons, der die Titelrollen spielt, liefert gleich zwei exzellente Darstellungen der beiden Zwillinge als Hauptfiguren ab ... Ein Film, den keiner ohne Gänsehaut übersteht.« (David Aldridge in: *Film Review*)[141]

»Ich würde mir lieber alle Zähne ziehen lassen, als mir DIE UNZERTRENNLICHEN ein zweites Mal anzusehen. Ich möchte aber Jeremy Irons' Darstellung der beiden Rollen von Elliot und Beverly würdigen und die revolutionäre Kameraarbeit, die ihn scheinbar mühelos mit sich selbst agieren läßt. Irons, der seit seinem etwas farblosen Auftritt in DIE GELIEBTE DES FRANZÖSISCHEN LEUTNANTS in meinem Ansehen kometenhaft gestiegen ist, portraitiert die widersprüchlichen Persönlichkeiten der Mantles mit einer sorgfältigen Beständigkeit. Er durchlebt die Qualen und Ekstasen der Drogenabhängigkeit mit beunruhigender Realität. Manchmal ist man fast überzeugt davon, daß er zweimal vorhanden ist.« (David McGillivray in: *Films and Filming*)[142]

»... Jeremy Irons' Leistung in diesem Film wird in den USA schon als oscarreif bezeichnet. Die virtuose Darstellungskraft des britischen Stars – gepaart mit modernster Split-Screen-Technik – läßt uns glauben, zwei grundverschiedene Menschen auf der Leinwand zu sehen ... « (Kester Schlenz in: *Cinema*)[143]

»Ein entnervender Film, der es fertigbringt, den Betrachter vollkommen in seinen Bann zu ziehen und niemanden kalt zu lassen.« *(New York Times)*[144]

»... Daß der Horror des Films auf eine so unheimlich eindringliche Weise und mit so unausweichlicher Konsequenz funktioniert, liegt vor allem an dem englischen Schauspieler Jeremy Irons, der die Brüder so nuanciert voneinander absetzt, sie anfangs mit einer so feingliedrigen Eleganz ausstattet, daß die Stufen der psychischen Verwüstung wie Schocks wirken. Was mit snobistischer Unnahbarkeit beginnt, endet in angstvollstem Selbstverlust ... « (Hellmuth Karasek in: *Der Spiegel*)[145]

»... Das Krankhafte und Irrationale ist bei Cronenberg kein Effekt, sondern die Bedingung des Tragischen. Wem das zu weit hergeholt scheint, der kann sich bei Gustav Schwab und Ovid Anschauungsmaterial besorgen. Wie heißt es doch in Ransmayrs nachgedichtetem Bestseller: *›Keinem bleibt seine Gestalt ...‹*« (Andreas Kilb in: *epd Film*)[146]

DANNY – DER CHAMPION

(Danny, the Champion of the World); Großbritannien 1989; *Regie:* Gavin Millar; *Buch:* John Goldsmith nach der Erzählung »Danny oder die Fasanenjagd« von Roald Dahl; *Kamera:* Oliver Stapleton; *Musik:* Stanley Myers; *Schnitt:* Peter Tanner, Angus Newton; *Ton:* Tony Jackson, Hugh Strain; *Production Design:* Don Homfray; *Bauten:* Richard Hornsby; *Ausstattung:*

Aly Burge; *Kostüme:* Ann Sinclair; *Make-up:* Jennifer Boost; *Casting:* Debbie McWilliams; *Produzent:* Eric Abraham; *Produktion:* Portobello Film in Zusammenarbeit mit Thames/British Screen/The Disney Channel/Wonderworks/The Children's Film & Television Foundation; *Länge:* 94 Min.; Farbe; *FSK:* ab 6, ffr.; *Kinostart:* 18.1.1990; *Videoanbieter:* VPS Video, München/atlas Video, Duisburg/Schauinsland Video, Herne (Originalfassung).
Darsteller: Jeremy Irons (William Smith), Samuel Irons (Danny Smith), Robbie Coltraine (Mr. Victor Hazell), Cyril Cusack (Doc Spencer), Lionel Jeffries (Mr. Snoddy), Jimmy Nail (Rabbetts), William Armstrong (Springer), Ronald Pickup (Captain Lancaster), Michael Hordern (Lord Claybury), John Woodvine (Sir Charles Tallon), Andrew McLachlan (Duke), Jonathan Adams (Sergeant Samways), James Walker (Vikar), Jean Marsh (Miss Hunter), Phil Nice (Postbote), Anthony Collin (Wheeler), Jonathan Leigh (Sidney), John Grillo (Mr. Parker), Richard Cubison (Inspektor).
Deutsche Synchronschauspieler: (Verleih, Videoanbieter, Synchronproduzent und Synchronfirma waren bei Jeremy und Samuel Irons trotz guten Willens zu keinen Angaben imstande.) Mogens von Gadow (Robbie Coltraine), Klaus Höhne (Lionel Jeffries), Leo Bardischewski (Cyril Cusack), Harry Kalenberg (Michael Hordern), Reinhard Glemnitz (Ronald Pickup), Nils Clausnitzer (John Woodvine).
Gefilmt an Originalschauplätzen in Oxfordshire.

Ausgezeichnet mit dem »Blauen Elefanten« beim 7. Essener Kinderfilmfestival, dem Preis der Kinderjury und dem Großen Preis des Europäischen Kinderfilmfestivals 1990 in Antwerpen.

INHALT: Der Film beginnt mit brutalen Bildern einer Fasanenjagd, bevor die Einblendungen »Irgendwo in England« und »Herbst 1955« zu lesen sind. Der fette Landbesitzer Mr. Hazell fährt von seinem großen Landgut mit seinem dicken Rolls-Royce zu William Smith und seinem neunjährigen Sohn Danny. Die beiden leben alleine in einem schönen, alten Zigeuner-Wohnwagen und betreiben eine Tankstelle mit Repa-

Vater und Sohn im Film und in Wirklichkeit: Samuel und Jeremy Irons in ›Danny – Der Champion‹ (1989).

raturbetrieb. Hazell bietet 2000 Pfund für das Grundstück, das ihm noch fehlt, um aus seinem Gesamtbesitz die größte Fasanenjagdfläche Englands zu machen. Aber auch als Hazell sein Angebot auf 2500 Pfund erhöht, bleiben Vater und Sohn standhaft, da es ihnen dort gefällt. »Das wird sich bald ändern!« droht Hazell.
William verbindet nach dem Tod seiner Frau ein sehr herzli-

ches und zärtliches Verhältnis mit seinem Sohn. Am nächsten Tag bringt er ihn zur Schule, denn das neue Schuljahr hat begonnen. Der trinkfreudige Direktor stellt einen neuen Lehrer vor, Captain Lancaster. Der jedoch macht sich mit seinen Forderungen nach Pünktlichkeit, Ordnung und Disziplin bei den Schülern nicht beliebt, und Danny hat durch seine Verspätung schon schlechte Karten bei ihm. Unterdessen hat Hazell zwei »Betriebsprüfer« zur Tankstelle beordert, die William schikanieren sollen. Damit haben sie jedoch nicht viel Erfolg.
Nachts wacht Danny auf und sucht im Dunkeln verzweifelt seinen Vater. Als der schließlich wiederkommt, erklärt er, er habe in Hazells Wald gewildert und einen Fasan gefangen. Dann führt er Danny in die Kunst des Wilderns ein. Laut Gesetz gehören die Tiere zwar demjenigen, auf dessen Grundstück sie sich befinden, aber wegen der großen Armut hat auch sein Großvater bereits gewildert. Außerdem seien die Fasane in Hazells Wald fast zahm, und wenn die Jagdgesellschaften sie aufscheuchten und abknallten, sei das »organisierter Mord«. Beim Wildern habe der Fasan aber eine Chance. Er weist aber auch auf die Gefahren des Wilderns hin.
William gibt Danny schließlich ein Geheimnis seines Großvaters weiter: Fasane sind ganz scharf auf Rosinen. An einem Huhn demonstriert er die Erfindung »Klebehut«. Eine spitz zulaufende Papiertüte wird mit einigen Rosinen gefüllt. Das Huhn steckt seinen Kopf in die präparierte Tüte, die dann an seinem Kopf festklebt und das Huhn zu lautloser Regungslosigkeit erstarren läßt. So kann man es bequem und still mitnehmen.
Jemand hat William Smith beim Jugendamt angezeigt, so daß eine Angestellte des Jugendamtes und ein Mitarbeiter des Wohnungsamtes auftauchen und die Wohn- und Lebensverhältnisse von Danny überprüfen. Auf die Vorwürfe, der Sohn sei trotz Schulpflicht zu spät eingeschult worden, entgegnet sein Vater, daß er ihn selbst unterrichtet habe, da er ausgebildeter Lehrer sei und bereits in einer Schule tätig war. Inzwischen hat Danny kurzerhand den Wagen der Sozialarbeiterin repariert. Bei einem Tee erklärt William den beiden Beamten, daß Danny beim Tod seiner Frau vier Monate alt war. Die bei-

den Besucher verabschieden sich höchst zufrieden und attestieren eine optimale Erziehung. Der Mann vom Bauamt gibt William sogar noch die Empfehlung, nicht zu verkaufen. Anschließend sagt Danny, er sei nun alt genug, um nachts alleine zu bleiben. Sein Vater könne jetzt wildern gehen, wann immer er wolle. Er müsse es ihm nur sagen.
Am nächsten Morgen befreien die beiden ein Kaninchen aus einer grausamen Wildererfalle. Daher kommt Danny zu spät zur Schule, wo ihn der Lehrer Lancaster mit 1000 Sätzen bestraft (»Ich darf bei Captain Lancaster nicht zu spät kommen.«), die er bis zum darauffolgenden Morgen geschrieben haben muß. So schreibt er den ganzen Tag und in den Abend hinein. Sein Vater geht bei anbrechender Dunkelheit mit seinem Einverständnis in Hazells Wald zum Wildern. Aber er kommt nicht wie versprochen um neun Uhr zurück, und als er nach Mitternacht immer noch nicht da ist, setzt sich Danny hinter das Steuer eines alten Austin mit Kupplungsschaden und fährt in Hazells Wald. Eine Polizeistreife, die ihn verfolgt, kann er abschütteln. Auf der Suche nach seinem Vater wird er fast von zwei Fängern geschnappt, die im Wald patrouillieren, doch die Dunkelheit schützt ihn, und die beiden führen ihn ungewollt zu einer Grube, in der sie William entdecken. Sie wollen aber erst Hazell holen. In der Zwischenzeit kann Danny seinen Vater, der sich den Knöchel gebrochen hat, in letzter Sekunde per Abschleppseil aus der Grube retten. Der erboste Hazell setzt daraufhin 100 Pfund Belohnung auf die Ergreifung von William aus. Als der Dorfpolizist am nächsten Tag einer Anzeige von Hazell genüge tut und William verhört, spricht er die Antworten auf seine Fragen gleich selbst aus und protokolliert, daß William am Vorabend zu Hause war und sich beim Sturz von der Treppe seines Wohnwagens den Knöchel gebrochen habe. Auch der Dorfarzt läßt kein gutes Haar an Hazell.
In der Schule wird Danny zu Unrecht des Spickens bei einer Klassenarbeit beschuldigt. Lancaster haut ihm mit dem Rohrstock mit voller Wucht auf die Handinnenfläche. Bevor es zum zweiten Schlag kommt, taucht der Direktor auf und kann ihn davon abhalten. Er erklärt, daß an seiner Schule nicht körper-

Danny (Samuel Irons) wird als Champion gefeiert. Jeremy Irons mit einer tragenden Rolle (›Danny – Der Champion‹; 1989).

lich gestraft werden dürfe. Als William die Spuren des Schlages auf Dannys Hand entdeckt, will er dem Lehrer ans Leder, doch Danny meint, er müsse diese Auseinandersetzung alleine durchführen, wie es ihm sein Vater beigebracht habe. Der würde gerne Hazell vor der feinen Jagdgesellschaft blamieren, die am Sonntag zur Fasanenjagd kommt, indem er alle Fasane wildert. Die Lösung fällt Danny ein: Rosinen mit einem Schlafmittel zu versehen. Bis tief in die Nacht füllen sie alle Rosinen, die der Lebensmittelhändler vorrätig hatte, mit Schlafpulver, das sie vom Arzt bekommen haben.
Tags darauf schläft Danny deshalb in der Schule ein. Lehrer Lancaster läßt ihn zur Strafe 20mal um den Schulhof rennen, doch Danny kann über eine Mauer davonkommen. Lancaster

kündigt wegen Undiszipliniertheit seiner Schüler seine Stelle, was der Rektor nicht ungern akzeptiert.
In Hazells Wald verstreuen Vater und Sohn die präparierten Rosinen, die von den Fasanen auch gierig vertilgt werden. Fast werden sie wieder von den Fängern geschnappt, doch sie können sich verstecken. Nach einiger Zeit fallen die Fasane um oder wie reifes Obst von den Bäumen. Der Doktor und der Rektor helfen beim Einsammeln der schlafenden Tiere, die zur Tankstelle gebracht werden. Danny hatte Erfolg. Als die erlauchten Jäger aus London am kommenden Tag schließlich erwartungsvoll auf Beute warten, erhebt sich nur ein Sperling aus den Wäldern. Hazell wurde auf der ganzen Linie lächerlich gemacht. Die Tiere erwachen jedoch bald wieder und werden von Hazells Leuten entdeckt. Auf dem Hof der Tankstelle kommt es zur Konfrontation. Hazell behauptet, William habe seine Fasane gestohlen. Der Dorfpolizist zitiert jedoch das Gesetz, nach dem wilde Tiere demjenigen gehören, auf dessen Boden sie sich befinden. Damit zerschlagen sich auch Hazells eigennützige Pläne, in der ländlichen Gegend eine Stadt zu errichten, denn sein potentieller Geldgeber erfährt nun, daß das entscheidende Grundstück gar nicht Hazell gehört. Danny ist der Champion, und die Dorfgemeinschaft feiert ihn.

ZUM FILM: Der Film wurde in 35 Tagen in der unmittelbaren Umgebung von Jeremy Irons' Zuhause in Oxfordshire abgedreht, und danach ließ man die 2000 Fasane, die heimlichen Helden des Films, frei. So einfach wie in Roald Dahls Geschichte war der Umgang mit den Tieren, die sich nicht dressieren lassen, allerdings nicht: Fasane mögen eigentlich keine Rosinen. So wurde rosinenförmiges Fasanenfutter angefertigt. Die erste Besonderheit des Films stellt bereits die Besetzung dar. Jeremy Irons spielt hier zum erstenmal zusammen mit seinem Sohn Samuel Irons, der nie zuvor vor einer Kamera agiert hatte. Er war bei den Dreharbeiten bereits elf Jahre alt, obwohl er einen Neunjährigen spielt. Das ist insofern von Bedeutung, weil er eine besondere Reife und Ruhe ausstrahlt und jegliches Kindliche eigentlich bereits abgelegt hat. Das scheint er von seinem Vater übernommen zu haben. Das Verhältnis zwischen Vater und Sohn im Film wirkt sehr harmonisch und aufeinander eingespielt. William ist sehr diszipliniert und nimmt die Erziehung sehr ernst. Jede Verletzung, jede Ungerechtigkeit nimmt er besorgt zur Kenntnis. Nach dem Tod seiner Frau ist Danny sein ein und alles. Dazu gehört aber auch ein klares Festhalten an vereinbarte Regeln. Dennoch gibt es auch zärtliche Momente, etwa wenn Danny das ganze Gesicht seines Vaters abtastet, wenn William seinem Sohn den Kopf küßt oder beide vor Freude die Nasen aneinander reiben. Hier vermeint man auch die gute Beziehung zwischen Sa-

Von links: Samuel Irons, Cyril Cusack, Jeremy Irons – drei Schauspielergenerationen aus einer Familie. (›Danny – Der Champion‹; 1989).

Jeremy Irons und Sohn Samuel Irons beim Präparieren der Rosinen in ›Danny – Der Champion‹ (1989).

muel und Jeremy Irons zu spüren. Den kauzigen Dorfarzt spielt übrigens Cyril Cusack, der wirkliche Großvater von Samuel und der Schwiegervater von Jeremy Irons.
Jeremy Irons: »Es ist wie professionelles Heimkino … Mit seinem Sohn als Partner zu spielen, erfordert eine Art Stenographie. Die Gefühle sind unausgesprochen, ungeplant, in allem, was man zusammen macht. Ich brauchte den Vater nicht zu spielen, ich bin es. Und wir mußten nicht erst eine Leinwandbeziehung aufbauen, wir hatten sie schon. Aber ich war schon ziemlich im Streß. Ich war immer sehr besorgt um Sam; daß er nicht zuviel probt, daß er genügend Zeit zum Spielen und für die Hausaufgaben hatte. Danny waren schwierigere Dreharbeiten, als wenn ich mit einem anderen Jungen gearbeitet

hätte. Normalerweise ist man ziemlich egozentrisch, wenn man arbeitet. Bei DANNY konnte ich das nicht sein. Aber es war eine tolle Erfahrung.«[147]
Über die Leistung seines Sohnes urteilt Jeremy Irons: »Ich bin sehr zufrieden. Sam spielt natürlich, unprätentiös, das bekommt man nur unter größten Schwierigkeiten von einem professionellen Kinderschauspieler. Er ist nicht einer dieser süßen Disney-Schauspieler, sondern ein ganz normaler kleiner Junge, und so spielt er auch, das ist seine Stärke. Es war auch phantastisch, zu sehen, wie Sam die Herausforderung anpackte. Kinder können das; gib ihnen eine Chance, sich zu beweisen und Erfolg zu haben, und sie werden wachsen mit der Anforderung. Sie bekommen mehr Selbstbewußtsein und mehr Persönlichkeit.«[148]
Eine weitere Besonderheit ist, daß nicht Jeremy Irons die tragende Rolle im Film hat, sondern Samuel Irons, denn er ist als Danny der Handlungsträger und vor allem Identifikationsfigur für die Kinder, die den Film sehen. Denn im Gegensatz zu anderen Filmen mit Jeremy Irons ist dies eindeutig ein Kinderfilm. Er wurde unter anderem mit Mitteln der Kinderfilm-Förderung und des Disney Channel unterstützt. Doch Jeremy Irons weist darauf hin, das die Welt der Erwachsenen auch eine Rolle spielt und Kinder und Erwachsene zusammen ins Kino gehen können. Die Vorbereitung auf seine Rolle beschreibt er so:
»Ich mußte überhaupt nicht für die Rolle recherchieren. Das ist bei mir unüblich, aber auch erfreulich. Dannys Vater ist ein Mann, mit dem ich viele Charaktereigenschaften teile. Ich liebe die Einsamkeit und das Landleben und bin Vater. Deshalb war die Rolle auch sehr einfach für mich. Ich konnte einfach reinschlüpfen, ohne Mühe. Ich finde Wildern interessant. Dahinter steckt ein anarchischer Geist. Das gefällt mir und ist auch Teil meiner Persönlichkeit. Selbst habe ich jedoch nie gewildert. Als Kind, auf der Isle of Wight, habe ich Fasane und Tauben geschossen, aber jetzt schieße ich gar nicht mehr.«[149]
Roald Dahl, der inzwischen verstorbene Autor der Geschichte, setzte an der Verfilmung aus, daß Irons die Vaterrolle etwas zu arrogant spiele und daß ein Neunjähriger von Grund-

stücksspekulationen noch nichts verstünde. Aber mit Samuel Irons in der Titelrolle konnte er sich anfreunden. Ganz anders war es bei der Verfilmung von »The Witches« (HEXEN HEXEN, 1990) durch Nicholas Roeg. Dahl wollte unbedingt seinen Namen aus dem Filmvorspann getilgt wissen, da er mit der Arbeit von Jim Henson und der Umsetzung seiner Geschichte mehr für ein erwachseneres Publikum überhaupt nicht einverstanden war. Danach wollte er seine Geschichten nicht mehr verfilmen lassen. Der Schriftsteller und Drehbuchautor starb am 23.11.1990 mit 74 Jahren.

KRITIKEN:
»... Roald Dahls bissige Geschichte ist unter Millars Regie zu einem stimmungsvollen und durchkomponierten Film geworden, der auf weite Strecken vom Spiel der Hauptdarsteller lebt: Jeremy Irons und sein Sohn Samuel ... Ein sympathischer, sehr menschlicher Film, der noch hätte gewinnen können, wenn Roald Dahl ihm auch nur eine einzige tragende Frauenrolle gegönnt hätte.« (Fischer Film Almanach 1991)

»... DANNY – DER CHAMPION entwickelt ... eine poesievoll-schlichte, wohlwollend aufrichtige Utopie, in denen Kinder nichtsdestotrotz gewiß ihre eigenen Träume, Wünsche und Vorstellungen wiederentdecken können ... «[150] (Horst Peter Koll in: *film-dienst*)

»... Die Vater-Sohn-Beziehung wird von Irons sr. und jr. unter der liebevollen Regie von Gavin Millar glaubwürdig dargestellt. Detailgenauigkeit und schöne Landschaftsaufnahmen machen darüber hinaus den Film zu einem herzerwärmenden Erlebnis.« (Dr. Malwine Blunck in: *Cinema* 1/1990)[151]

»... Weil's denn ein Kinderfilm ist, sind die überdeutlichen Realitätsbezüge ins Grotesk-Märchenhafte verwandelt ... Alle sind chargierende Typen, es fehlt der Blick aufs Detail, davon bleibt auch der Vater nicht ausgenommen ... Und Jeremy Irons hält sich vor lauter Angst, seinen Sohn an die Wand zu spielen, so zurück, daß er stocksteif und unbeholfen wirkt ... «[152] (Marli Feldvoß in: *epd Film*)

Alles nur Theater
(A Chorus of Disapproval); Großbritannien 1989; *Regie:* Michael Winner; *Buch:* Michael Winner, Alan Ayckbourn nach einem Theaterstück von Alan Ayckbourn; *Kamera:* Alan Jones; *Musik:* John Du Prez, traditionelle Lieder aus »The Beggar's Opera« von John Gay (1761), »Die lustige Witwe« von Franz Lehár, englischer Text von Christopher Hassal, sowie De Wolfe und Boosey & Hawkes; *Schnitt:* Arnold Crust, Chis Barnes; *Ton:* Bob Taylor; *Ausstattung:* Peter Young; *Choreographie:* Sandra Blair; *Kostüme:* Sue Wain; *Frisuren:* Liz Michie; *Make-up:* Dickie Mills, Alan Boyle; *Casting:* Arnold Crust jr.; *Produzent:* Michael Winner; *Produktion:* Palisades Entertainment Group/Cinema Seven; *Länge:* 92 Min.; Farbe; *FSK:* ab 12, ffr.; *Kinostart:* 27.2.1992; *Videoanbieter:* MGM/UA Home Video (Originalfassung).
Darsteller: Jeremy Irons (Guy Jones), Anthony Hopkins (Dafydd Ap Llewellyn), Prunella Scales (Hannah Ap Llewellyn), Jenny Seagrove (Fay Hubbard), Gareth Hunt (Ian Hunt), Lionel Jeffries (Jarvis Huntley-Pike), Sylvia Syms (Rebecca Huntley-Pike), Alexandra Pigg (Bridget Baines), Patsy Kensit (Linda Washbrook), Richard Briers (Ted Washbrook), Barbara Ferris (Enid Washbrook), Pete Lee-Wilson (Crispin Usher), David King (Mr. Ames), Anne Priestley (Hilda Shaw), Audrey Totter (Mrs. Bawden), Dinah May (Mädchen bei der Arbeit), Amanda Mainard (Frau im Theater).
Deutsche Synchronschauspieler: Christian Rode (Jeremy Irons), Joachim Kerzel (Anthony Hopkins), Heidi Weigelt (Prunella Scales), Ulrike May (Jenny Seagrove), Claudia Lehmann (Patsy Kensit), Helmut Krauss (Gareth Hunt), Helmut Müller-Lankow (Lionel Jeffries), Inken Sommer (Sylvia Syms), Daniela Hoffmann (Alexandra Pigg), Hans Hanisch (Richard Briers), Liane Nitschke (Barbara Ferris), Ingo Albrecht (Pete Lee-Wilson), Karl-Heinz Grewe (David King), Luise Lunow (Anne Priestley), Margot Nagel (Audrey Totter); *Buch und Regie:* Rainer Martens.
Preis als bester Film des 1. (und drittletzten) Internationalen Kölner Filmfestivals 1990.

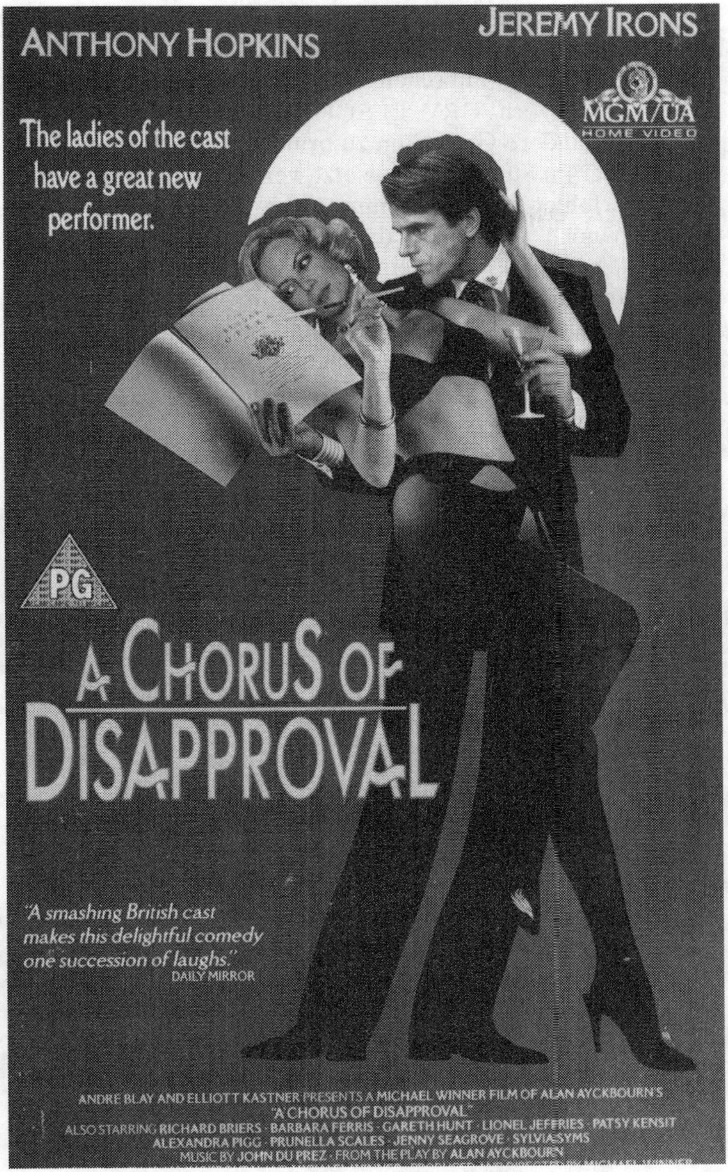

Britisches Werbemotiv für ›ALLES NUR THEATER‹ (1989).

INHALT: Mit dem Zug kommt Guy Jones nach Scarborough, einem Badeort im Nordosten der britischen Insel. Nach dem frühen Tod seiner hübschen Frau hat ihn seine Firma, der Elektronikkonzern GRV ELECTRONICS, dorthin versetzt, um ihn auf andere Gedanken zu bringen. Eigentlich wollte er nach Exeter im Südwesten versetzt werden, doch es gab einen Computerfehler. Zwar bekommt er am Bahnhof weder Kofferwagen noch Taxi, doch dafür hat er vom Fenster seines möblierten Zimmers aus einen sehr schönen Blick auf den Strand. In einer Zeitungsannonce liest er gleich nach seinem ersten Arbeitstag: »Treffen Sie Menschen, haben Sie Spaß, keine Erfahrung notwendig. Gesucht werden Sänger und Tän-

Guy Jones (Irons) spielt für Dafydd Ap Llewellyn (Anthony Hopkins) den Crookfinger Jake/Hakenfinger Jakob aus der »Dreigroschenoper« vor (›Alles nur Theater‹; 1989).

Hannah Ap Llewellyn (Prunella Scales) findet Gefallen an Guy Jones (Jeremy Irons) in: ›Alles nur Theater‹ (1989).

zer für eine Aufführung von ›The Beggar's Opera‹.« Und noch am selben Abend stellt er sich vor. Der Waliser Dafydd Ap Llewellyn, Leiter des Amateurtheaters, hört sich seinen Vortrag an, wobei er ihm gleich die richtige Beinstellung und Atemtechnik beibringt, und engagiert ihn vom Fleck weg für eine Nebenrolle in das bereits bestehende Ensemble, das ihn neugierig beäugt. In drei Monaten soll die Premiere sein. In der nahegelegenen Kneipe trifft sich die Gesellschaft. Die attraktive Fay freut sich besonders über seine Anwesenheit. Doch ihr schmieriger Freund Ian zerrt sie bald aus dem Lokal,

Auch wenn sich Guy (Jeremy Irons) scheinbar für die Bilder an der Wand interessiert, gilt sein wahres Interesse Fay Hubbard (Jenny Seagrove) (›ALLES NUR THEATER‹; 1989).

wo sich fast eine Schlägerei anbahnt, als Linda und Ted von der Kellnerin hinausgeschmissen werden. Nach dem allgemeinen Aufbruch begleitet Guy Dafydd in sein Haus, wo er dessen Frau Hannah im Bademantel überrascht. Später erklärt

Dafydd ihm, daß Frauen keine Überraschungen mögen, es sei denn, sie wüßten vorher, was es ist. Er bietet ihm eine Ein-Satz-Rolle im zweiten Akt an. Hannah ist beeindruckt von dem Gast.
Bei einer Probe führt sich Dafydd wie ein Berserker auf, macht einen Darsteller völlig fertig und entpuppt sich als tyrannischer Despot, der als verkanntes Theater- und Schauspielgenie aus der Provinz seine Frustration an den Mitspielern ausläßt. Anschließend versucht er, Guy zu überreden, ihn in seinem eigentlichen Beruf als Grundstücksmakler mit der expandierenden Firma GRV ELECTRONICS in ein lukratives Geschäft

Eine Unterhose am Cafétisch. Peinlicher kann es für Guy Jones (Jeremy Irons) nicht kommen. Schlimm dabei: Die Unterhose ist nicht einmal seine, sondern die von Hannah Ap Llewellyn (Prunella Scales, links). Fay Hubbard (Jenny Seagrove) hatte sie unter Guys Bett gefunden (›Alles nur Theater‹; 1989).

zu bringen. Hinter Dafydds Rücken beginnt Guy eine zärtliche Beziehung zu dessen Frau Hannah. Doch die Einladung von Fays Freund Ian zu einem flotten Vierer läßt Guy auch nicht aus, wobei er und Fay auf ihre Kosten kommen, Ian aber nur einer greisen Freundin von Guys Mutter Gesellschaft leistet, die Guy mitgebracht hat. Da Ian als Grundstückseigner Guy darum gebeten hat, bei der GRV ELECTRONICS ein gutes Wort für ihn einzulegen, läßt er seinen rasch betrunkenen Gast gewähren. Als Guy Hannah mit auf sein Zimmer nimmt, werden sie von Dafydd gestört, der aber nicht mitbekommt, daß seine Frau bei Guy ist. Im Flur bietet Dafydd ihm auf Anraten von Fay eine größere Rolle im Stück an. In einem Lokal geraten Fay und Hannah vor Guys Augen und unter Anteilnahme der übrigen Gäste in Streit, als Fay Guy eine Unterhose zurückgibt, die sie unter dem Bett gefunden hat. Es stellt sich jedoch heraus, daß das Wäschestück Hannah gehört.
Bei einer Probe kommt es zwischen Linda und der ordinären Souffleuse, die ihr den Freund, der auch Hauptdarsteller im Stück ist, ausgespannt hat, zu einer Keilerei. Der Freund tritt schließlich Dafydd in die Weichteile. Während Dafydd sich auf der leeren Bühne erholt, macht er Guy intime Geständnisse über die erloschene Leidenschaft in seiner Ehe. Das gesamte Ensemble hört allerdings in der Garderobe über Lautsprecher mit. Guy wird nun die Hauptrolle übergeben. Während er sein Bühnenliedchen von einem Mann mit zwei Frauen singt, sieht man ihn beim Stelldichein mit Fay. Rebecca Huntley-Pike ist seine neue Fürsprecherin, die ihm auch noch 500 Pfund zukommen läßt und ihn bittet, dafür zu sorgen, daß die GRV ELECTRONICS *ihr* Grundstück kauft.
Bei der nächsten Probe teilt Guy Hannah mit, während die beiden auf der Bühne in verschiedenen Farben ausgeleuchtet werden, daß er ihr Verhältnis beenden will. Hannah war bereit, Mann und Kinder wegen ihm zu verlassen. Außerdem macht die Zeitungsschlagzeile die Runde, daß GRV ELECTRONICS geschlossen wird. Fay läßt Guy fallen, und Ian verrät Dafydd das Verhältnis zwischen Guy und Hannah. Dafydd verflucht Guy, wünscht ihm aber trotzdem alles Gute für die Aufführung.

Obwohl Guy Jones (Jeremy Irons) Dafydd Ap Llewellyn (Anthony Hopkins) mit dessen Frau betrügt, mimt er ihm den vertrauensvollen Freund vor (›ALLES NUR THEATER‹; 1989).

Guy erfährt, daß er in drei Tagen nach Blackpool im Nordwesten Englands an der Irischen See versetzt wird. Der große Abend ist da. Premiere in Anwesenheit des Bürgermeisterehepaars. Es wird ein stürmischer Erfolg. Dafydd dankt in seiner anschließenden Rede ganz besonders Guy Jones, der sich verbeugt, bis der Vorhang ihm wie eine Guillotine in den Nacken fällt. Nach der Aufführung will keiner mehr etwas mit ihm zu tun haben. Im Fortgehen schmeißt er die 500 Pfund hinter sich in die Luft. Für die, die sich so viel von ihm versprochen haben und ihm nun hinterherschauen, hat er nur noch ein Kopfschütteln übrig.

Als Guy am nächsten Tag auf den Zug wartet, fällt ihm eine Annonce in einer Illustrierten auf: »Treffen Sie freundliche Menschen, die an der Kunst des Theaters interessiert sind.

Regisseur Michael Winner bei der Arbeit.

THE BLACKPOOL PLAYERS suchen Darsteller für ihre neue Produktion ›Die lustige Witwe‹ von Franz Lehár. Keine Erfahrung nötig.« Und so singt er das Titellied und tanzt fröhlich über den Bahnsteig.

ZUM FILM: Wenn man den Namen des Londoner Regisseurs Michael Winner (geb. 1935) liest, denkt man an seine Filme mit Charles Bronson: EIN MANN GEHT ÜBER LEICHEN/THE STONE KILLER (1973), EIN MANN SIEHT ROT/DEATH WISH (1974), DER MANN OHNE GNADE/DEATH WISH II (1981), DEATH WISH III – DER RÄCHER VON NEW YORK (1986). »Dies ist mein erster Film seit Jahren, in dem die gesamte Besetzung am Schluß noch am Leben ist«[153], hat Winner gesagt. Daß ausgerechnet der Spezialist für brutale Action-Filme den Zuschlag von Alan Ayckbourn bekam, der bis dahin keines seiner Bühnenwerke fürs Kino verfilmen ließ, liegt darin begründet, daß Michael Winner ursprünglich Komödienregisseur war (u. a. MINIROCK UND KRONJUWELEN/THE JOKERS, 1966; WAS KOMMT DANACH?/I'LL NEVER FORGET WHAT'S 'IS NAME, 1967 u.a.). Doch Michael Winner inszeniert den Film, der ausschließlich in Scarborough gedreht wird, wie einen Action-Film. Er läßt den erwiesenermaßen erfolgreichen Theaterstars Hopkins und Irons selten Zeit, die Rollen nach ihrer individuellen Spieltechnik auszugestalten. Wohl um zu vermeiden, daß der Zuschauer merkt, er hat es hier mit einer Bühnenadaption

Im britischen Badeort Scarborough treibt es Witwer Guy Jones (Jeremy Irons) ziemlich bunt. Die verheiratete Hannah Ap Llewellyn (Prunella Scales) erlebt ihren zweiten Frühling (›ALLES NUR THEATER‹; 1989).

zu tun, benutzt er ausgefallene Kamerapositionen und vor allem schnelle Schnitte mit vielen »reaction shots« (Reaktionsaufnahmen). Das bringt zwar Tempo, aber da es sich hier nicht um einem Action-Film handelt, auch unnötige Hektik. Das kann einem Theaterschauspieler in einer Theaterverfilmung, in der es auch noch ums Theater geht, nicht besonders recht sein. Deshalb ist Jeremy Irons auf den Film nicht gut zu sprechen. »Je weniger über diesen Film geredet wird, um so besser.«[154] Seine Kritik richtet sich dagegen, daß dem Schauspieler die Möglichkeit genommen wird, das »Timing« eines Gags selbst zu bestimmen, wie es auf der Bühne möglich ist. Man muß sich auf das Gespür des Regisseurs und, wie Jeremy Irons betont, des Cutters verlassen. Hier hatten wohl Irons und Michael Winner unterschiedliche Auffassungen darüber, was lustig ist, und Irons hat seither leider einen weiten Bogen um Komödien gemacht. Winners Film hat trotzdem seinen eigenen Charme und nimmt den Zuschauer auf seine Weise gefangen. Er bietet die seltene Möglichkeit, Jeremy Irons lächeln zu sehen und sein komödiantisches Potential erkennen zu lassen. Und vor allem: Man kann ihn singen hören und tanzen sehen. Scarborough ist ein Mittelstands-Badeort in North Yorkshire im Nordosten Englands südlich von Whitby, wo Bram Stoker seinen Grafen Dracula einst, aus Transsylvanien kommend, stranden ließ. Es ist vor allem aber auch der Geburts- und Wohnort von Alan Ayckbourn, der über 40 Stücke geschrieben hat, die in mehr als 30 Sprachen in 51 Ländern aufgeführt wurden. Dort leitet er selbst sein kleines »Stephen Joseph Theatre«, wo er auch inszeniert. Der Dramatiker, der in Londons West End und am Broadway Triumphe feierte, lebt dort in einem unscheinbaren Pfarrhaus. Als Theaterdirektor konnte er beim Verfassen von ALLES NUR THEATER auf eigene Erfahrungen zurückgreifen: »Ein Theaterdirektor ist eher so etwas wie ein eifriger Schäferhund, der an der Seite der Schauspieler läuft, bellt und versucht, ihnen den besten Weg zu zeigen und gelegentlich, wenn sie wirklich schwierig werden, nach ihren Hinterläufen zu schnappen.«[155] Der erfolgreiche, von Harold Pinter geförderte Bühnenautor zählt inzwischen zu den weltweit beliebtesten und am häufigsten gespielten

Guy Jones (Jeremy Irons) läßt die Hosen runter, denn er steht über dem Ensemble der Laienspieltruppe aus Scarborough (›ALLES NUR THEATER‹; 1989).

Dramatikern, dessen genaue Beobachtungsgabe für menschliches Verhalten zusammen mit einem raffinierten Gespür für theatralische Effekte seine Stücke zum Genuß werden läßt.

Zwei Superstars des britischen Theaters und Kinos: Anthony Hopkins (rechts) und Jeremy Irons vereint in Alan Ayckbourns ›ALLES NUR THEATER‹ (1989).

Jeremy Irons spielt in vielen Szenen fast wie im Slapstick-Film, was eigentlich gar nicht sein Stil zu sein scheint, was aber zum Film paßt und nur ungewohnt wirkt, weil man es von ihm nicht kennt. Das erstaunte kurze Hochziehen seiner Augenbrauen setzt er immer wieder ein, um seiner Verblüffung darüber Ausdruck zu verleihen, wie sich die Dinge entwickeln. Der präsenteste Darsteller ist allerdings Anthony Hopkins. Er holt aus seiner Rolle einfach alles heraus und spielt sie völlig entgegengesetzt zum Hannibal Lector in SCHWEIGEN DER LÄMMER. Es sind die vielen Kleinigkeiten, die seine Rolle ausmachen. Nachdem er gleich zu Anfang Jeremy Irons aufs freundlichste begrüßt hat, zumal sich auch niemand anderer auf die

Annonce hin melden würde, wenn er nicht gerade neu in der Stadt wäre, brüllt er unvermittelt wie ein Feldwebel nach dem Pianisten. Als Jeremy Irons schließlich ansetzen will, ein Lied zu singen, singt Hopkins es aus voller Seele selbst, schmiegt aber gleich zur Entschuldigung seinen Kopf an Irons Oberkörper wie ein kleines Kind und wischt sich mit dem Taschentuch die Augen. Er kneift die ganze Zeit sein linkes Auge zu und bewegt sich wie der Glöckner von Notre-Dame, den er 1982 gespielt hat. Als er in der Kneipe sein ehemals volles Bierglas leer von Jeremy Irons zurückbekommt, weil der es halb verschüttet, halb versehentlich selbst ausgetrunken hat, kommentiert er das: »Wieder ein Grund zum Leben dahin, ha!« Allein wegen seiner überragenden Leistung ist der Film schon sehenswert, und zwar mehrmals, weil die Fülle der Details und Nuancen im Grunde für drei Filme reicht.

ALLES NUR THEATER heißt im Original A CHORUS OF DISAPPROVAL (frei übersetzt: vielstimmiges Ausbuhen). Der Film kam erst drei Jahre nach seiner Herstellung und zwei Jahre nach seiner gefeierten Deutschlandpremiere beim 1. Kölner Filmfestival 1990 in die deutschen Kinos, war leider an der Kasse ein Flop und fand nicht einmal den Weg in die deutschen Videotheken. Die Originalversion ist hierzulande über die British Councils zugänglich.

Die deutsche Synchronfassung wurde »ge-X-t«, eine übliche Methode, mit der heutzutage kostengünstig und effektiv gearbeitet wird: Die Hauptrollen wurden völlig isoliert aufgenommen, ohne daß andere Synchronschauspieler anwesend waren. Joachim Kerzel (Anthony Hopkins) hat an drei Tagen alleine die Szenen mit Dafydd Ap Llewellyn aufgenommen, Christian Rode (Jeremy Irons) an zwei späteren Tagen die mit Guy Jones. Die beiden sind sich nicht einmal begegnet. Dennoch sind beide als langjährige Vollprofis in der Lage, mit Hilfe der Regieanweisungen auf diese Weise lange Dialoge »miteinander« zu spielen.

KRITIKEN:

»... Die Handlung ist wirklich pure Farce, aber sehr schlau beobachtet. Irons' Naivität wird genau richtig ausgespielt, und insbesondere Hopkins bietet eine fesselnde Vorstellung. Aber Beifallsstürme für ihre Darstellung verdienen alle Mitglieder der hervorragend ausgewählten Besetzung.«[156] (Janet Morris in: *Film Review*)

»… Jeremy Irons' Darstellung der langsamen Befreiung des naiven Angestellten bestätigt die Schauspielerregel vom ›weniger ist mehr‹. Er zeigt uns gerade so viel von dem Innenleben seiner Figur, daß er uns neugieriger auf sie macht … «[157] (David Simmons in: *Kölner Stadt-Anzeiger*)

»… Das Hauptduell liefern sich darin natürlich die beiden großartigen Akteure Jeremy Irons und Anthony Hopkins. Wie der schüchterne, entfernt an einen geflohenen Kaplan erinnernde Jeremy Irons mit dem personifizierten Donnerhall Anthony Hopkins um Macht und Maiden fightet, wie Hopkins diabolisch starrt, vor Energie fast birst und seine Truppe befehligt wie ein preußischer Kavallerist seine Pferdeburschen – das ist eine Lehrstunde in Sachen Schauspielkunst … «[158] (Harald Braun in: *Cinema*)

»Winner … erweist sich hier als genauer Beobachter menschlicher Schwächen, die er liebevoll ironisiert, und als glänzender Schauspieler-Regisseur. Nie gestattet er es seinen Hauptdarstellern Anthony Hopkins und Jeremy Irons, dem ›Affen Zucker zu geben‹, obwohl viele Situationen geradezu danach schreien. Aber indem er sie – manchmal mit Hilfe des genau auf den Punkt gebrachten Schnitts – bremst, gibt er den Personen jene Glaubwürdigkeit, die berührt. Guys Schüchternheit wirkt genausowenig gespielt wie Hannahs erst scheue und dann herausbrechende Verliebtheit. Und Anthony Hopkins, kaum wiederzuerkennen in seiner ›Maske‹, liefert wahre ›Kabinettstückchen‹ seiner Schauspielkunst. Und immer liegt über der ironischen Grundstimmung ein Hauch von Poesie und Verehrung für das Theater und die Menschen, die sich ihm verschrieben haben, auch wenn die menschlichen Irrungen und Wirrungen hinter den Kulissen so manchen Schmerz bereiten … «[159] (Rolf-Ruediger Hamacher in: *film-dienst*)

Australia

Belgien/Frankreich/Schweiz 1989; *Regie:* Jean-Jacques Andrien; *Buch:* Jean Gruault, Jacques Audiard, Jean-Jacques Andrien; *Kamera:* Yorgos Arvanitis; *Musik:* Nicola Piovani; *Schnitt:* Ludo Troch; *Produzenten:* Marie-Pascale Osterrieht, Christian Bourgois; *Produktion:* AO-Productions/Les Films de la Drèe/CAP/RTBF/Cine5; *Länge:* 118 Min.; Farbe; *Kinostart:* Mai 1989 (nur Schweiz), 13.9.1989 (Frankreich, Belgien).
Darsteller: Jeremy Irons (Edouard Pierson), Fanny Ardant (Jeanne), Tcheky Karyo (Julien), Agnès Soral (Agnès), Hélène Surgère (Frau Pierson), Patrick Bauchau (André Gauthier), Danielle Lyttleton, Maxime Laloux, Dorothy Alison, Bob Bradley.

INHALT: »Ein Witwer (Jeremy Irons), der allein mit seiner kleinen Tochter lebt, reist durch das ländliche Australien, um Wollballen zu kaufen. Eines Tages muß er nach Verviers in

Jeanne (Fanny Ardant) und Edouard (Jeremy Irons) in ›Australia‹ (1989).

Belgien zurückreisen, dem Ort, aus dem er ursprünglich kommt. Sein Bruder hat ihn zurückgerufen, um den Familienbetrieb, ein wolleverarbeitendes Unternehmen, zu retten. Nach 20jähriger Abwesenheit kommen ihm seine Familie und die Stadt sehr eng vor. Er lernt eine Frau (Fanny Ardant) kennen, die mit dem Notar der kleinbürgerlichen Stadt verheiratet ist. Ihre heimliche Liaison in London wird für beide zu einer unerwarteten Liebe. Die Geschichte verläuft wie eine unerbittliche Tragödie. Eine Tragödie ohne Tod, denn der einzige Todeskampf, dem man beiwohnt, ist der jener bourgeoisen Industriellen in den fünfziger Jahren, die sich in ihrer Sicherheit wiegen.«[160]
»Über Edouard lasten die Schatten einer ungeklärten Vergangenheit, der Bruch mit der Familie, der Verlust seiner Frau.«

ZUM FILM: Der Film wurde leider nur im französischsprachigen Raum zur Aufführung gebracht und kam trotz der Spitzenbesetzung hierzulande noch nicht einmal auf Video heraus. Nach ihrer ersten Zusammenarbeit in Schlöndorffs EINE LIEBE VON SWANN (1983), wo Fanny Ardant noch als Herzogin de Guermantes erfolglos hinter Jeremy Irons her war, spielen die beiden hier erneut gemeinsam. Diesmal werden sie ein Liebespaar. Fanny Ardant erinnert sich daran, daß er ihr bereits 1983 ein eigenwilliges Kompliment machte: »Ich liebe Jeremy Irons, der mit seinem schönen Akzent zu mir sagte: ›Das, was an Ihnen so gut ist, das ist, daß Sie nicht launig sind.‹«[161]
In einem Interview mit Jean-Jacques Bernard sagte der französische Kinostar zur erneuten Arbeit mit Jeremy Irons: »Jeremy habe ich beim Schlöndorff-Film nach Proust kennengelernt, wo ich die Herzogin de Guermantes spielte, aber wir kamen nicht zusammen, denn Swann und die Herzogin verkörpern die Geschichte einer fehlgeschlagenen Liebe. Meine Erinnerung an ihn war geprägt von Humor, großer Freundlichkeit, ein sehr präziser Schauspieler, aber zur gleichen Zeit auch gefährlich in dem Sinne, daß seine Augen etwas anderes sagen als seine Gesten. Aber sich wiederzubegegnen bei einem Film mit einer wahrhaft langen Geschichte, das war ein großes Vergnügen. Ich habe mich in seiner Gesellschaft wohl gefühlt,

Nach ›Eine Liebe von Swann‹ (1983) standen Fanny Ardant und Jeremy Irons 1989 für ›Australia‹ wieder gemeinsam vor der Kamera.

denn wir konnten Quatsch machen und lachen, obwohl wir an so einem ernsten Thema arbeiteten. Vielleicht lag es auch daran, daß wir im Nebel von Verviers in Belgien verloren waren. Ich liebte es, wie er mir von Großbritannien erzählte, über seine Anfänge am Theater. Ich mag keine Schauspieler, die von ihren Ängsten reden, über die Texte oder ähnliches. Aber ich mag jemanden, der mir von seinem Leben erzählt, von seinen Sehnsüchten, und so einer ist Jeremy … Ich habe ihn in SCHWARZARBEIT und DIE GELIEBTE DES FRANZÖSISCHEN LEUTNANTS gesehen. Ich mag diese eisige Art, bei der es gleichzeitig in den Augen lodert, eine unglaubliche Unbändigkeit. Jeremy kann gleichzeitig ein rotweißer Marmorblock sein, aber dann auch in Wut ausbrechen. Er scheint äußerst beherrscht zu sein, doch pfuitt … er kann auch Dampf ablassen. Er ist gefährlich, denn bei ihm weiß man nie, wie weit man gehen kann. Und das, das gefällt mir.«[162]

KRITIKEN:

»… Die Geschichte ist schön fotografiert und die Hauptrolle

mit Jeremy Irons ideal besetzt; doch fällt die Auflösung dermaßen platt aus, daß die ganze stimmungsvoll inszenierte Melancholie als schöner Schaum erscheint.« (*Zoom*)[163]

»Ein schöner Film! … Die beiden Hauptdarsteller ergänzen sich wunderbar. Jeremy Irons in dieser für ihn viel zu kleinen Stadt, der sich plötzlich ungeschickt auf die sich ihm hingebende Frau stürzt, und Fanny Ardant, die ertrinkt, ohne daß sie zu sagen wagt, daß sie ihn nur benutzt wie eine Boje. Dieser Film rührt das Herz an … «[164] (Jean-Jacques Bernard in: *Premiere*)

Die Affäre der Sunny von B.

(Reversal of Fortune); USA 1990; *Regie:* Barbet Schroeder; *Buch:* Nicholas Kazan nach dem Buch »Reversal of Fortune. Inside the Von Bülow Case« von Alan N. Dershowitz; *Projektberatung:* Thomas J. Taylor; *Kamera:* Luciano Tovoli; *Musik:* Mark Isham, »Tristan und Isolde« von Richard Wagner mit Eva Marton und den Londoner Philharmonikern, »3 Strange Days« mit School Of Fish, »Sonate in A-Dur« von Wolfgang Amadeus Mozart, »Sing a Happy Funky Song« mit Miz Davis, »Gimme a Little Sign« mit Brenton Wood, »Sea Gull«, »Hot Shot« mit Karen Young, »Quartett, Opus 64, Nr.5, Menuett« und »Quartett« von Josef Haydn, »Late Night Goings On« mit Les Hooper, »Sugar Me« mit Conroy Smith, »The Mercenaries« mit The New Concept Orchestra; *Schnitt:* Lee Percy; *Production Design:* Mel Bourne; *Ausstattung:* Dan Davis; Bauten: Beth Kushnick; *Kostümberatung:* Milena Canonero; *Kostüme:* Judianna Makovsky; *Kleidung für Jeremy Irons:* Cerruti 1881, Paris; *Spezielle Gewänder für Jeremy Irons:* Ike Behar; *Make-up:* Toni Trimble; *Make-up für Jeremy Irons:* Allen Weisinger, Dick Smith; *Frisuren:* Marie-Ange Ripka; *Juwelen:* Bulgari; *Casting:* Howard Feuer; *Casting der Komparsen:* Sylvia Fay Casting; *Produzenten:* Edward P. Pressman, Oliver Stone; *Produktion:* Edward P. Pressman Productions/Shochiku Fuji Co. Ltd./Sovereign Pictures; *Länge:* 112 Min.; Farbe; *FSK:* ab 12, ffr.; *Prädikat:* Wertvoll; *Kinostart:* 7.2.1991.

Darsteller: Glenn Close (Martha »Sunny« von Bülow), Jeremy Irons (Claus von Bülow), Ron Silver (Professor Alan N.

Plakatmotiv von ›Die Affäre der Sunny von B.‹, der als Avant-Premiere auf dem ersten Kölner Filmfestival 1990 gezeigt wurde. Die Ankündigung von Jeremy Irons' Anwesenheit erwies sich allerdings als leeres Versprechen.

Dershowitz), Annabelle Sciorra (Sarah), Uta Hagen (Maria Schrallhammer), Julie Haggerty (Alexandra Isles), Fisher Stevens (David Marriott), Christine Baranski (Andrea Reynolds),

Jack Gilpin (Peter Macintosh), Mano Singh (Raj), Felicity Huffman (Minnie), Steven Mailer (Elon Dershowitz), Christine Dunford (Ellen), Joann Carlo (Nancy), Keith Reddin (Dobbs), Alan Pottinger (Chuck), Mitchell Whitfield (Curly), Tom Wright (Jack), Gordon Joseph Weiss (Tom Berman), Michael Lord (Ed), Lisa Gay Hamilton (Mary), Bill Camp (Bill), John David Cullum (John), Jad Mager (Prinz Alexander »Alex« von Auersperg), Sarah Fearon (Prinzessin Annie Laurie »Ala« Kneissl, geb. von Auersperg), Kristi Hundt (Ältere Cosima von Bülow), Kara Emerson (Junge Cosima von Bülow), Michael Wikes (Steve Famiglietti), Thomas Dorff (Brillhoffer), Bruno Eierund (Prinz Alfred Eduard Friedrich Vincenz Maria »Alfie« von Auersperg), Bernt Kuhlmann (Alfies Freund), Redman Maxfield (Dr. Paulters), Frederick Neunmann (Richter), Conrad McLaren (Sheriff), Edwin McDonough (Bailiff), Brian Delate (Jury-Vorsitzender), Dess Philpot (Notarzt), Steven Black (Portier), Kender Joners (Party-Gast), Haes Hill (Party-Gast), Dan Rea (Reporter), Leo Leyden (Engländer), Malachy McCourt (Engländer), Jessika Cardinahl, Ericka Klein, Joko Zohrer (Dinner-Gäste).
Deutsche Synchronschauspieler: Jürgen Thormann (Jeremy Irons), Hallgard Bruckhaus (Glenn Close), Volker Brandt (Ron Silver), Anke Reitzenstein (Annabella Sciorra), Senta Moira (Uta Hagen), Charles Rettinghaus (Fisher Stevens), Matthias Klages (Jack Gilpin), Beate Tober (Felicity Huffman), Viola Sauer (Christine Baranski).

INHALT: Die Geschichte beruht auf tatsächlichen Begebenheiten. Der Film wird als Rückblende erzählt. Martha »Sunny« von Bülow liegt im Krankenhaus im Koma. Man sieht die blasse, regungslose Glenn Close im Krankenbett. Die Kamera schwenkt von der Infusionsflasche über die scheinbar schlafende Frau mit offenem Mund und verkrampften Händen bis zum Urinbeutel am Bettgestell, in den genau in dem Moment, wo die Kamera ihn voll erfaßt hat, auch tatsächlich Urin strömt. »Das ist mein Körper«, sagt Sunny im Off. Fortan wird sie den Film sporadisch als Erzählerin begleiten, so daß es sich um eine Rückblende aus ihrer Warte, also einer Frau im

Sunny von Auersperg (Glenn Close) gibt sich dem charmanten Claus von Bülow (Jeremy Irons) hin: ›Die Affäre der Sunny von B.‹ (1990).

Koma, zu handeln scheint. Am 27.12.1979 fällt sie in ihr erstes Koma, ein Jahr später in das zweite, aus dem sie nie wieder erwachen wird. Ihre Kinder aus erster Ehe hegen den Verdacht, daß Claus von Bülow seine Frau umbringen wollte, und finden in Sunnys Landhaus »Clarendon Court« in Newport belasten-

Ron Silver (rechts) als Staranwalt Professor Alan N. Dershowitz, nach dessen authentischem Tatsachenroman der Film ›Die Affäre der Sunny von B.‹ (1990) entstand.

de Beweismittel: Insulin und eine Spritze. Ein Motiv: Claus, der seinen Urlaub mit der Geliebten Alexandra Isles verbringt, würde bei Sunnys Tod 14 Millionen Dollar erben. Am 16.3.1982 wird er aufgrund von Indizien wegen zweifachen Mordversuchs für schuldig befunden und zu 30 Jahren Haft verurteilt. Nach Hinterlegung von einer Million Dollar Kaution kann er 45 Tage auf freiem Fuß bleiben.
»Nun werden Sie erleben, wie Claus von Bülow versucht, dieses Urteil der Geschworenen umzustoßen oder ihm zu entgehen.«
Nach neun Minuten wechselt die Perspektive. Der Rechtsanwalt und Harvard-Dozent Professor Alan Dershowitz hat soeben einen Fall verloren. Da bekommt er einen Anruf von

Claus von Bülow. Er besucht den dänischen Finanzmakler in seinem Nobelappartement in New York, wo von Bülow seinem Respekt vor der Intelligenz und der Integrität der Juden Ausdruck verleiht. (Von Bülows Vater war ein bekannter Kollaborateur der Nazis im Zweiten Weltkrieg. Dershowitz ist Jude.) Im Restaurant »Delmonico« unterbreitet Dershowitz ihm seine Honorarforderung: 300 Dollar pro Stunde. Damit würden auch solche Fälle finanziert, bei denen kein Honorar zu erwarten ist. Dershowitz ist dafür bekannt, sozial schwache Klienten zu unterstützen. Noch unschlüssig, ob er den Berufungsfall übernehmen soll, betont Dershowitz: »Immerhin spricht eines für Sie: Jedermann haßt Sie.« – »Das ist doch ein Anfang«, erwidert von Bülow.
Zusammen mit seinem Sohn liest Dershowitz zu Hause die Aussage der Zofe Maria, die beim ersten Koma bemerkt hatte, daß Sunny von Bülow nicht, wie ihr Mann sagte, den ganzen Tag geschlafen hatte, sondern unbeweglich wie in tiefer Ohnmacht im Bett lag. Als Sunny schließlich in ein Krankenhaus gebracht worden sei, habe sie festgestellt, daß Sunny auch noch ins Bett gemacht hatte. Kurz vor dem zweiten Koma habe sie Insulin in Claus von Bülows Tasche gefunden. Dershowitz holt sich Rückendeckung von Kollegen, seinen Exstudenten und seiner Exfrau. Zusammen mit seinen Partnern und seinen Studenten, die zu ihm ins Haus kommen, will er den Fall neu aufrollen. Gegen die Skepsis einer Studentin führt er an, daß jeder Mensch ein Recht auf Verteidigung habe und daß es in Fällen wie diesem rasch zu Vorverurteilungen komme. Besonders aber »kotze« ihn die Tatsache an, daß die Familie von Bülow einen privaten Ankläger engagiert habe, der nur die Indizien vorgelegt hätte, die Claus von Bülow belasteten. Seine Studenten sind gleich voller Tatendrang. »Die meisten Prozesse werden im Vorfeld gewonnen, nicht erst im Gerichtssaal!« Ein Zeuge meldet sich, der aussagt, er habe siebenmal große Mengen von Drogen an Sunnys Sohn Alfie aus erster Ehe geliefert. Claus von Bülow, der inzwischen bereits eine neue Freundin hat, bleibt undurchsichtig. Es bleibt aber auch unklar, ob er seine drogenabhängige Frau in den Wahnsinn getrieben hat. Die Beziehung zwischen den beiden war ab-

Glenn Close und Jeremy Irons in ›Die Affäre der Sunny von B.‹ (1990): Ein Paar wahrt die Fassade ...

gekühlt, im Bett rührten sie sich nicht mehr an. Claus trug vielmehr eine Augenbinde und Ohrenstopfen. Im Sommer 1979 hat er seiner Frau von seiner Geliebten, seinen »außerhäusigen Aktivitäten«, erzählt. Am Weihnachtstag sprachen die beiden über ihre Scheidung. Sunny nahm nicht nur ständig zuviel Alkohol und Tabletten zu sich, sondern sogar die Medikamente, die eigentlich für Claus bestimmt waren. Sie verbrachte auch tagsüber unglaublich viel Zeit im Bett. »Ein Leben, das sich nicht lohnte«, fand sogar ihre Tochter Ala.
Überstand Sunny das erste Koma noch, so wachte sie ein Jahr darauf nach dem zweiten Koma nicht mehr auf. Von Bülow fand sie bewußtlos in ihrem persönlichen Badezimmer, sagt er. Dershowitz, seine Mitarbeiter und Studenten wollen schließ-

... doch dahinter ist die Leidenschaft schon längst erloschen.

lich im Berufungsverfahren nicht eventuelle Verfahrensfehler im ersten Prozeß zur Grundlage ihrer Argumentation machen, was in der Regel in einer Berufung getan wird. Sondern sie wollen die Indizienkette zerstören, denn wenn ein Glied daraus brüchig ist, ist die gesamte Kette hinfällig. Das gelingt auch dadurch, daß die Laborbefunde, die im ersten Prozeß als Beweismittel dienten, als fehlerhaft entlarvt werden können. Außerdem wird klar, daß die Medikamententasche mit dem belastenden Insulin Sunny und nicht Claus von Bülow gehörte.

Die Gerichtsverhandlung wird im Film reduziert auf zweieinhalb Minuten, in denen nur geklärt wird, daß es in Rhode Island einen Präzedenzfall gibt, in dem in einem Berufungsver-

fahren neue Beweise zugelassen wurden. Es war sogar unter Vorsitz desselben Richters. Aufgrund dieser Rechtsgrundlage ist es möglich, ein Urteil, das nur auf Indizien, nicht aber auf Tatsachen beruht, zu revidieren. Damit ist nur das Urteil aufgehoben, nicht aber Claus von Bülows Unschuld bewiesen. Jedoch kann ein einmal freigesprochener Angeklagter nicht wegen des gleichen Verbrechens erneut angeklagt werden.
Sunny liegt weiterhin im Koma, und Claus lebt und arbeitet in London. Beide sind weiterhin miteinander verheiratet. Der Film leistet sich noch einen Schlußgag: Claus von Bülow betritt einen Drugstore und kauft Zigarren. Die Verkäuferin erkennt ihn, da sein Gesicht auf allen Zeitungen prangt. Als sie ihn fragt: »Sonst noch einen Wunsch?«, antwortet er trocken: »Ja, bitte eine Ampulle Insulin.« Die geschockte Verkäuferin beruhigt er mit den Worten: »War nur ein Scherz.« Er kneift ein Auge zu, lächelt zum erstenmal im ganzen Film und geht.

ZUM FILM: Der deutsche Verleihtitel DIE AFFÄRE DER SUNNY VON B. ist irreführend und unglücklich gewählt. Sicherlich meint man mit »Affäre« den Streitfall, aber das Wort legt nahe, daß es um eine Affäre im Sinne von Seitensprung geht. Die Übersetzung des (allerdings mehrdeutigen) Originaltitels REVERSAL OF FORTUNE – »Umkehrung des Schicksals« (aber auch: »Anwartschaft auf Glück«) hätte sich besser geeignet.
Der Film weist eine Erzählstruktur auf, die nicht dem üblichen Schema entspricht. Sie widerspricht geradezu den Sehgewohnheiten, da sie nicht gradlinig verläuft und die Erzählperspektive häufiger wechselt, allerdings ohne dadurch zu verwirren oder den Fluß des Filmes zu behindern. So wird zwar erst nach einer guten Stunde gezeigt, wie Sunny und Claus sich überhaupt kennengelernt haben, aber nicht die Chronologie der Ehe der Bülows bildet den roten Faden, sondern die Ermittlungen von Dershowitz und seinen Mitarbeitern. Häufig gibt es Rückblenden innerhalb von Rückblenden, und das in einem Film, der selbst schon eine Rückblende ist, denn der Film beginnt mit dem endgültigen Koma von Sunny von Bülow. Von ihrem Krankenbett aus wird die Geschichte nachvollzogen.
Hier drängt sich der Vergleich zu CITIZEN KANE von Orson

Welles auf, in dem sich auf geniale Weise in Rückblenden das Leben eines Menschen in Mosaiksteinchen während des Films zu einem erkennbaren Bild zusammensetzt, der Zuschauer aber gleich zu Beginn des Films darüber informiert wird, daß dieser Mensch gestorben ist. Anders als in Orson Welles' Meisterwerk geht es hier um einen Kriminalfall, in dem die Ermittlungen eines Anwalts und seines Teams allmählich Tatsachen zutage fördern oder richtigstellen, wenngleich der Film keinesfalls die Unschuld von Claus von Bülow propagiert. Er bietet nur einen neuen Blickwinkel.

Wie vage dieser Blickwinkel ist, wie fragwürdig die endgültige Klärung der Schuld bleibt, wie zerbrechlich das ganze Gefüge von Indizien, Aussagen, Vermutungen und Schlußfolgerungen letztendlich ist, wird immer wieder betont. Schon zu Beginn behauptet Dershowitz gegenüber von Bülow: »Alle lügen.« Und etwa nach der halben Strecke der Ermittlungen erklärt er resigniert nach einem Streit mit seiner von ihm getrennt lebenden Frau einem Studenten gegenüber: »Wir werden verlieren ... Claus ist ein Sündenbock. Er muß für die Sünden büßen, die wir alle begehen möchten.« Hier wird der Tiefpunkt des Selbstbewußtseins von Dershowitz erreicht, aber nur ganz kurz, weil der Kollege Peter Macintosh ihn wieder aufbaut. Dennoch zeigt er Emotionen, Seele und Verwundbarkeit. Ron Silver spielt den Anwalt im völligen Gegensatz zu Jeremy Irons. Er ist hektisch, mitunter unkontrolliert und auch in seinen Bewegungen schnell, in seiner Art zu reden blitzschnell, was für einen New Yorker normal ist. Der deutsche Synchronschauspieler Volker Brandt kommt kaum mit dem Tempo mit. Ron Silver gestikuliert mit den Händen, rollt die Augen, bewegt den Körper hin und her. Dazu steht Jeremy Irons in totalem Kontrast.

Jeremy Irons spielt Claus von Bülow mit einer ungeheuren Emotionslosigkeit und Kälte, absolut beherrscht und kontrolliert, damit auch undurchschaubar und unnahbar. Zwar gibt es Szenen, in denen er völlig deplazierte Scherze macht, über die niemand lachen kann. Aber auch hier kehrt er mehr den distanzierten Zyniker als den lockeren Sprücheklopfer hervor. Er spricht langsam, bewegt sich ohne Hast, selbst in extremen

Als 42jähriger spielt Jeremy Irons den fast 60jährigen Claus von Bülow mit einer »Oscar«-gekrönten Unterkühltheit und Unnahbarkeit in ›Die Affäre der Sunny von B.‹ (1990).

Situationen, und ist in fast schon provokanter Form die Verkörperung eines Mannes, der in starren Konventionen zu leben scheint, die ihn nach außen hin prägen, der aber innerlich vielleicht doch ein ganz anderer zu sein scheint. Vielleicht verleiht er der Rolle deshalb eine Faszination, die einen eher Sympathie als Ablehnung empfinden läßt. Denn das starre Lebensgefüge, die öde Ehe werden als mehr oder weniger unerträglich dargestellt. Damit wird auch die Fassade als solche erkennbar, die das Leben der von Bülows prägt, die sie auch mit aller Qual und aller Verlogenheit aufrechterhalten, die aber die menschlichen Bedürfnisse verstellt und das privilegierte Leben als Tortur erscheinen läßt.

»Ich trage mein Herz nicht auf der Zunge«, sagt Jeremy Irons als Claus von Bülow an einer Stelle, aber ob er überhaupt ein Herz hat, eine menschliche Seele, oder ob er nur ein eiskalt berechnender Geschäftsmann ist, das bleibt sein Geheimnis. Ob er eventuell doch Schuld trägt am Koma seiner Frau, und sei es auch nur durch diese unleidenschaftliche Form des Zusammenlebens, auf Etikette bedacht, aber jenseits eines verständnisvollen Harmonierens, das läßt der Film unbeantwortet, und das spielt Jeremy Irons souverän aus. Und nur so wird das desolate Eheleben der von Bülows glaubhaft. Denn trotz Sunnys Drogenkonsum, trotz der Differenzen zwischen Claus und seinen Stiefkindern wird ein Lebensstil aufrechterhalten, der vortäuscht, daß alle in liebevoller Harmonie miteinander umgehen.

»Ich liebe Rollen, die ganz anders sind als ich, wie Claus von Bülow – das war überhaupt nicht leicht. Ich versuche, technische Mittel anzuwenden, um dahinzugelangen: Konzentration und sich darauf einzulassen, was den Charakter in diesem Moment ausmacht. Egal, wieviel man vorher probt, es ist noch nicht wahrhaftig, bis man am Drehort steht und die Dinge Gestalt annehmen.«[165] Regisseur Barbet Schroeder, der Jeremy Irons für die Rolle des von Bülow ausgewählt hatte, begründete seine Wahl: »Wir wollten von Bülow nicht als den bösen Ausländer darstellen. Wir wollten diese Klischees vermeiden. Von Bülow war lange Zeit eng mit Großbritannien verbunden. Und Jeremy konnte diese Seite von ihm besonders gut hervorkehren. Er stellt auch so genau den seltsamen, zynischen Humor dar.«[166]

John Richardson, ein Freund von Bülows, den Jeremy Irons bei der Vorbereitung auf die Rolle besucht hatte, schrieb in der Zeitschrift *Vanity Fair* über diese Begegnung: »Er war natürlich viel zu jung, zu mager und noch grün hinter den Ohren, viel zu ehrerbietig, um jemanden zu verkörpern, der so überaus weltmännisch war, und allein schon körperlich so stattlich und kahlköpfig wie Claus. Als dieser lässige, jugendliche, attraktive Schauspieler zu mir kam, mich um Hinweise zu bitten, wie er meinen alten Freund spielen könnte, war ich mehr als je zuvor davon überzeugt, daß Irons niemals in die exquisiten Schuhe passen würde, die der unvergleichliche Cleverly für Claus anfertigte, oder in die eleganten Hemden von Battistoni, die niemals Falten werfen, weil man sie zwischen den Beinen zuknöpft. Aber ich habe mich gewaltig geirrt. Irons hat nicht nur Claus' Dandyismus genau getroffen, sondern auch sein Mysterium.«[167]

Der Prozeß, der in den USA große Aufmerksamkeit erregte, fand in Newport in dem kleinen US-Bundesstaat Rhode Island zwischen Connecticut und Massachusetts an der amerikanischen Ostküste statt. Er wurde live im Fernsehen übertragen und deshalb auch zum großen Medienereignis.

Jeremy Irons hat Claus von Bülow nie persönlich kennengelernt, aber er hat ihn anhand von Videoaufzeichnungen der Fernsehbilder und von Gesprächen mit Bekannten von Bülows eindringlich studiert. Es bestand auch die Möglichkeit, von Bülow in London direkt zu begegnen, doch das hat Jeremy Irons abgelehnt. Er befürchtete, daß dies ihn hemmen würde, die Rolle nach seinem eigenen Empfinden zu gestalten, und es seiner eigenen Vorstellungskraft nicht mehr genug Raum lassen würde. *Cinema*-Redakteurin Dr. Malwine Blunck gestand er 1991 außerdem in einem Interview: »Ich finde es eher ein bißchen geschmacklos, jemanden zu verkörpern, der so schwierige Zeiten durchgemacht hat. Er tat mir eigentlich leid … Schließlich kenne ich den Mann gar nicht. Ich habe manchmal über ihn gesprochen, wie ich über jede Rolle, die ich spiele, sprechen würde. Aber der Unterschied ist, daß Claus existiert.«[168]

Jeremy Irons hat sich auch seine eigene Theorie über die Schuld oder Unschuld von Claus von Bülow erarbeitet. »Oh, ich mußte es wissen, denn er weiß es ja. Also habe ich mir eine Meinung gebildet. Ich habe zu meiner Zufriedenheit herausgefunden, ob ich schuldig bin oder nicht, aber das geht nur mich etwas an … genauso wie es nur ihn etwas angeht. Und er würde es niemals verraten.«[169] Auf die Frage, was er ihm sagen

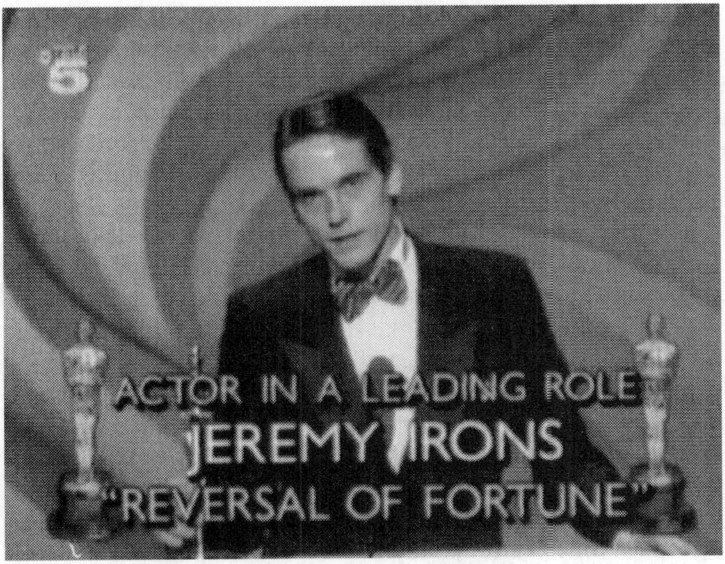

Jeremy Irons erhält 1989 den »Oscar« für seine Leistung in ›DIE AFFÄRE DER SUNNY VON B./REVERSAL OF FORTUNE.‹

würde, wenn er ihn doch einmal treffen würde, sagte er: »Ich würde ihm wahrscheinlich einige Dinge über ihn selbst erzählen … Claus schreibt mir Briefe, in denen er richtigstellt, was die Presse geschrieben hat. Es stehen Adresse und Telefonnummer darauf, und ich schreibe ihm zurück. Er schreibt, daß er den Film nicht gesehen hat, aber daß ihm Freunde gesagt haben, er hätte Grund dazu, mir dankbar zu sein für meine Darstellung … Als ich einen Bekannten über ihn befragte, rief er in dem Moment dort an, aber ich habe das Angebot abgelehnt, ihn zu sprechen … Es ist wohl mehr Zufall, daß ich ihm noch nicht begegnet bin. Vielleicht sind wir uns auf der Straße ja einmal fast über den Weg gelaufen, doch er hat sich, als er mich sah, hinter einem Lampenmast versteckt.«[170]

Jeremy Irons wurde neben Kevin Costner (DER MIT DEM WOLF TANZT/DANCES WITH WOLVES), Gérard Depardieu (CYRANO DE BERGERAC), Robert De Niro (ZEIT DES ERWACHENS/AWAKENINGS), mit dem Jeremy Irons gemeinsam 1986

THE MISSION gedreht hatte, und Richard Harris (DAS FELD/THE FIELD), vier der renommiertesten Filmschauspieler unserer Zeit, für den »Oscar« nominiert. Er erhielt die Trophäe aus der Hand der verstorbenen englischen »Oscar«-Gewinnerin Jessica Tandy (MISS DAISY UND IHR CHAUFFEUR/DRIVING MISS DAISY), und er wurde damit der zweite von drei englischen Schauspielern, die in Folge in den USA den begehrtesten Schauspielerpreis erhielten: 1990 Daniel Day-Lewis (MEIN LINKER FUSS/MY LEFT FOOT), 1992 Anthony Hopkins (DAS SCHWEIGEN DER LÄMMER/THE SILENCE OF THE LAMBS).

»Dies ist großartig. Ich danke der Akademie und jedem, der mir dies gewünscht hat. Speziellen Dank an Warner Brothers, Sovereign Pictures, Ed Pressman, Barbet Schroeder, Luciano Tovoli, unserem Chefkameramann, an die Leute, die mir mein Äußeres verpaßten, Allen Weisinger und Dick Smith. Vielen Dank an meine Co-Stars Ron Silver und Glenn, die mich letzten Endes überredete, den Film zu machen. Danke an Phil Spector, Anne Hutton, Sally Fisher. Vielen Dank auch – einige von Ihnen werden vielleicht verstehen warum – an David Cronenberg. Und zum Schluß, dann spare ich mir ein Telefongespräch nach London, wo meine Frau in ihrem Schlafzimmer versucht wachzubleiben: Ich wünschte, du wärest hier, um mir zu helfen, den ›Oscar‹ zu tragen, denn du halfst mir, ihn zu gewinnen. Allen vielen Dank!«

Auf dem Weg zum Podium küßte er kurz entschlossen Madonna, die neben Michael Jackson in der ersten Reihe saß. Auf die Frage, warum er das getan habe, antwortete er später Iain Johnstone: »In einem Moment wie diesem möchte man die ganze Welt küssen.«[171] Viele Schauspielerkollegen, darunter auch Paul Newman, hatten Jeremy Irons 1989 geschrieben, daß sie es bedauerten oder es eine Schande sei, daß Irons für DIE UNZERTRENNLICHEN/DEAD RINGERS nicht einmal nominiert worden war. Daher sein Dank an David Cronenberg. »Ich habe keinen Zweifel – wenn es DEAD RINGERS nicht gegeben hätte, hätte ich den ›Oscar‹ nicht bekommen. Es war eine Belohnung für beide Filme.«[172]

Zuvor hatte Jeremy Irons bereits den Golden Globe für seine Leistung erhalten.

Leider kann man in der deutschen Fassung nichts von dem Akzent hören, mit dem Jeremy Irons im Original spricht, dafür bemüht sich sein deutscher Synchronschauspieler Jürgen Thormann, der sonst Michael Caine, Peter O'Toole, Max von Sydow und viele andere synchronisiert, die Stimme möglichst nasal und leicht gekränkt oder wehleidig klingen zu lassen. Seltsam, daß alle Darsteller deutsch synchronisiert wurden, in einer Szene in von Bülows Wohnzimmer im Fernsehen der Burt-Lancaster-Film DER ROTE KORSAR aber in der amerikanischen Originalfassung läuft, die TV-Nachrichten dann jedoch wieder eingedeutscht wurden.
Anwalt Dershowitz hat inzwischen den wegen Vergewaltigung verurteilten Boxer Mike Tyson verteidigt und hat den des Doppelmordes beschuldigten US-Football-Star und Schauspieler O. J. Simpson beraten.

KRITIKEN:
»Irons spielt Claus von Bülow mit einer spröden, arroganten Grimmigkeit. Und dennoch gibt es kaum etwas, das wir vom Privatmenschen Irons wissen, was wir mit seiner Verwandlung zur hämischen, scheuen Erscheinung im Film in Verbindung bringen könnten. Aalglatt und mit einer kehligen Stimme, die klingt, als hätte Hermann Göring von George Sanders Englischunterricht erhalten, spielt Irons von Bülow mit Pokerface und undurchschaubar als Teufel des Perversen. Nur ein englischer Schauspieler kann dermaßen vor unterdrückter Arglist glühen, so vor Selbstbeherrschung sprühen. Es scheint so, als ob Irons erlaubt wurde anzudeuten, was er in seinen sanfteren Rollen unterließ, aber nur *anzudeuten.* Die Zurückhaltung ist bei großen Filmschauspielern eine Art von Magie.«[173] (Harlan Kennedy in: *American Film*)

»... Die Leistungen der Schauspieler, allen voran Jeremy Irons, sind außergewöhnlich. Ron Silver soll seinem Original Dershowitz frappierend ähnlich sehen und wirkt wie ein kleinwüchsiger Irrwisch, wenn er dem hochgewachsenen, kultiviert kontrollierten von Bülow alias Jeremy Irons gegenübersitzt. Am Schluß weiß er genausowenig, was wirklich in diesem Mann vorgeht ... « (Dr. Malwine Blunck in: *Cinema*)[174]

»Dies fesselnde Drama lebt von Ron Silvers Verkörperung des Alan Dershowitz, jenes eisern entschlossenen Professors für Jura an der Universität von Harvard, der die Herausforderung annahm, den unbeliebten und eiskalten Aristokraten Claus von Bülow zu verteidigen (hier mit unnahbarer Arroganz von Oscar-Gewinner Jeremy Irons gespielt).« (Video Movie Guide)[175]

»Trotz der physischen Unterschiede zwischen dem stattlichen, kahlköpfigen von Bülow und dem verletzlichen, gutfrisierten Irons erwies sich der Schauspieler als die perfekte Wahl, um diesen rätselhaften Charakter zum Leben zu erwecken ... Emotionen bleiben geschickt verborgen hinter undurchdringlichen Blicken aus wachen Augen; die patrizische Haltung läßt Arroganz erkennen, Selbstbeherrschung, kühle Distanz zu dem unerfreulichen Wind, der ihn umfegt.«[176] (Geoff Brown in: *The Times*)

»... Jeremy Irons spielt von Bülow als selbstsicheren, patrizischen Charakter, der jeden Zug an seiner Zigarre genießt, als sei es ein neuer, noch unausprobierter Genuß. Er ist steif und unbewegt wie ein Butler, der seine Witzchen mit der Lebhaftigkeit eines Jack Benny zum besten gibt, innerlich jedoch so unergründlich wie ein Grab ... «[177] (Iain Johnstone in: *Sunday Times*)

KAFKA

(Kafka) USA 1991; *Regie:* Steven Soderbergh; *Buch:* Lem Dobbs; *Kamera:* Walt Lloyd; *Musik:* Cliff Martinez; Café-Musik gespielt von The Gypsy Band of Josef Balaz; *Schnitt:* Steven Soderbergh; *Production Design:* Gavin Bocquet, Tony Woollard; *Bauten:* Les Tomkins; *Ausstattung:* Joanne Woollard; *Kostüme:* Michael Jeffery; *Ton-Design:* Mark Mangini; *Specialeffekte:* Philip Elton, Ian Wingrove, Terry Glass; *Make-up:* Allen Weisinger; *Frisuren:* Paula Gillespie; *Stunts:* Marc Boyle; *Jeremy Irons' Stunt Double:* Perry Davey; *Casting:* Susie Figgis; *Casting-Assistent (GB):* Abby Cohen; *Produzenten:* Stuart Cornfeld, Harry Benn; *Produktion:* Baltimore Pictures/Renn-Pricel Productions; *Länge:* 98 Min.; Schwarzweiß

Der Roman zum Film ›Kafka‹ (1991) von François Rivière.

und Farbe; *FSK:* ab 16, ffr.; *Prädikat:* Besonders wertvoll; *Kinostart:* 1.10.1992; *Videoanbieter:* BMG Video/Ufa Universum Film.

Darsteller: Jeremy Irons (Kafka), Theresa Russell (Fräulein Gabriela Rossmann), Lord Alec Guinness (Bürovorsteher), Joel Grey (Burgel), Ian Holm (Dr. Murnau), Jeroen Krabbé (Bizzlebek), Armin Mueller-Stahl (Inspektor Grubach), David Jansen (Lachender Mörder), Brian Glover (Castle Henchman), Keith Allen (Assistent Ludwig), Simon McBurney (Assistent Oscar), Robert Flemyng (Archivar), Maria Miles (Anna), Matyelok Gibbs (Concierge), Ion Caramitru, Hilde von Meighem, Jan Nemejoovsky, Toon Agterberg (Anarchisten), Vladimir Gut (Eduard), Emil Wolk (Mann unter dem Mikroskop), Josef Abraham, Guy Fithen, Zuzana Halustokova, Ondrej Havelka, Lenka Korinková, Petr Lepsa (Kafkas Freunde).

Deutsche Synchronschauspieler: Frank Glaubrecht (Jeremy Irons), Friedrich Schönfelder (Alec Guinness), Joseline Gassen (Theresa Russell), Klaus Jepsen (Joel Grey), Jürgen Kluckert (Jeroen Krabbé), Horst Schön (Ian Holm), Armin Mueller-Stahl (Armin Mueller-Stahl), Klaus Miedel (Robert Flemyng), Santiago Ziesmer (Simon McBurney), Eberhard Prüter (Keith Allen), Mathias Einert, Martina Treger, Uwe Karpa.

Gefilmt an Originalschauplätzen und im Filmové-Studio Barrandov, Prag, ČSFR. Zusätzliche Aufnahmen in den Pinewood-Studios, Iver, Bucks, UK. Der Film ist bis auf wenige Sequenzen in Schwarzweiß gedreht.

INHALT: Zum Vorspann sind verwaschene Bilder aus Prag zu sehen. Ein Mann wird durch die verlassenen, dunklen Straßen Prags gejagt. Vor einem Plakat, das für die Ausstellung der expressionistischen »Gruppe 1919« von Ernst Richter wirbt, ringt er nach Luft. Dann wird er von einem kreischenden Aussätzigen erwischt und unter den Augen eines zylindertragenden »hohen Herren« ermordet.

Am nächsten Morgen in einem Großraumbüro der Arbeiterunfallversicherungsanstaltsverwaltung: Eduard Rabans Stech-

*Auf der Toilette beobachtet Kafka (Jeremy Irons) heimlich den arroganten Büroaufseher Burgel (Joel Grey) in: ›*KAFKA*‹ (1991).*

karte bleibt unberührt, sein Arbeitsplatz leer. Kafka, seit acht Jahren dort beschäftigt, macht sich an seinem Schreibtisch Gedanken. Der kleinwüchsige Büroaufseher (Joel Grey, Zeremonienmeister aus CABARET, 1970) spielt seine Autorität gegenüber Kafka aus. Bei der Angestellten Gabriela Rossmann stößt er anschließend jedoch auf Granit. Kafka spricht sie in einer Pause an, da er sie mit Raban zusammen gesehen hat. Doch sie wähnt sich beobachtet und weist ihn ab.

Kafka sucht Rabans Wohnung auf, aber die Wirtin hat ihn schon seit zwei Tagen nicht mehr gesehen. Rabans Verschwinden teilt er abends den im Widerstand gegen das totalitäre Regime tätigen Freunden und Kollegen in der Kneipe mit. Diese wissen um Kafkas schriftstellerische Tätigkeit in seiner Freizeit und wollen ihn als Helfer für ihre politischen Flugblätter gewinnen. Doch er tritt den Heimweg an. Der Totengräber und Steinmetz Bizzlebek tritt auf ihn zu und lobt seine Veröffentlichungen in Zeitschriften, insbesondere »Die Strafkolonie«. Noch in derselben Nacht wird Kafka zur Identifizierung von Eduard Rabans Leiche ins Leichenschauhaus geholt. Dort erwartet ihn bereits Inspektor Grubach. Er signalisiert ihm, nicht auf seiner Seite zu stehen, aber Verständnis für seine Position zu haben.
Der Bürovorsteher zitiert Kafka am folgenden Tag in sein Büro, kündigt ihm die Beförderung an, die eigentlich Raban zustand, und rät ihm, sich statt der Schriftstellerei besser sportlichen Tätigkeiten zuzuwenden. Die neuen Mitarbeiter, ein Zwillingspaar, stellen sich als verspielte, nichtsnutzige Deppen heraus. Kafka hat durch Rabans Tod an den Aktivitäten der Untergrundorganisation doch Interesse gefunden. Er verabredet sich mit Fräulein Rossmann, die ihn zum abendlichen Treffen der Widerstandskämpfer bittet. Als dort jedoch nur revolutionäre Parolen zu hören sind, bekundet Kafka seine Ablehnung gegen obrigkeitsfeindliches Handeln und geht. In der Nacht sucht sich der Aussätzige kreischend und kichernd ein weiteres Opfer.
Zusammen mit Gabriela Rossmann durchsucht Kafka tags darauf Rabans Wohnung nach belastendem Material. Gabriela packt alles in Tüten, ist jedoch plötzlich verschwunden, als sie die Wohnung verläßt. Kafka informiert sofort Inspektor Grubach, der jedoch nichts unternimmt. In Rabans Akte gewährt ihm der Bürovorsteher keine Einsicht, doch im Versicherungsarchiv entdeckt Kafka zumindest, daß in einem Ordner mit Unterlagen über tödliche Unfälle von Arbeitern, an dem Raban zuletzt gearbeitet hat, das Foto des zuständigen Arztes Dr. Murnau entfernt wurde. Doch über Hintergrundinformationen verfügt nur das »Medizinische Archiv«, das im

Schloß geführt wird. Als Kafka nachts alleine im Büro zurückbleibt, findet er im Zimmer des Vorstehers die Akte Rabans nicht mehr. Statt dessen attackiert ihn plötzlich der kichernde Aussätzige, den er sich nur mit Mühe vom Hals halten kann.
Als Kafka das Geheimversteck der Widerstandskämpfer in der Nacht aufsucht, bietet sich ihm ein grauenhaftes Bild. Er findet nur noch die bestialisch zugerichteten Leichen derer vor, mit denen er nun doch zusammenarbeiten wollte. Der Mörder wird von seinem Auftraggeber gelobt. Sie bemerken Kafka nicht. Er folgt den beiden bis in einen Wald, wo ein Dritter den Mörder ersticht. In diesem Moment rutscht Kafka eine Böschung herab. Die beiden Männer setzen sofort zur Jagd auf ihn an. Kafka kann ihnen gerade noch entkommen und kehrt in den Wald zurück, wo er feststellen muß, daß der Mörder ein übergelaufener Widerstandskämpfer war.
Vor seiner Wohnung wird er von seinen beiden Assistenten festgenommen, die ihn auf das Schloß bringen wollen. Der To-

Kafka (Jeremy Irons) kann seinen Verfolgern im nächtlichen Prag gerade noch entkommen (›KAFKA‹; 1991).

tengräber kann die beiden jedoch unschädlich machen. Auf dem jüdischen Friedhof zeigt er Kafka einen unterirdischen Gang zum Schloß unter einem Grab. Kafka, den Koffer mit einer Zeitbombe der Rebellen unter dem Arm, bittet ihn, falls ihm etwas zustoßen sollte, in seine Wohnung zu gehen und alle seine Schriften zu verbrennen: »Ein wahrer Freund würde es tun.« – »Doch nicht so ohne weiteres«, erwidert der Totengräber und ergänzt: »Eine Ehefrau würde es tun.« Aber da ist Kafka schon in den Tiefen des Ganges verschwunden.

Kafka (Jeremy Irons) trifft im Schloß die Widerstandskämpferin Fräulein Gabriela Rossmann (Theresa Russell), die mit Medikamenten regelrecht vollgepumpt worden ist. Die Szene wurde aus dem späteren Film allerdings geschnitten (›Kafka‹; 1991).

Jeremy Irons als Kafka in einem Film von Steven Soderbergh, der geschickt das Leben des Autors mit Figuren und Szenerien aus dessen Werk verknüpft. (›Kafka‹; 1991).

Er taucht aus einer Schublade eines riesigen Archivs auf und landet in der allgewaltigen Maschinerie des Schlosses. Der Film wird bunt. Auf dem Weg ins »Medizinische Archiv« gerät er zunächst in eine Abteilung für Gehirnwäsche, wo mißliebige Menschen zu dumpf dahindösenden Wesen umfunktioniert werden. Daß dort auch Gabriela Rossmann in einem Zimmer »behandelt« wird, erfährt nur der Zuschauer.
Dr. Murnau nimmt sich des Neuankömmlings an und führt ihn in das System des Schlosses ein. Unumwunden gibt er zu, daß Raban ermordet wurde. Er hatte die Bewilligung einer Unfall-

klage ausgestellt, noch bevor der tödliche Unfall überhaupt passiert war. In einem gigantischen Versuchslabor stellt Murnau Kafka sein Alptraumprojekt vor, mit einem riesigen Mikroskop von mehreren Stockwerken Höhe in das Gehirn eines Menschen zu schauen und es zu beeinflussen. Murnau hat in seiner Neugier Kafkas Bombenkoffer geöffnet, allerdings unter den revolutionären Flugblättern die Zeitbombe nicht entdeckt. Doch ihr Mechanismus ist in Gang gebracht. Als sie detoniert, nutzt Kafka die Situation, um über das Gerüst um das Riesenmikroskop herum nach oben zu fliehen. Seine Verfolger bleiben auf der Strecke. Dr. Murnau kommt an einem Förderband zu Tode. Kafka kann über den Hinweg entkommen.
Der Film ist wieder schwarzweiß. Inspektor Grubach bittet Kafka, die Leiche von Gabriela Rossmann zu identifizieren. Er erkennt, daß sie durch barbarische Medikamenteneinflößung umgekommen ist, doch er bestätigt die Selbstmordtheorie des Inspektors. Im Büro sind ihm wieder seine Assistenten unterstellt. Der Bürovorsteher weiß von keinerlei Veränderung. Alles geht wie gehabt seinen Gang.
Kafka hustet inzwischen Blut und schreibt in einem Lokal an seinen Vater: »Ich hatte immer geglaubt, daß es besser ist, die Wahrheit zu kennen, als in Unwissenheit zu leben. Jetzt werde ich feststellen, ob ich recht hatte. Ich kann es nicht länger leugnen, daß ich ein Teil der Welt um mich herum bin. Noch kann ich leugnen, daß ich trotz unserer Differenzen Dein Sohn bleibe. Und so kann ich nur hoffen, daß diese späten und vielleicht bedeutungslosen Erkenntnisse uns beide möglicherweise ein wenig beruhigen und unser Leben und unser Sterben ein wenig leichter machen.«

ZUM FILM: Kafka wurde als vorletzter Film vor der Privatisierung in den staatlichen Prager Filmstudios gedreht. Vor allem die vielen nächtlichen Szenen wurden in den Straßen der vom Krieg so gut wie verschonten Stadt Prag gefilmt. Die Straßen sehen also heute noch so aus wie zu jener Zeit, da Franz Kafka (1883–1924) sie durchschritten hat. Auch der historische jüdische Friedhof aus dem 12. Jahrhundert gehört mit zum alten Stadtbild. Regisseur Soderbergh: »Ich wollte

›Kafka‹ (1991) wurde in Prag gedreht, häufig nachts in den typischen Straßen der Metropole. Totengräber Bizzlebeck (Jeroen Krabbé; links), der Kafkas Schriften bewundert, und Kafka (Jeremy Irons).

diesen Film seit fünf Jahren machen. Früher schien es utopisch, daran zu denken, einen Film über Kafka in Prag zu drehen. Aber ich konnte mich nicht dazu entschließen, ihn irgendwo anders zu drehen. Prag sieht noch so aus wie zu Beginn des Jahrhunderts und atmet diese Atmosphäre. In einem Jahr wird es viel schwieriger sein, diese noch einzufangen, denn alles wird sich hier schnell verändern. Dann wird es hier von Schuhgeschäften und Fast-Food-Ketten nur so wimmeln, fürchte ich … Wir haben eine Zehn-Kronen-Strafe für jeden eingeführt, der das Wort ›kafkaesk‹ benutzt, doch in Prag ist das eine ständige Verführung.«[178]

Von dem kommunistischen Regime wurde Kafka zur Unperson degradiert, totgeschwiegen. Zu sehr stimmten seine Horrorvisionen mit denen der tatsächlichen Regierungsführung überein. Nun nach der Wende werden seine Bücher gekauft, sobald sie geliefert werden. Für Touristen werden Kafka-Rundfahrten durch Prag angeboten. Sein Geburtshaus wurde renoviert. Eine Kafka-Gesellschaft wurde gegründet mit dem Ziel, ein umfangreiches Archiv und ein Museum über Franz Kafka ins Leben zu rufen, wozu auch Einnahmen aus dem Film dienen sollten.

Die Bauten, die Ausstattung, die Ausleuchtung und letztlich die Aufnahmen des Films sollen bewußt an die künstlich und künstlerisch geschaffenen Welten der deutschen expressionistischen Filme der zwanziger Jahre erinnern. Die schief gestellte Kamera zitiert DAS KABINETT DES DR. CALIGARI (Deutschland 1920). Die Schattenspiele sind Markenzeichen des expressionistischen Films. Der Name »Dr. Murnau« ist ein Verweis auf Friedrich Wilhelm Murnaus Filmmeisterwerk NOSFERATU (Deutschland 1921), eine klassische »Dracula«-Verfilmung, in der einem Schloß eine entscheidende Bedeutung zukommt. Bezeichnenderweise war Dr. Murnau im KAFKA-Film vor seinem Gesinnungswandel der Wissenschaftler Orlac. Die Figur des Vampirgrafen im Murnau-Film hieß Graf Orlok. Und der kichernde Aussätzige erinnert an den irren Dracula-Gehilfen Renfield.

(Brigitte Desalm wies 1983 auf eine Studie von Gilles Deleuze und Felix Guattari hin, die das Vampirhafte am blutarmen, mageren Franz Kafka erörterte, der sich selbst als »lebenden Toten« bezeichnete. Für Jeremy Irons, der auch einmal für die Rolle des Dracula im Gespräch war, bedeuteten die Dreharbeiten viele schlaflose Nächte, da häufig in den dunklen Nachtstunden gedreht wurde.)

Drehbuchautor Lem Dobbs: »Zunächst wollte ich einen deutschen expressionistischen Horrorfilm schreiben – das führte mich zu Kafka. Dann hatte ich die verrückte, aber einleuchtende Idee, Kafka selbst zur Hauptfigur zu machen. Ich hatte an DER STUDENT VON PRAG und DER GOLEM gedacht, und Prag erschien mir als Schauplatz völlig logisch für einen wirklich unheimlichen Film ... Ich fand einfach, daß Kafka und der deutsche Expressionismus zusammengehören.«[179]

Kafka (Jeremy Irons) im Schloß, der Zentrale der Macht. (›KAFKA‹ 1991). Die Bauten sind dem deutschen expressionistischen Film nachempfunden.

Aber das Zitatenpotpourri fängt damit erst an. Neben – berechtigten – Anleihen beim klassischen Horrorfilm während der Morde des Aussätzigen gibt es schließlich sogar einen Hinweis auf eine frühere Rolle von Jeremy Irons in einem angsteinflößenden Film: »Hatten Sie nie das Gefühl eines furchtbaren Doppellebens, aus dem es wohl nie einen Ausweg gibt außer dem Wahnsinn?« fragt Kafka seine beiden Zwillings-Assistenten. »Ja!« sagt der eine, »Nein!« antwortet der andere, und beide gemeinsam kommen dann doch auf einen Nenner: »Nein!« – »Ich beneide Sie«, beteuert Kafka alias Jeremy Irons mit dem gleichen Gesichtsausdruck, mit dem er Beverly Mantle, den Zwillingsbruder von Elliot Mantle, in DIE UNZERTRENNLICHEN gespielt hat. (Die Zwillinge sind allerdings auch das Pendant zu K.s Gehilfen Artur und Jeremias in Kafkas »Das Schloß«.) Die Namen Raban, Grubach, Burgel entstammen Kafkas Werk. Die Ermordung des Verräters entspricht der Schlußszene im Steinbruch von Kafkas »Prozeß«. Mit der Maschinerie zur Veränderung des menschlichen Bewußtseins zur Schaffung eines andersartigen Menschen macht Soderbergh Anleihen bei FRANKENSTEIN, zumal auch die Gestaltung des hohen Labors an den Klassiker erinnert. Mit seinem Gigantismus hinsichtlich eines neuen Menschenbildes und der Beherrschung der menschlichen Rasse beschwört der Film gleichermaßen METROPOLIS und JAMES BOND herauf. Und die Verfolgungsjagd als Kletterpartie war ein beliebter Höhepunkt bei Alfred Hitchcock. Doch Kafka ist kein Geheimagent und kein Revolutionär, denn seine Aufgabe ist die Selbstaufgabe, das Funktionieren innerhalb eines funktionierenden Systems. Daher steht am Schluß kein Happy-End, kein Sieg über das Böse, sondern die pure Resignation.
Jeremy Irons: »Ich hätte für Steven das Telefonbuch gespielt. Ich mochte die Art, wie er (bei SEX, LÜGEN UND VIDEO, Anm. d. A.) die Kamera ruhen ließ und in der Totalen drehte. Er ermöglichte, daß man seine Aufmerksamkeit dem gesamten Geschehen widmete, und nicht, daß die Aufmerksamkeit durch Schnitt und Gegenschnitt in eine Richtung gezwungen wird.«[180] (Anders als bei SEX, LÜGEN UND VIDEO ist bei diesem Film die Kamera oft in Bewegung, kreist, fährt und steigt. Auch sind ex-

Regisseur Steven Soderbergh (›Kafka‹; 1991) plant bereits ein neues Projekt mit Jeremy Irons.

treme Kamerapositionen in schwindelnder Höhe und Detailaufnahmen, zum Beispiel Schreibmaschinentasten aus Sicht der Walze, Merkmale des kunstvoll gestalteten Films.)
»Und ich hielt das Thema für originell. Die Geschichte sprach mich wirklich an.«[181] Doch das Drehbuch hatte einen gravierenden Mangel. Der Autor Lem Dobbs hatte Kafkas eigenwilligen literarischen Stil unberücksichtigt gelassen und seine eigene Alltagssprache benutzt. Das wirkte auf Jeremy Irons störend. »Ich sagte, daß man das schon mit Oscar Wilde ver-

sucht hatte, und daß bekannt ist, daß dabei nichts herauskommt. Und beim Probelesen mit Alec Guinness und Armin Mueller-Stahl bestätigte sich auch, daß es nicht funktionierte.«[182] Der Drehbuchautor wurde nach Hause geschickt, und während der Dreharbeiten schrieben Jeremy Irons und Steven Soderbergh gemeinsam in ihren Wohnwagen die Szenen um. »Es ist nicht gerade die ideale Art, einen Film zu machen, doch er kam in Frankreich gut an und bei einigen Festivals. Beim Festival in Viareggio habe ich einen Preis als bester Schauspieler erhalten.«[183]
Die Rolle des Kafka wurde von Jeremy Irons sehr detailgenau ausgearbeitet. Während der Dreharbeiten erklärte er Harlan Kennedy: »Er kommt mit mir nach Hause, insofern daß ich über die nachfolgenden Szenen nachdenke, über Einzelheiten, die man für die Figur verwenden kann, und wie ich sie spielen werde. Bei diesem Film entwickeln wir die Figur, während wir drehen. Es geht ja nicht um den historischen Kafka. Ich habe sehr viel recherchiert, aber je mehr ich herausfand, um so nutzloser fand ich es. Ich weiß also bis zum Schluß noch gar nicht so genau, wie Kafka sein wird. Nach Feierabend streife ich die Rolle ab, ich bleibe nicht Kafka. Das mache ich – bis zu einem winzigen Teil – mit allen anderen Rollen auch.«[184]

KRITIKEN:
»… Jeremy Irons in Kafkas Hut, unter dessen Krempe Kafkas Fledermausohren kurz vor dem Abflug sind, intelligent und nervös, übernächtigt und blaß, in den dunklen Augen eine Liebenswürdigkeit, in den scharf geschnittenen Mundwinkeln ein schreckensbreites Lächeln – so war Kafka, den Zeitgenossen als sportiv ansehnliche Erscheinung schilderten, nicht ganz. Aber je länger wir Jeremy Irons zusehen, dieser Mischung aus Kleinmut und Hochmut, aus Furcht und Weisheit, desto mehr denken wir: Das könnte Kafka sein … Selbst in den Nebenrollen ist Soderberghs Film perfekt … «[185] (Ulrich Greiner in: *Die Zeit*)

»… Lloyds hevorragende Kameraarbeit ist völlig vergeudet in diesem peinlichen herabwürdigenden Quatsch, der versucht, aus der Vorlage von Kafkas literarischer Vision einen reinen

Abenteuerfilm zu machen ... «[186] (Donald Lyons in: *Film Comment*)

OPERA ZEBRACKA

(Beggar's Opera); Tschechoslowakei 1991; *Regie:* Jiri Menzel; *Produktion:* Jan Sustek.

1972 schrieb Václav Havel eine getreue Adaption der Opernparodie »Bettleroper« von John Gay (1685–1732), die auch bekanntlich Grundlage für die »Dreigroschenoper« von Bertolt Brecht und Kurt Weill (1928) war. 1975 wurde das Stück in der damaligen Tschechoslowakei verboten und Havel inhaftiert. Nach der politischen Wende, die Havel an die Spitze des Staates führte, hat Jiri Menzel sein Werk verfilmt. Im Film spielen tschechische Charakterdarsteller. Jeremy Irons, der einzige international bekannte Schauspieler, hat nur einen 30sekündigen stummen Kurzauftritt als Gefangener in der Zelle einer Polizeistation am Anfang des Films. Der Star weilte gerade zu Dreharbeiten für KAFKA in Prag und ließ es sich nicht nehmen, seiner Verbundenheit mit der demokratischen Entwicklung des Gastlandes durch seine Stippvisite Ausdruck zu verleihen. Außerdem hoffte der Produzent durch Irons' Kurzauftritt, die Aufmerksamkeit, die dem Film entgegengebracht wird, zu erhöhen. Allerdings erfuhr er von Jeremy Irons' Anwesenheit erst, als der Film abgedreht war. Sonst hätte er ihm vielleicht eine größere Rolle gegeben.

Es war der letzte Film, der in den staatlichen Barrandov-Studios in Prag produziert wurde. Die Filmindustrie der damaligen Tschechoslowakei stand vor der Privatisierung. Nach den Dreharbeiten wurden 1700 der 2500 Angestellten entlassen. Irons' Gehalt betrug symbolische 120 tschechische Kronen, etwa 8 DM.

Der Film lief 1992 erfolgreich auf dem Filmfestival in Vevey in der Schweiz am Genfer See.

VERHÄNGNIS

(Damage); Großbritannien/Frankreich 1992; *Regie:* Louis Malle; *Buch:* David Hare nach dem gleichnamigen Roman von Josephine Hart; *Kamera:* Peter Bizou; *Musik:* Zbigniew Preis-

ner, gespielt vom Synfonia Varsovia; *Musikalische Leitung:* Wosciech Michniewski; *Schnitt:* John Bloom; *Production Design:* Brian Morris; *Ausstattung:* Jill Quertier, in Frankreich Michel Grimaud; *Bauten:* Richard Earl, in Frankreich: Philippe Turlure; *Kostüme:* Milena Canonero; *Make-up:* Linda Devetta, Louise Constad; *Frisuren:* Paolo Mantini; *Casting:* Patsy Pollock; *Produzent:* Louis Malle; *Produktion:* NEF, Skreba, Le Studio Canal Plus mit Beteiligung von Channel 4, Canal Plus und des European Co-Production Fund; *Länge:* 110 Min. (Originallänge: 111 Min.); Farbe; *FSK:* ab 16, ffr. (in Großbritannien ab 18); *Prädikat:* Besonders wertvoll; *Kinostart:* 10.12.1992 (Berlin), 14.1.1993 (BRD); *Videoanbieter:* VCL Communications.
Darsteller: Jeremy Irons (Dr. Stephen Fleming), Juliette Binoche (Anna Barton), Miranda Richardson (Ingrid Fleming), Rupert Graves (Martyn Fleming), Leslie Caron (Elizabeth Prideaux), Ian Bannen (Edward Lloyd), Gemma Clarke (Sally Fleming), Peter Stormare (Peter), Julian Fellowes (Donald Lindsay), Roger Llewellyn (Palmer), Susan Engel (Miss Snow), Raymond Gravell (Raymond), Jeff Nuttall (Trevor Leigh Davies), Jason Morell (Junger Mann bei Sotheby's), Barry Stearn (Beamter), Tony Doyle (Premierminister), Linda Delapina (Beth), Henry Power (Henry), Benjamin Whitrow (Älterer Beamter), David Thewlis (DC Phelps).
Deutsche Synchronschauspieler: Frank Glaubrecht (Jeremy Irons), Katharina Müller-Elman (Juliette Binoche), Michael Roll (Rupert Graves), Christa Posch (Miranda Richardson), Elisabeth Endress (Leslie Caron), Holger Hagen (Ian Bannen); *Buch und Regie:* Mina Kindl.

INHALT: Der britische Parlamentarier und Staatssekretär Dr. Stephen Fleming, ein ehemaliger Arzt, hat soeben im politischen Streit einen Erfolg errungen, für den ihm sogar der Premierminister dankt. Daheim erfährt er von seiner Frau, daß sein Sohn Martyn eine neue Freundin hat, was er mit den Worten kommentiert: »Ich wüßte nicht, warum die Frauen ihn nicht durchschauen. Ist doch ziemlich klar, daß er nur mal drauf will.« Bei einem langweiligen Empfang in der französischen Botschaft taucht unvermittelt Anna Barton auf und stellt sich ihm als Martyns Freundin vor. Statt eines Gesprächs führen die beiden mit ihren Augen einen stummen Dialog. Anna ist wesentlich kleiner als Stephen. Sie hat sehr kurz geschnittenes, schwarzes Haar und sieht sehr jungenhaft aus. Ihre gesamte Kleidung ist schwarz, ihr Seidenjackett, ihr Rock, die Strümpfe, ja sogar die Handschuhe, die sie trägt. Ihr »Gespräch« wird von einem Bekannten mit Banalitäten unterbrochen.

Als Martyn mit Anna zum erstenmal seine Familie besucht (Anna erscheint wieder ganz in Schwarz), tun Anna und Stephen so, als hätten sie sich noch nicht getroffen. Stephens Frau Ingrid setzt eine skeptische Miene auf.

Anna arbeitet in einer Antiquitätenhandlung Nach Feierabend ruft sie Stephen in seinem Büro an. »Hier ist Anna.« – »Geben Sie mir Ihre Adresse. Ich werde in einer Stunde da sein.« Zwei Sätze. Das Verhängnis beginnt. Sein Chauffeur fährt ihn zu ihrer Wohnung. Er tritt ein, sie wartet schon im Schlafzimmer. Ohne ein Wort zu reden, lieben sich die beiden auf dem Fußboden, noch fast vollständig angekleidet. Anschließend wechseln sie nur Blicke.

Sein Sohn besucht ihn im Parlament und unterbreitet ihm, daß er bei einer Zeitung stellvertretender politischer Redakteur geworden ist. Stephen hält die Fassade aufrecht, und in einem Nobellokal wird mit der gesamten Familie einschließlich des Großvaters Martyns Erfolg gefeiert. Anna erzählt aus ihrem Leben und daß sich ihr Bruder mit 16 Jahren aus Liebeskummer umgebracht habe. Stephens Frau Ingrid sagt beim Hinausgehen: »Ich traue ihr nicht.« Stephen fährt anschließend zu ihrer Wohnung, nachdem er seiner Frau gesagt hat, er müsse noch zu einer Abstimmung. Anna erwartet ihn schon. Zuvor hatte sie Martyn fortgeschickt.

»Wir müssen irgendeine Form dafür finden«, fordert Stephen, doch es läuft gleich darauf hinaus, daß sie in den verwegensten Stellungen auf der Arbeitsplatte in der Küche und auf dem Küchenboden Sex miteinander betreiben. Und wieder entledigen sie sich kaum ihrer Kleidung und reden erst danach. Dabei liegen sie allerdings nackt auf dem Bett. Anna erzählt davon, daß ihr Bruder sich ihretwegen umgebracht hat, weil sie erwachsen wurde, er aber Besitzansprüche an sie stellte. »Menschen, die verletzt wurden, sind gefährlich, weil sie wissen, daß sie überleben können«, verdeutlicht sie Stephen. Doch der möchte gleich, daß sie ihn zu einer Konferenz begleitet. »Laß es, wie es jetzt ist«, bittet Anna. (In der Originalfassung beginnt diese titelgebende Dialogstelle mit den Worten: »Damaged people are dangerous ...«)

Die Konferenz in Brüssel (die nur aus sinnleerem Gefasel besteht) verläßt Stephen, um nach Paris zu fahren, wo Anne mit Martyn ein Wochenende verbringt. Er ruft sie frühmorgens im Hotel an, wo sie nackt neben Martyn im Bett liegt, um sich mit ihr zu verabreden. Im Eingangsbereich einer Kirche lieben Stephen und Anna sich stumm. Anschließend quartiert er sich in einem Hotelzimmer ein, von dem er zufällig (?) beobachten kann, wie Anna und Martyn im Bett frühstücken und sich später innig umarmen, bevor sie den Vorhang zuziehen. Von Schmerzen gekrümmt, legt sich Stephen aufs Bett.

Tags darauf verabredet er sich mit Anna im Park, um ihr klarzumachen, daß er seine Frau verlassen will. Sie rät ihm ab, weil er dann die Frau und den Sohn verlieren würde. Er will mit Anna leben. Sie kommentiert: »Du würdest nur etwas bekommen, was du schon längst besitzt.«

Bei sich zu Hause macht seine Frau ihm nach einem gelungenen Fernsehauftritt Komplimente und eine zärtliche Liebeserklärung. Doch er sucht Anna in ihrer Wohnung auf. Dort stört ein unangemeldeter Freund von Anna die Zweisamkeit. Es ist ihr erster Freund Peter, der – ohne es zu wollen – ihren eifersüchtigen Bruder in den Selbstmord getrieben hat. Anna erzählt Stephen den tragischen Hergang, nachdem Peter gegangen ist. In der Nacht nach dem Tod ihres Bruders hatte sie Peter darum gebeten, mit ihr zu schlafen. Das tun dann Anna und Stephen auch erstmals völlig nackt – wieder auf dem Fußboden –, nachdem sich Anna bereits vorher seelisch erstmals entblößt hat.

Bei einem idyllischen Wochenendaufenthalt im Landhaus des Großvaters verkündet Martyn, daß er und Anna heiraten wollen. Als Stephen und Martyn beim Billardspiel über Anna re-

den, preist Martyn ihre Vorzüge an, die sich zeigen würden, wenn er mit ihr alleine ist. Stephen versucht, ihn in seiner Entscheidung zu verunsichern. In der Nacht sucht er Anna in ihrem Gästezimmer auf, wo sie ihn, ohne mit ihm geredet zu haben, oral befriedigt.
Zurück im Ministerium läßt Stephen seinen Frust über die bevorstehende Heirat ab, indem er erst einmal gehörig seine Mitarbeiter zusammenstaucht. Abends ist Annas Mutter zu Gast bei den Flemings. Sie betont, wie sehr Martyn Annas verstorbenem Bruder ähnelt, und sorgt damit für Unbehagen. Als Stephen sie anschließend im Auto begleitet, bittet sie ihn, ihrer Tochter nicht mehr im Weg zu stehen. Sie hat ihn voll durchschaut. Stephen teilt Anna telefonisch mit, daß er sie »aufgibt.« Seinen ahnungslosen Sohn sucht er an seinem Arbeitsplatz auf, um ihm viel Glück zu wünschen.

Dr. Stephen Fleming (Jeremy Irons) und Anna Barton (Juliette Binoche) geben sich voll der Leidenschaft hin (›VERHÄNGNIS‹; 1992).

Doch Anna schickt ihm einen Schlüssel zu ihrem neuen Dachappartement in sein Büro. Dort findet er den Hinweis »Freitag 2–5 (Uhr)«. Derweil planen Martyn, seine Mutter und Anna zu Hause die Hochzeitsfeier. Als Stephen hinzukommt und einen Moment mit Anna alleine ist, streichelt sie ihn und fragt: »Denkst du wirklich, ich würde Martyn heiraten, wenn ich dann nicht mit dir zusammensein könnte?«
So treffen sich die beiden in dem von Anna gemieteten Appartement und lieben sich aufs heftigste. Plötzlich kommt Martyn, hört schon die stöhnenden Laute im Flur und öffnet die Tür, in der der Schlüssel noch steckt. So sieht er Anna und seinen Vater beim wilden Geschlechtsakt. Entsetzt weicht er rückwärts in den Flur zurück und stürzt über das Treppengeländer in die Tiefe und zu Tode. Nackt rennt sein Vater die Treppen hinunter und schließt den Leichnam weinend in seine Arme. Wortlos und mit starrer Miene geht Anna angekleidet an ihm vorbei hinaus ins Freie.
Als Stephen nach Hause kommt, ist seine Frau völlig am Boden zerstört. Sie fragt ihn, warum *er* sich nicht umgebracht habe, gleich am Anfang, dann hätte sie *ihn* betrauern können. Doch er habe wohl geglaubt, daß es immer weiterginge.
»Aus Rücksicht auf meine Familie und meine Kollegen lege ich mit sofortiger Wirkung mein Amt nieder«, läßt er offiziell verlautbaren. In der Provinz Südwestfrankreichs fristet er fortan sein Dasein alleine, kauft Käse und schichtet die Verpackung sorgfältig gefaltet auf einen bereits vorhandenen Stapel. Er setzt sich vor ein riesenpostergroßes Foto, das ihn mit Anna und Martyn zusammen zeigt. Der Anblick scheint ihm als Lebensinhalt zu genügen.

ZUM FILM: Der Film kommt sehr schnell zur Sache. Die beiden Hauptfiguren werden ohne Umschweife eingeführt und durch ihr Blickgeplänkel gleich in eine erotische Beziehung zueinander gebracht. Das geht so schnell, daß man sich gar nicht fragt, was Juliette Binoche eigentlich auf dem Empfang in der französischen Botschaft zu suchen hat.
David Hare hat sich allerdings beim Schreiben der Dialoge für die Nebendarsteller keine große Mühe gegeben. Er hat sie zu

Ingrid Fleming (Miranda Richardson) kann die Affäre ihres Mannes Stephen (Jeremy Irons) und den Tod ihres Sohnes nicht verkraften (›Verhängnis‹; 1992).

langweiligen, dämlichen Deppen degradiert, die sich in Gefasel zerplaudern. Sei es der Premierminister oder der konturenlose Kollege, der kichernde Großvater oder die Redner auf der Brüsseler Konferenz. »Ich hatte viele lebhafte Diskussionen mit David«, bestätigt Jeremy Irons. »Er ist wie ich durch die Erziehung in einem Internat geprägt, doch jetzt, wo er dem linken Flügel angehört und nicht mehr zu den konservativen Erziehungsgrundsätzen steht, neigt er dazu, ehemalige Internatsschüler als rechtskonservativ darzustellen wie in PLENTY/EINE DEMANZIPIERTE FRAU. So hat er auch meine Rolle, Stephen, angelegt. Ich hoffe aber, daß es mir gelungen ist, sie nicht so stereotyp zu spielen, wie er sie geschrieben hat ... Ich finde, daß Drehbücher nur Teil eines Arbeitsprozesses sind. Ich versuche immer, die Rollen mir so ähnlich wie möglich zu gestalten, denn mich kenne ich sehr genau.«[187]
Und so wirkt der Kontrast zwischen den beiden Hauptfiguren und der sie umgebenden Gesellschaft um so größer, und sie versuchen genau dieser Gesellschaft vehement zu entfliehen. Sie scheinen mit ihren Gedanken in Situationen, in denen sie mit anderen zusammen sind, meist woanders zu sein. Sie haben völlig andere Prioritäten. Doch nach außen hin spielen sie das konservative und konventionelle Spiel mit.
Jeremy Irons spielt den Politiker sehr ruhig, sehr diszipliniert und unterkühlt, kontrolliert und emotionslos. Lediglich bei den Liebesszenen wird er unerwartet agil und ungeheuer dynamisch, läßt seinen Emotionen, seinen Trieben freien Lauf. Daß die Sexualität sehr eingehend dargestellt wird, daß die Erotik in vollem Maße ausgespielt wird, das unterscheidet diesen Film von anderen Beispielen einer »amour fou«, einer »verrückten« Liebe (wie etwa in DER SÜSSE WAHN/DITES-LUI QUE JE L'AIME, 1977 von Claude Miller oder in DIE FRAU NEBENAN/LA FEMME D'À COTÉ, 1981 von François Truffaut etc.). Die Erotik, die sehr vehement, ja fast brutal, aber dennoch eigenartig steril ausgelebt wird, macht scheinbar deutlich, wie sehr die beiden einander verfallen sind und daß es das ist, was die beiden verbindet. Es ist vor allem die »Trieb«-Feder für Stephen, der nach 25 Ehejahren in einem geregelten und durchorganisierten Haushalt seine Ehefrau offenbar nicht

mehr begehrt. Die Kinder sind der Beweis dafür, daß es einmal anders war. Und in seinem Büro geht er fast schon unterwürfig mit seiner ältlichen, unattraktiven und kauzigen Sekretärin um, die niemals mit froher Miene zu sehen ist.
Um so befreiender und erlösender wirken die Liebesszenen für ihn, da keinerlei Konventionen mehr zählen. So lieben sich die beiden auch zunächst nicht im Bett, sondern auf dem Fußboden, auf der Arbeitsplatte in der Küche, im Eingang einer Kirche. »Ich glaube«, erklärt Jeremy Irons, »daß man auf bequeme, unleidenschaftliche Weise durchs Leben gehen kann. Aber manchmal wird einem klar, was das Leben bedeutet, und man erkennt dessen Brillanz aufgrund eines anderen Menschen, in diesem Fall dadurch, daß er diese Frau trifft.«[188]

Im Rausch der Sinnlichkeit: Dr. Stephen Fleming (Jeremy Irons), Anna Barton (Juliette Binoche) in ›Verhängnis‹ (1992).

Jeremy Irons lebt seinen Part vor der Kamera voll aus. Er zeigt die steife Würde des britischen Staatssekretärs, den fast schon unbeteiligten Familienvater, den im Fernsehen Platitüden von sich gebenden Politiker, doch dann auch den hemmungslosen Liebhaber, der erst dann zur Besinnung kommt, als sein Sohn Zeuge seines Treibens wird und zu Tode stürzt. Einmal mehr spielt Jeremy Irons eine Figur, die in »geordneten« Verhältnissen lebt, dann aber mit den Konventionen bricht, Extrembereiche durchlebt und dafür letztlich alles verliert.

Regisseur Louis Malle wollte die Leidenschaft ursprünglich noch stärker herausstellen: »Ich wollte den Sex zum feierlichen Ritual machen. Das haben wir dann gelassen. Doch in meiner Vorstellung hätte die Geschichte noch viel frivoler sein können. Ich meine damit nicht die Beschränkung auf sexuelle Genüsse, sondern ich hätte gerne noch deutlicher herausgestrichen, daß das Zusammensein der Liebenden rasendes Glück bedeutet. So wie ich es sehe, kann man ihre Beziehung und ihre Erfahrungen der Liebe als religiöse, mystische Erfahrungen ansehen. Der Grund, warum die Zuschauer den Film annehmen, liegt darin, daß er sofort ihre Phantasie beschäftigt. Er wird Teil ihrer eigenen erotischen Träume oder der Träume von Selbstzerstörung, Wunschtraum oder Alptraum.«[189]

Doch bald wird auch deutlich, daß Anna Stephen im Grunde nur benutzt, um ihr Trauma vom Selbstmord ihres Bruders, mit dem sie eine Liebesbeziehung hatte und dem Martyn ähnlich sieht, erneut zu durchleben. Den Schaden (DAMAGE, so der Originaltitel) hat Stephen. Es ist ihr wahrscheinlich gar nicht bewußt. Juliette Binoche: »Manchmal tut man Dinge im Leben, die man einfach nicht erklären kann. Man muß es einfach tun, selbst wenn andere darunter leiden. Es ist absurd und vielleicht unmöglich, mit dem Vater und dem Sohn gleichzeitig zusammenzusein. Das bedeutet, daß sie unschuldig ist, daß es etwas völlig Reines in ihr gibt ... Es gab Leute, die von meiner Darstellung schockiert waren, die Anna für verdorben halten. Aber das ist sie nicht. Sie versucht nicht, jemanden zu töten, oder falls doch, dann völlig unbewußt ... Sie weiß, daß er sie braucht. Das ist eigentlich sehr selbstlos.«[190]

Marli Feldvoß weist auf das Inzest-Thema hin, das dieser Ge-

Zwei der begabtesten und anerkanntesten europäischer Filmschauspieler (Juliette Binoche, Jeremy Irons) posieren für den Louis-Malle-Film ›VERHÄNGNIS‹ (1992).

schichte innewohnt, sowohl in Annas Verhältnis mit ihrem Bruder als auch in der Liebe zu Stephen und Martyn. »Anna wird zur Wiederholungstäterin, um sich selbst zu retten. Die

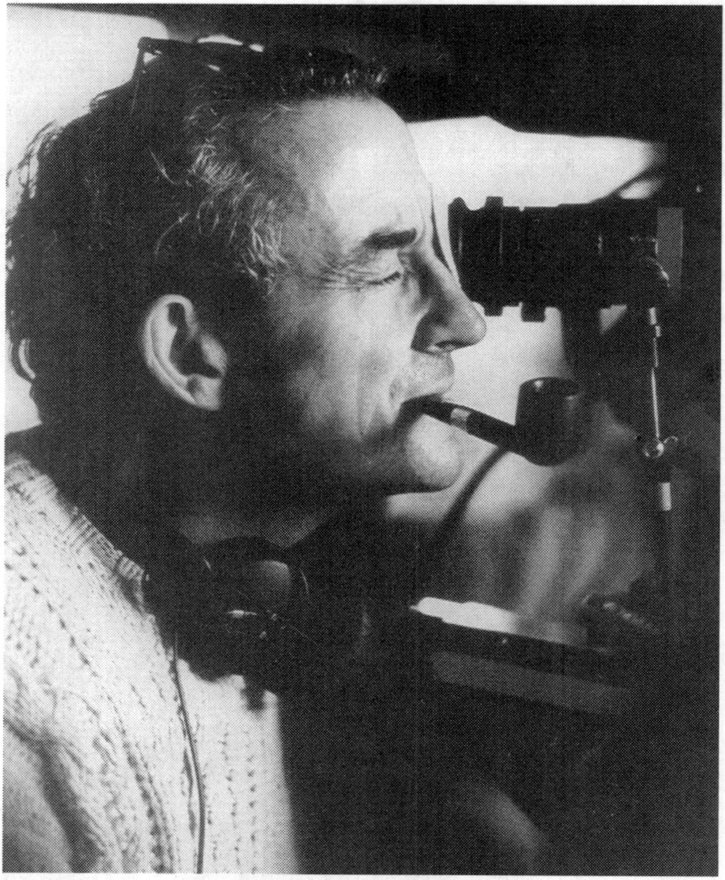

Regisseur Louis Malle bei der Arbeit (›Verhängnis‹; 1992).

verbotene Liebesbeziehung zu ihrem Bruder muß doppelt gesühnt werden, mit Vater und Sohn.«[191] Brigitte Desalm spricht sogar von einem »ödipal, inzestuös gefärbten Drama«.[192]
Der französische Regisseur Louis Malle behandelte häufiger kontroverse und erotische Themen in seinen Filmen (Die Liebenden/Les amants, 1958; Herzflimmern/Le souffle au cœur/Soffio al cuore, 1971 etc.). Josephine Hart, die irische Autorin des Romans und Bestsellers »Damage«, der in 22 Län-

dern publiziert wurde, war begeistert von ihm. »Meine Freude konnte gar nicht größer sein, als Louis Malle die Verfilmung machen wollte.«193 Auch Jeremy Irons freute sich auf die Zusammenarbeit: »Ich kann an den Fingern einer Hand die Regisseure aufzählen, mit denen ich arbeiten möchte – es ist eine sehr exklusive Liste – aber Louis Malle ist seit zehn Jahren darauf. Als ich das Buch zum erstenmal las, saß ich in einem Taxi, und ich mußte das Taxameter weiterlaufen lassen, bis ich durch war! Der Satz ›Ich konnte es nicht aus der Hand legen‹ ist ziemlich abgedroschen, aber in diesem Fall trifft er genau zu.«194

Jeremy Irons hat sich selbst zu seiner Rolle folgendermaßen geäußert: *»Es ist interessant, Menschen zu spielen, deren Welt so durcheinandergerät, daß sie alles neu werten müssen. Ich hoffe, daß mir das nie passiert, aber ich muß es mir vorstellen können, um es zu spielen. Für mich ist die Vorstellung erschreckend, für Stephen jedoch die einzige Wahl. Sogar nach dem tragischen Ausgang empfindet er kein Bedauern. Oberflächlich gesehen hat er zu seiner Frau eine gute, sexuell intakte Beziehung, aber er erfuhr nie die völlige Selbstaufgabe wie mit Anna. Plötzlich kommt ihm sein Leben oberflächlich vor, weil er seine Emotionen zurückschraubte, im Glauben, sie seien nicht nützlich, nicht notwendig. Wenn er ihnen dann freien Lauf läßt, ist es wie ein Rausch. Er möchte Anna sein, sie verkörpert für ihn das Weibliche schlechthin, Göttin, Mutter, Tochter, Geliebte, alles. Wenn er sich in ihr reflektiert sieht, ist er ein völlig anderer Mann. Sein restliches Leben scheint bedeutungslos, aber er kann sich nur davon lösen, wenn er mit ihr schläft.«*[195]

»Alles um der Liebe willen verlieren – das ist so eine Phrase, aber als ich das Skript las, hat es mich umgehauen. Ich war fasziniert von diesem Mann, der so völlig in den Bann einer Frau gerät, daß alles andere bedeutungslos wird. Es ist, als hätte er in einer dunklen Welt gelebt und dann, für den Bruchteil einer Sekunde öffnet sich der Vorhang, … und da ist es. Ich weiß nicht, ob so etwas je passieren könnte, aber wer weiß denn, ob die Geschichte mit Ödipus jemals passiert ist, und doch bewegt sie uns seit Tausenden von Jahren. Ein Mann begegnet einer Frau und findet in ihr alles, die Mutter, die Hure, die Göttin, das Kind …

Bei einer Vorschau dieses Films habe ich erwachsene Männer weinen sehen.«[196]

Zu einem Interviewtermin in London mit Iain Johnstone von der britischen *Times* stieß gegen Ende des Gesprächs mit Jeremy Irons seine Frau Sinéad Cusack hinzu. Sie hatte sich gerade im Kino alleine VERHÄNGNIS angesehen. Zum Film konnte sie noch gar nichts sagen. Doch zu ihrem Mann flüsterte sie: »Ich glaube nicht, daß ich den Film durchgehalten hätte, wenn du dabeigewesen wärst.«[197]

Louis Malle betrachtete diesen Film aus seiner damaligen Sicht als sein letztes Werk. Er stand kurz vor seinem 60. Geburtstag. Seine Ärzte hatten ihm dringend abgeraten, die Dreharbeiten zu beginnen. Statt dessen sollte er sich einer lebenswichtigen Herzoperation unterziehen. Doch Louis Malle rechnete damit, daß er ohnehin sterben würde, wie er Melinda Camber Porter von *The Times* später in einem Interview gestand. Insofern waren die Dreharbeiten für ihn auch ein Akt der Selbstzerstörung. »Für mich handelt der Film wirklich von Tod und Todessehnsucht und von Menschen, die sich selbst vernichten.«[198]

Den Schauspielern und der Crew hat Malle seine private Situation nie offenbart. Nur war er beim Drehen häufiger ungeduldig, weil er die Zeit, die er glaubte, noch zum Leben zu haben, nicht vergeuden wollte. »Den Film habe ich in dem Bewußtsein gedreht, daß ich mein Lebensende erreicht habe ... Ich sagte mir: Wenn ich den Film wegen einer Operation unterbräche, würde ich ihn wahrscheinlich nie mehr zu Ende bringen.«[199]

Die 28jährige Juliette Binoche, Preisträgerin des europäischen Filmpreises »Felix« für DIE LIEBENDEN VON PONT NEUF, hat erkannt, daß für Louis Malle die Qual und der Verlust in der Person von Stephen im Vordergrund standen. Sie hätte ihn »kämpferischer und immer unabhängiger gezeigt, ich hätte ihn eine phantastische neue Welt entdecken lassen, je mehr er in die Sache mit Anna hineingerät«.[200] Doch Juliette Binoche befindet sich in einem anderen Zustand als die vielen Menschen, die von ihrer Angst geprägt sind: »Zu viele. Sie haben Angst vorm Leben, Angst vorm Sterben, Angst, etwas zu verlieren.

Regisseur Louis Malle bespricht mit Jeremy Irons eine Szene (›VERHÄNGNIS‹; 1992).

Die Leute leben mit der Angst, und ich habe keine Angst.«[201] Mit der Distanz von zwei Jahren hat Jeremy Irons 1994 in einem Interview auch eine kritische Haltung zu Louis Malle und dem Film zu erkennen gegeben: »Louis Malle war mit Sicherheit sehr schockiert, wie sehr ich mitreden wollte, aber er ist ja auch ein *auteur* (Autorenfilmer).« Jeremy Irons sieht die Arbeit am Film wie erwähnt eher als Teamwork. So war er auch mit dem Resultat nicht zufrieden. Besonders die Liebesszenen mißfielen ihm. »Meine Hauptkritik an VERHÄNGNIS ist, daß Louis' Erzählweise zu objektiv und zu kalt ist, denn was da gezeigt wird, ist so entsetzlich, daß man als Zuschauer notwendigerweise mehr einbezogen werden müßte. Josephine Hart erreichte es im Buch dadurch, daß sie aus der Sicht der weiblichen Hauptfigur erzählt, so daß die Euphorie und der Terror des Geschehens vom Leser nachvollzogen werden können. Das sollte man auch beim Betrachten des Films spüren, aber als ich den Film sah, dachte ich nur: ›Geschieht ihm ganz recht, dem bescheuerten Ficker.‹«[202]

KRITIKEN:
»… Der gewohnt gute Jeremy Irons – sein desillusionierter Gesichtsausdruck sagt mehr über Einsamkeit und uneingestandene Sehnsüchte als zig Abhandlungen – prägt den Film. Sein Stephen, der zur bedingungslosen Kapitulation vor der Liebe bereit ist, bringt den Mut auf, das Gefühl über den Verstand zu stellen. Natürlich muß er in einer rational geordneten Welt an dieser Bedingungslosigkeit scheitern … « (Hans Messias in: *film-dienst*)[203]

»… Jeremy Irons, ohnehin ein Freund und Perfektionist des morbiden, abseitigen Trampelpfades, spielt sein ganzes schauspielerisches Vermögen in der Verwandlung des smart-versnobten Politikers zum Sex-Creep aus. Immer transparenter wird er, fahrig, verzehrt und ausgemergelt auf der Achterbahn zwischen Selbstekel und Gier. Die beiden Figuren, die Josephine Hart in ihrem erschreckend kalten, stilistisch strengen und schmucklosen Roman gezeichnet hat, werden perfekt getroffen …« (Harald Braun in: *Cinema*)[204]

»… Irons ist jedoch so sehr die Idealbesetzung für einen Politiker, daß er für keine Überraschung mehr gut ist. Er soll zwar steif und blutleer sein, aber er wirkt eher blaß und ungelenk …« (Michael Althen in: *Die Zeit*)[205]

»Jeremy Irons … war zu Beginn der Dreharbeiten denkbar unglücklich, ja geradezu frustriert, weil er in seiner eher passiven Rolle – Irons spielt den Vater – zum Reagieren verdammt war. Trotzdem, oder gerade deshalb, absolviert er hier einen der eindrucksvollsten Auftritte seiner Karriere … VERHÄNGNIS ist einer der ganz großen Filme der neunziger Jahre … « (Barbara Möller in: *Rheinischer Merkur/Christ und Welt*)[206]

»Die Virtuosität eines Jeremy Irons erst verleiht der Geschichte dieses Seitensprunges einen Ruch von Verhängnis.« (»Kennwort Kino«/3Sat)[207]

»... Irons sollte eigentlich genug davon haben, immer wieder selbstbewußte, literarische Leidensfiguren zu spielen – sein Stephen ist eine Mischung aus ähnlichen Opfern einer *amour fou* in DIE GELIEBTE DES FRANZÖSISCHEN LEUTNANTS, EINE LIEBE VON SWANN und WATERLAND. Bei der Besetzung hat man nicht lange gesucht. Irons ist aber zu jung für die Rolle, er wirkt zu dynamisch, als daß man ihm einen sturen konservativen Politiker abnimmt, der vom Weg abkommt ... « (Jonathan Romney in: *Sight & Sound*)[208]

Hinweis: Eine Lesung des Romans von Josephine Hart durch Edward Petherbridge wurde in Großbritannien von Random Century Audiobooks herausgebracht.

GESCHICHTEN AUS HOLLYWOOD / EMIGRANTEN IN HOLLYWOOD – ÜBER DIE UNGLEICHEN BRÜDER THOMAS UND HEINRICH MANN

(Tales from Hollywood); Großbritannien 1992; *Regie:* Howard Davies; *Buch:* Christopher Hampton nach seinem gleichnamigen Theaterstück; *Produzent:* Simon Curtis; *Produktion:* BBC Television in Zusammenarbeit mit American Playhouse; *Länge:* 115 Min.; *Erstausstrahlung:* 14.11.1992 auf BBC 2; *Sendelänge bei **vox*** (21.4.1994, Wh. 31.8.1994): 108 Min.; Farbe.
Darsteller: Jeremy Irons (Ödön von Horváth), Alec Guinness (Heinrich Mann), Sinéad Cusack (Nelly Mann), Robin Bailey (Thomas Mann), Elizabeth McGovern (Helen Schwartz), Jack Shepherd (Bertolt Brecht), Charles Durning (Produzent Money).
Deutsche Synchronschauspieler: Rolf Becker (Jeremy Irons), Hildegard Krekel (Sinéad Cusack), Holger Hagen (Alec Guinness), Günter Jerschke (Robin Bailey), Stephan Schwartz (Jack Shepherd), Ben Hicker (Charles Durning), Marion Hilger (Elizabeth McGovern).

INHALT:
(Schwarzweiß) Vorspann: »Ödön von Horváth war einer der talentiertesten Schriftsteller seiner Generation. Er kam 1938 auf den Champs-Élysées bei einem bizarr anmutenden Un-

glücksfall ums Leben: Er wurde von dem herabstürzenden Ast einer Kastanie erschlagen, bei der er sich untergestellt hatte. Auf dem Schreibtisch in seinem Hotelzimmer fand sich ein Blatt mit Notizen für den neuen Roman, den er gerade beginnen wollte. Die ersten Zeilen lauteten: Ein Poet emigriert nach Amerika. In dieser – fiktiven – Geschichte bleibt Horváth am Leben und kann sein Vorhaben verwirklichen; sie erzählt davon, wie er nach und nach so amerikanisch wurde, wie es der Apfelstrudel geworden ist.«
Im Off erzählt Ödön von Horváth, während er im Zug sitzt, daß seine Theaterstücke von den Nazis verboten wurden, er sich aufs Romanschreiben verlegt hat und 1938 nach Paris fährt, wo ein Roman von ihm verfilmt werden soll. Er weiß noch nicht, daß bei einer Verfilmung »dem Autor etwa die gleiche Bedeutung zukommt wie dem Friseur«. Nicht er, sondern ein anderer wird ein paar Zentimeter neben ihm von einem Ast erschlagen. »Warum haben die Menschen solche Angst vor den Nazis? Warum haben sie keine Angst, nach draußen zu gehen? Ich kenne keine politische Philosophie und keine philosophische Lehre, die das Wirken des Zufalls in angemessener Weise in Betracht zieht.« Er emigriert in die USA, doch seine mangelnden Englischkentnisse und seine Angst vor Fahrstühlen führen ihn schnell aus der Theatermetropole New York hinaus nach Los Angeles.

(Farbe) Ödön wird zunächst von Filmproduzent Money von der Paramount für Lion Feuchtwanger gehalten, der zusammen mit Bertolt Brecht eine Bearbeitung des klassischen Stückes über Edward II. von Christopher Marlowe geschrieben hat. Der Film ROBIN HOOD, KÖNIG DER VAGABUNDEN mit Errol Flynn hat gerade sehr viel Geld eingespielt; daher vermutet die Studioleitung ein großes Zuschauerinteresse für englische Geschichte. Der Produzent gibt Ödön 14 Tage Zeit für ein Drehbuch über Edward II. Er wird nach kurzer Zeit von Thomas Mann eingeladen (»Ein Ruf auf den Parnaß«), der in Los Angeles Vorlesungen hält, und erzählt ihm, wie er Zeuge der Bücherverbrennung in Berlin wurde, bei der auch Thomas Manns Werke in die Flammen geworfen wurden.

Mann liest ihm aus »Lotte in Weimar« vor, wobei Ödön einschläft.
Der Produzent gerät über Ödöns Drehbuch außer sich vor Wut. Daß er Edward II. als Homosexuellen darstellt, was der historischen Wahrheit entspricht, bringt den Produzenten besonders in Rage. »Soweit ich weiß, hat es Robin Hood mit Schafen getrieben. Glauben Sie, daß das irgend jemand sehen will ... ? Das hier ist ein Abenteuerfilm und kein gottverdammtes Ballett!«
Warner Brothers stellt den Autor dank eines Hilfsfonds für europäische Schriftsteller ein. Zufällig lernt Ödön auf der Toilette sein Vorbild Heinrich Mann kennen. Bei einem gemeinsamen Kinobesuch gesteht der Autor der Vorlage für DER BLAUE ENGEL: »Mein ganzes Ansehen in Amerika beruht einzig und allein auf den Beinen von Marlene Dietrich.« Im Restaurant erzählt Heinrich, wie er mit seiner jungen Frau Nelly aus Frankreich über die Pyrenäen bis nach Lissabon gekommen ist, von wo er mit einem griechischen Schiff in die USA gelangte. Ödön denkt, daß mit Thomas der falsche der Mann-Brüder mit dem Nobel-Preis ausgezeichnet worden ist. Bei der Feier zum 70. Geburtstag von Heinrich »Heini« Mann im Haus von Salka Viertel, wo sich die Emigranten treffen, lernt er Nelly kennen und findet sie gleich wunderbar.
Bei dem anschließenden Geburtstagsessen übertreffen sich die Mann-Brüder mit ellenlangen Tischreden, so daß der Braten schwarz wird. Die angetrunkene Nelly kriegt einen Lachanfall, als dann noch ein Gast aufsteht und auch einen Toast ausbringt, während die heulende Köchin zum drittenmal vergeblich das nunmehr verkohlte Roastbeef zum Tisch bringt.
»Unterdessen entdeckte ich einen neuen Weg, der im Grunde genommen ein sehr alter war, wie ich meine Englischkenntnisse verbessern konnte.« Ödön legt sich eine amerikanische Freundin zu, die etablierte jüdische Drehbuchautorin Helen Schwartz. Der frustrierte Brecht besucht ihn, knipst Scheinwerfer an, und es wird sofort klar, daß die Begegnung in einem Fernsehstudio inszeniert ist. Jegliche Illusion verschwindet.
Heinrich Mann und Ödön sind von Warner Brothers gekündigt worden. Nelly will lieber wieder Barmädchen werden, als

das Auto zu verkaufen. Die Japaner greifen Pearl Harbor an. Nelly lädt Ödön einen Tag später zur Feier seines 40. Geburtstages ein. Betrunken und splitternackt überreicht sie ihm die Geburtstagstorte und heult, daß ihr Mann Heinrich so alt sei.
Brecht teilt Ödön mit, daß Heinrich pleite sei, während Thomas im Geld schwimme. Ödön unterstützt ihn. Nelly bittet ihn, die Nacht bei ihm verbringen zu dürfen. Aber Ödön bringt es nicht übers Herz. Angetrunken baut sie einen Autounfall. Sie begeht einen Selbstmordversuch mit Tabletten, kann aber gerettet werden.
Ödön distanziert sich von den emigrierten deutschen Schriftstellern, die sich durch ein gemeinsames Schreiben von Hitler-Deutschland distanzieren und sich damit wichtig tun wollen. Auch mit Brecht überwirft er sich.
Nelly ist wieder betrunken Auto gefahren und fürchtet eine Gefängnisstrafe. Obwohl Heinrich und Ödön beteuern, daß es nicht soweit kommen wird, bringt sich die Verzweifelte mit Tabletten um. Auch Ödön konnte ihr nicht mehr helfen.
Der Krieg ist aus. Heinrich plant seine Rückkehr nach Ostdeutschland, doch zuvor stirbt er beim Hören von Musik »des göttlichen Puccini« in Los Angeles. Und als Ödön schließlich nach Europa zurückkehren will, erhält er das Angebot, eine Fortsetzung des Schimpansenfilms BEDTIME WITH BONZO mit Ronald Reagan zu verfassen. Er will das schnelle Geld noch mitnehmen, doch er stößt sich beim Schwimmen im Pool des Produzenten den Schädel und verblutet.

ZUM FILM: Der Film beginnt, ähnlich wie Billy Wilders BOULEVARD DER DÄMMERUNG/SUNSET BOULEVARD (USA 1950) mit der Information über den Tod eines Autors, und er endet mit den Bildern eines im Swimmingpool schwimmenden Leichnams – so, wie Wilders Klassiker anfängt. Die Bilder der Fernsehinszenierung sind total durchstilisiert, aber in einer sehr interessanten und auch adäquaten Weise arrangiert. So sitzt Jeremy Irons beispielsweise vor einer Leinwand (Blue Screen), während authentische historische Filmaufnahmen oder Dias im Hintergrund zu sehen sind. Aber die erkennbare

Jeremy Irons als Ödön von Horváth mit seiner Frau Sinéad Cusack, die in ›GESCHICHTEN AUS HOLLYWOOD‹ (1992) Nelly, die lebenslustige Frau von Heinrich Mann (Sir Alec Guinness) spielt.

Künstlichkeit der Bilder ändert nichts an der Intensität der Darstellung, besonders von Jeremy Irons, Sinéad Cusack und Alec Guinness, während die pausbäckige Elizabeth McGovern

die Illusion gleich bei ihrem ersten Auftritt ruiniert, da man ihr ansieht, daß sie als Schauspielerin für diese stilisierte Form von Filminszenierung überfordert ist. (Sie muß einen wirklich guten Agenten haben, immerhin soll sie hier ja auch noch eine schöne Jüdin abgeben.) Alec Guinness hingegen bringt in den Film Charme und Würde allein durch seine Ausstrahlung. Seine Anwesenheit selbst in den simplifiziertesten Kulissen verleiht den Szenen eine Intensität, die zusammen mit Jeremy Irons' intensivem Spiel all die Synthetik der Inszenierung vergessen läßt. Als er Irons sagt: »Ich weiß gar nicht, wie gut sie Nelly kennen«, will er natürlich fragen, ob er mit ihr geschlafen hat. Irons druckst erst herum und sagt dann klipp und klar nur das Wort »Nein!«, und Guinness nimmt ihm das sofort mit vollstem Vertrauen ab. Die beiden Schauspieler vermitteln das Gefühl, engste Verbündete zu sein, ohne viel dafür zu tun.
Regisseur Howard Davies hatte als Regisseur am Theater mit »Gefährliche Liebschaften« von Christopher Hampton, dem Autor dieses Films und des zugrundeliegenden Theaterstücks (Erstaufführung 1983), einen großen Erfolg. Dies ist Davies' erster Film. Jeremy Irons und Howard Davies verbindet eine Freundschaft, die noch von der gemeinsamen Ausbildungszeit in Bristol am Old Vic Theatre herrührt.
Der für die BBC gedrehte Film besticht durch den gekonnten Umgang mit Effekten. Das Interessante daran ist, daß sie oft als solche ganz bewußt erkennbar sind. Dadurch gewinnt der Film, der ohnehin auf einer fiktiven »Tatsache« beruht, noch mehr den Charakter eines durchgespielten Experiments. Die Szenen mit Brecht werden wunderbar dadurch verfremdet, daß stets erkennbar ist, daß gerade ein Film gedreht wird. Als Jeremy Irons beispielsweise scheinbar in ein Gemälde von Edward Hopper eintritt, einen Barhocker besetzt und etwas zu essen bestellt, verschwinden plötzlich sämtliche Kulissen aus dem Bild, und ein Studio wird sichtbar. Ob es nun die Scheinwerfer im Bild sind oder eine Kamera oder ob der Darsteller einfach durch eine Kulissendekoration verschwindet, das Spiel mit den Elementen des Films und des Theaters beherrscht Howard Davies perfekt. Dazu tragen natürlich auch die erstklassigen Schauspieler bei. Besonders Sinéad Cusack hat hier

Gelegenheit, ihre große Schauspielkunst in der Rolle der Nelly Mann unter Beweis zu stellen. Sie verkörpert die Lebenslust und Energie der Großstadtpflanze aus Berlin ebenso überzeugend wie die verzweifelte, unbefriedigte Autorengattin, die schließlich fatal den Boden unter den Füßen verliert.
Sinéad Cusack über ihre Rolle der Nelly Mann: »Diese Rolle ist ein wahres Geschenk, eine der besten, die ich je gespielt habe. Sie war eine Prostituierte in einem Arbeiterviertel, als sie Heinrich kennenlernte. Sie war eine völlig unmögliche Frau. Sie betrat splitternackt die russische Botschaft und trug nur eine Geburtstagstorte.«[209] Diese Szene spielt sie auch in diesem Film bei Ödöns Geburtstag. Sinéad Cusack arbeitet hier zum erstenmal mit ihrem Mann Jeremy Irons zusammen vor der Kamera. In ihren gemeinsamen Szenen spielt sie ihn glatt in den Hintergrund, denn sie verkörpert Direktheit und Offenheit, dadurch auch Verletzlichkeit, während Irons den opportunistischen Zauderer mimt, der auch angesichts ihres Elends nicht in der Lage ist, über seine schöngeistigen, literarischen Überzeugungen hinaus Partei zu ergreifen und praktisch zu handeln.
Ödön von Horváth (1901–1938) ist ein bedeutender österreichischer Dramatiker, der das Schicksal der »kleinen Leute« zu seinem Thema machte. Er warnte schon ab 1931 vor den Nazis und brachte in seinen Stücken auch seine eigene Angst vor dem Krieg und dem immer undurchschaubarer werdenden Leben zum Ausdruck. Zu den bekanntesten gehören »Geschichten aus dem Wienerwald« und »Kasimir und Karoline«. Aus dem letzteren stammt der Ausspruch: »Die Menschen wären doch gar nicht so schlecht, wenn es ihnen nicht schlechtgehen tät'. Es ist eine himmelschreiende Lüge, daß der Mensch schlecht ist.«[210] Und das versucht auch Christopher Hampton mit seinem dem Film zugrundeliegenden Theaterstück zu belegen. Es geht um die Menschen, die hinter den literarischen Denkmälern der unterschiedlichen Mann-Brüder stehen, um das vernagelte Sendungsbewußtsein eines Brecht, der, immer in der gleichen Kleidung, stinkende Zigarren paffend, sich zum Wegweiser der Menschheit berufen fühlt. Es geht um den Widerspruch, daß literarischer Ruhm und menschliche Integrität

sowohl im Faschismus als auch im Kapitalismus zur Bedeutungslosigkeit verkommen.
Zwar schrieb Friedrich Markus Huebner bereits 1913 über Heinrich Manns Werk: »... Statt der dialektischen Abwicklung des epischen Aussagens, des langsamen Satz-an-Satz-Fügens, zieht mit Heinrich Mann in unser Schrifttum eine Schreibweise, für die man – hinkende – Vergleiche höchstens in der Musik (Richard Strauss) oder in der Malerei (Max Liebermann) finden mag. Dem breiten und genau einrändernden Striche setzt Mann eine Technik expressionistischer und abgekürzter Pinselstriche entgegen, die den Leser und seine mitbildende Einfühlung in einen unsagbar tätigen Spannungszustand setzen. Denn er weiß, daß die heutige Seele auf knappe, befehlerische Anrufe pünktlicher und genauer reagiert als auf lange umständliche Erklärungen ...«[211] (Damals gab es noch kein Privatfernsehen und kein MTV!) Doch germanistischen und philologischen Studien gibt sich der Film nicht hin.
Die BBC-Produktion wurde 1994 vom Kölner Privatsender **vox** zur deutschen Erstausstrahlung gebracht.

KRITIK:
»... Jeremy Irons spielt die Rolle mit einer attraktiven, weltmännischen Art und mit einer unterschwelligen Verachtung des Banausentums in Hollywood. Wenn er die Ausbeutung seines eigenen Talents nicht ausreichend zur Geltung bringt, dann deshalb, weil Hampton ihn zu sehr als Voyeur einsetzt ... Dies war, wie ich finde, eine der ganz großen Fernsehinszenierungen.«[212] (Benedict Nightingale in: *The Times*)

WATERLAND
(Waterland); Großbritannien 1992; *Regie:* Stephen Gyllenhaal; *Buch:* Peter Prince nach dem gleichnamigen Roman von Graham Swift; *Kamera:* Robert Elswit; *Unterwasser-Kamera:* Mike Valentine; *Musik:* Carter Burwell; *Song:* »Picture of Your Daddy« von Mark Fosson mit Karen Tobin; *Schnitt:* Lesley Walker; *Production Design:* Hugo Luczyc-Wyhowski; *Ausstattung:* Helen Rayner; *Kostüme:* Lindy Hemming; *Jeremy Irons' Garderobe:* Ralph Lauren; *Lichtdouble für Jeremy*

Irons: Brian Hope; *Make-Up:* Linda Devetta, Louise Fisher, Norma Hill; *Spezialeffekte:* First FX; *Casting:* Susie Figgis (GB), Deborah Aquila (USA); *Produzenten:* Katy McGuinness, Patrick Cassavetti; *Produktion:* Palace/Fine Line/Pandora Cinema/Channel Four Films/British Screen; *Länge:* 95 Min.; Farbe; *FSK:* ab 16, ffr.; *Prädikat:* Besonders wertvoll; *Kinostart:* 17.6.1993; *Videoanbieter:* Concorde Video.
Darsteller: Jeremy Irons (Tom Crick), Ethan Hawke (Matthew Price), Sinéad Cusack (Mary Crick), John Heard (Lewis Scott), Cara Buono (Judy Dobson), Grant Warnock (Tom als Jugendlicher), Lena Headey (Mary als Jugendliche), Callum Dixon (Freddie Parr), Sean McGuire (Peter), Ross McCall (Terry), Camilla Hebditch (Shirley), David Morrissey (Dick Crick), Maggie Gyllenhaal (Maggie Ruth), Peter Postlethwaite (Henry Crick), Stewart Richman (Ernest Atkinson), Siri Neal (Helen Atkinson), Gareth Thomas (Publizist), Susannah Fellows (Rebecca Scott), Matyelok Gibbs (Martha Clay).
Deutsche Synchronschauspieler: Frank Glaubrecht (Jeremy Irons), Matthias Hinze (Ethan Hawke), Gisela Fritsch (Sinéad Cusack), Norbert Gescher (John Heard), Klaus Sonnenschein (Peter Postlethwaite), Bianca Krahl (Lena Headey), Florian Kiesel (Grant Warnock), Timm Brückner (David Morrissey), Vera Kluth (Matyelok Gibbs); *Buch und Regie:* Joachim Kunzendorf.

INHALT: Der Film weist eine sehr verschachtelte, völlig unchronologische Struktur auf, die geprägt ist durch Rückblenden, fiktive Szenen und Schnitte, bei denen der Ton zum Teil den dazugehörigen Bildern voranläuft.
Pittsburgh, USA 1974. Der Geschichtslehrer Tom Crick und seine Frau Mary leben seit 20 Jahren in den USA. Ihr Kinderwunsch hat sich nicht erfüllt. Als ein Schüler den Sinn des Geschichtsunterrichts anzweifelt, läßt Tom Crick seine Klasse an seiner eigenen Geschichte teilhaben, an seiner und Marys Jugend in den Fens im Osten Englands, wo er mit seinem Vater, einem Schleusenwärter, und seinem älteren, geistig etwas zurückgebliebenen Bruder Dick ohne Mutter aufwuchs. Die Fens, das »Waterland«, sind dem Meer abgerungene flache

Die junge Mary (Lena Headey) hat keine Berührungsängste. Rechts der junge Tom Crick (Grant Warnock) in ›WATERLAND‹; 1992.

Landgebiete. In Rückblenden schildert Tom, wie der Sieger beim Weittauchen Mary in die Unterhose schauen durfte, wie er und Mary sich im Zugabteil liebten. Und plötzlich ist die ganze Klasse 1911 in den Fens und besichtigt das Haus seiner Mutter, Tochter eines Bierbrauers. Die Schüler erleben mit, wie am Krönungstag von George V. die Einwohner von Toms Heimatdorf, vom »Krönungsbier« sturzbetrunken, die Brauerei niederbrennen.
Zurück in Pittsburgh. Bei einem Treffen von Freunden stellt der Sozialkundelehrer Lewis Scott den Sinn des Geschichtsunterrichts angesichts drohender Arbeitslosigkeit in Frage. Tom argumentiert, daß Lehrer nicht nur zur Berufsvorbereitung daseien. Mary läßt einfließen, daß sie mit Tom ein Baby habe, bis

Tom klarstellt, daß sie ihren neuen Hund Paddy auch »Baby« nennen.
Das Gut von Toms Großvater wird 1922 umfunktioniert zu einem Heim für Soldaten, die durch die Erlebnisse im Ersten Weltkrieg verrückt geworden sind.
1943. Die 16jährige Mary erwartet vom ebenso alten Tom ein Baby. Da sie sich auch mit Dick trifft und ihn in die Geheimnisse der Liebe einweiht, glaubt Dick, er sei der Vater. Doch Mary sagt ihm, es wäre Freddie Parr, dessen Leiche bald im Fluß schwimmt. Dick hat ihn erschlagen. Als Tom ihm aufgrund eines alten Briefes seines Großvaters auch noch mitteilt, daß Dick in Wahrheit der Sohn des Großvaters ist, bringt sich Dick um.

Das junge Liebespaar fast 30 Jahre früher (Grant Warnock und Lena Headey) in ›Waterland‹; 1992. Mary ist schwanger. Sie wird abtreiben.

1974. Mary hat aus einem Supermarkt ein Baby entführt. Tom kann sie nur mit Mühe dazu bewegen, es zurückzubringen. Mary dreht durch und verläßt ihn eine Woche später. Da er im Geschichtsunterricht nur noch seine eigenen Geschichten lehrt, wird er entlassen. Die Schüler haben ihren Teil dazu beigetragen, daß der Sozialkundelehrer Scott Toms Stellung bekommt. Doch als Tom offiziell nach 20 Dienstjahren vor den versammelten Schülern in der Aula verabschiedet wird, applaudieren sie kräftig. In seiner Abschiedsrede sagt er, daß er nach dem Krieg so viele tote Frauen, Kinder und Babys gesehen habe, daß er es nur verkraften konnte, indem er sich sagte, daß dies Geschichte sei.
Wir sehen, wie die junge Mary von einer »Engelmacherin« unter qualvollen Schmerzen von ihrem Fötus befreit wird. Tom hält den Anblick nicht mehr aus und stürzt ins Freie. Dort beobachtet ihn der erwachsene Tom, sieht, wie verzweifelt er in diesem Moment ist. Die alte Frau gibt ihm schließlich einen Eimer mit dem toten Baby, das er ins Meer schmeißt. »An diesem Tag erkannte ich, daß es viele Möglichkeiten gibt, das Leben zu beenden. Genau so viele, wie es Menschen gibt. Und ich glaube auch, daß es im Leben mehr als ein Ende geben kann. Zumindest war's bei mir so.« Und während wir hören, wie er in seiner Abschiedsrede davon erzählt, daß er selbst nun Geschichte geworden sei und das Geschichtenerzählen eine »Krankheit« der »Fens« sei, die schon sein Vater von seinem Großvater geerbt habe, sehen wir, wie Tom zurückkehrt in seine Heimat. Und inmitten der flachen, feuchten Landschaft der »Fens« findet er seine Frau Mary wieder.

ZUM FILM: Ursprünglich sollte der Brite Nicholas Roeg (WENN DIE GONDELN TRAUER TRAGEN/DON'T LOOK NOW, 1973) den 4,5 Millionen Pfund teuren Film inszenieren, doch er stieg wieder aus dem Vertrag aus. Die Dubliner Produzentin Katy McGuinness schlug den Investoren zahlreiche andere namhafte Regisseure vor, doch erst mit dem Amerikaner Stephen Gyllenhaal zeigten sie sich einverstanden und forderten gleichzeitig einen Star in der Hauptrolle.
Jeremy Irons, der gerade den »Oscar« gewonnen hatte, bekam

Jeremy Irons in der prächtigen Kulisse des ›WATERLAND‹ (1992). Der weiße Fleck in der Landschaft ist seine Frau. Sie ist zwar weit entfernt, aber sie steht hinter ihm.

Angebote zuhauf, doch er wählte ganz bewußt dieses Filmprojekt aus: »Ich hatte den Roman gleich nach seinem Erscheinen gelesen. Ich dachte, er müßte verfilmt werden. Aber wie? Dann las ich Peter Princes Drehbuch, das ich für einen mutigen Versuch hielt.«[213] Doch es war Regisseur Stephen Gyllenhaal, eigentlich kein großer Name in der Branche, der Irons zur Mitwirkung bewegte. »Ich hatte A KILLING IN A SMALL TOWN und PARIS TROUT/TOLLWÜTIG gesehen, beide mit Barbara Hershey, und ich hielt ihn für einen Regisseur, mit dem ich gerne zusammenarbeiten würde. Er hat Frische, er benutzt sehr starke Farben, er erreicht wunderbare Darstellungen von seinen Schauspielern, und seine Filme sind zutiefst unbequem und, wie es mir scheint, zutiefst wirklichkeitsgetreu.«[214]

»Schon als ich das Drehbuch las, dachte ich, daß Sinéad meine Frau spielen sollte. Wir sind seit 20 Jahren miteinander verheiratet, und wir könnten der Beziehung im Film eine Tiefe und Vergangenheit geben, die nicht gespielt wäre, so wie es mit meinem Sohn Sam und mir bei DANNY, DER CHAMPION war. Ich schlug das Stephen vor, aber er antwortete: ›Sie steht nicht auf der Liste.‹ Eine aufschlußreiche Antwort, womit er wahrscheinlich die Liste meinte, die von den Geldgebern angefertigt wurde.«[215]

Zunächst war für die Rolle der erwachsenen Mary erneut die Amerikanerin Barbara Hershey vorgesehen, die jedoch anderweitig engagiert war. Als auch die Engländerin Miranda Richardson, die zuvor in VERHÄNGNIS/DAMAGE Jeremy Irons' Frau gespielt hatte, nicht zur Verfügung stand, weil sie für die gleiche Produktionsgesellschaft bereits THE CRYING GAME drehte, wurde Sinéad Cusack doch noch kurzfristig engagiert. Aber der Regisseur bestand darauf, daß das Ehepaar während der Dreharbeiten getrennt lebte. Sinéad Cusack wurde in einem Hotel einquartiert, während Jeremy Irons nach Drehschluß heimfuhr zu den Kindern. »Wir trafen uns nur am Drehort, und auch erst, nachdem wir uns eine Woche lang nicht gesehen hatten. Sie trug eine Perücke und hatte weit auseinanderstehende Zähne. Es war eine sehr seltsame Erfahrung. Tom und Marys Ehe ist so völlig anders als unsere eigene, daß wir unsere private Beziehung einfach absolut ignorieren mußten.«

Die Produzentin Katy McGuinness hat die beiden beobachtet: »Ich glaube, es war sehr schwierig für Jeremy und Sinéad. Es ist für sie sehr anstrengend gewesen. Nicht nur, weil der Regisseur entschied, daß beide während der Drehzeit nicht zusammen wohnen durften, sondern auch, weil ihre gemeinsamen Szenen so traumatisch waren. Es kann doch nicht einfach sein, am Morgen zur Arbeit zu kommen und den eigenen Ehemann zehn Stunden lang anzubrüllen.«[216]

»Mit dem eigenen Ehemann zu spielen, mit dem man seine eigene Geschichte erlebt hat, bedeutet, daß man authentische

Schmerzen wieder spüren muß, um sie darzustellen, weil man sich so gut und so lange kennt«,[217] erklärt Sinéad Cusack. »Miteinander verheiratet zu sein bringt eine offensichtliche Intimität, eine offensichtliche physische Vertrautheit auf die Leinwand. Aber es war sehr schwer für Jeremy, denn in meiner Rolle werde ich allmählich wahnsinnig, und er muß das miterleben.«[218]

Es ist schon fast erschreckend, anzusehen, wie Jeremy Irons auch äußerlich von der Rolle geprägt ist. Sein ohnehin schon schmales Gesicht wirkt noch ausgezehrter, seine Gesichtszüge älter und härter, und die dicken Ränder unter den Augen lassen Sorgen um seinen Gesundheitszustand aufkommen.

Beeindruckend sind die Bilder vom Originalschauplatz der Moorlandschaft in East Anglia im Osten Englands. Horst Peter Koll zieht deutliche Parallelen zwischen der Story des Films und dem Landstrich, der dem Meer abgerungen wurde: »Toms Geschichte ist im wahrsten Sinne ›Vergangenheitsbewältigung‹, und die archaische Landschaft der ›Fens‹ spiegelt sinnbildhaft seinen inneren Kampf einer späten, fast zu späten Selbstfindung. ›Vergeßt eure Revolutionen, eure Wendepunkte in der Geschichte‹, heißt es an einer Stelle des Romans von Graham Swift. ›Betrachtet statt dessen den langsamen und mühsamen Prozeß, den unendlichen und doppeldeutigen Prozeß – den Prozeß der menschlichen Verschlammung – der Rückgewinnung von Land.‹ Dieses vornehmlich auf literarische (Sinn-)Bilder der Erkennisvermittlung aufgebaute Erzählkonzept, in dem jede Schleuse, jedes Rinnsal und jede Brackwasserlagune zum Symbol für menschliche Regungen, Verdrängungen und Mühen wird, ist filmisch nur schwer zu adaptieren.«[219]

Es wurde moniert, daß der spätere Teil der Geschichte, die im 1984 erschienenen Roman in Greenwich in England spielt, zugunsten des amerikanischen Publikums nach Pittsburgh in den USA verlegt wurde. Produzentin Katy McGuinness: »Sicherlich wäre es dumm, zu leugnen, daß amerikanische Elemente den Film einem amerikanischen Publikum zugänglicher machen. Als Graham Swift zuerst davon erfuhr, war er schockiert, aber dann konnte er sich mit der Änderung anfreunden und

Tom und Mary als Jugendliche (Grant Warnock und Lena Headey) in ›Waterland‹; 1992.

fand auch, daß die Integrität der Geschichte nicht verletzt wurde. Er hat den Film unterstützt.«[220]
Steve Punt von der britischen *Times* störte besonders, daß die Darstellerin der 16jährigen Mary (Lena Headey) East-Anglia-Akzent spricht, während sie als 45jährige (Sinéad Cusack) mit deutlichem irischem Akzent zu hören ist. »Wie könnte man besser das Trauma der dazwischenliegenden Jahre verdeutlichen?« bemerkt er spöttisch.[221]
Der Film war kein großer Publikumserfolg, was sicherlich auch an der unkonventionellen Erzählweise liegt. Man kann ihn aber durchaus als gelungen betrachten, besonders wenn man die Umsetzung der Thematik von Leben, Geschichte und Zeit beachtet. Damit kommt WATERLAND auch in die Regionen,

die DAS GEISTERHAUS ein Jahr darauf zu ergründen versucht, nämlich den Zusammenhang zwischen individuellem Schicksal und dem Lauf der Geschichte. Doch WATERLAND ist das Gegenteil einer Chronik. Völlig unchronologisch, ja sogar unlogisch werden hier Zusammenhänge hergestellt zwischen historisch völlig belanglosen Einzelereignissen, die allerdings traumatischen Einfluß auf die Hauptfiguren haben, und der Vermittlung von Geschichte für eine Generation, die Karriere und Beruf weit mehr interessieren als die jugendlichen Eskapaden ihres Geschichtslehrers.
Der Film wurde mit Peter Weirs CLUB DER TOTEN DICHTER/ THE DEAD POETS SOCIETY (1989) verglichen, aber wohl in erster Linie, weil Jungstar Ethan Hawke wieder einen Schüler mimt. Der Vergleich ist aber irrwegig, weil es hier nicht um die Selbstfindung der Schüler geht, sondern um das Lebensresüm-

Tom Crick (Jeremy Irons) und sein kritischer Schüler Matthew Price (Ethan Hawke). ›WATERLAND‹; 1992.

mee des Lehrers. Wenn man schon vergleichen will, kann man die Schauspieltechnik der Darsteller der englischen Jugendlichen jener der amerikanischen gegenüberstellen. Es zeigt sich, daß die jungen Engländer eine starke individuelle Charakterausprägung zeigen und die Intensität ihrer Rollengestaltung den Film trägt, während die US-Jugendlichen völlig konturenlos und undifferenziert bleiben und keinerlei Persönlichkeit erkennbar wird. Sie soll wohl auch nicht erkennbar werden, weil die abgeflachte Schülergeneration sich schon gar nicht über ihr Geschichtsbewußtsein definiert, sondern über die Norm des Angepaßtseins für einen späteren Weg zu einem Platz in einem Gesellschaftsgefüge, in dem ein Tom Crick überflüssig geworden ist. Auch Ethan Hawke kann gegenüber Jeremy Irons überhaupt kein Profil entwickeln. Und der großartige John Heard in der undankbaren Rolle des Sozialkundelehrers hat in diesem Film – wie seltsamerweise so oft – nur eine belanglose Nebenrolle, die ihn völlig unterfordert.
Die typisch britischen Kleidungsstücke, die Jeremy Irons im Film trägt, wurden von einem Fachmann auf diesem Gebiet angefertigt. »Niemand fabriziert British Classics (Bekleidung im klassischen britischen Stil) besser als der Amerikaner Ralph Lauren.«[222]

KRITIKEN:
»... Der Grundgedanke ist, das launische Benehmen der Frau zu erhellen und zu verstehen. Aber die Mechanismen des Erzählens werden interessanter als das, was erzählt werden soll. Man bewundert die Geschicktheit des Ganzen – es ist ein Film, der Filmfans viel Gesprächsstoff bietet; den Rollen hauchen Irons, Cusack und die talentierten Grant Warnock und Lena Headey als ihre jüngere Entsprechung jede Menge Leben ein, doch die Charaktere werden zwar am Schluß von ihrer Vergangenheit befreit, aber nie von der Steifheit des Drehbuchs.«[223] (Ciaran Carty in: *Sunday Tribune*)

»... Stephen Gyllenhaals Ausschnitte kommen unstet und unstimmig daher, zuweilen wirkt der Film, als sei er aus ehemals eigenständigen Teilen neu zusammengesetzt worden. Und darüber können auch die annehmbaren Darsteller von Jeremy

Irons bis Ethan Hawke nicht hinwegtrösten.«[224] (Harald Braun in: *Cinema*)

»... Man weiß, daß der Regisseur Gyllenhaal Bergman mag, und erinnert sich an WILDE ERDBEEREN ... Jeremy Irons paßt hervorragend zur Rolle des vom Leben desillusionierten Lehrers und überzeugt mehr als in seinem anderen neuesten Film VERHÄNGNIS von Malle, dessen späte Passion doch wie übergestülpt anmutet ... «[225] (Ulrich von Thüna in: *epd Film*)

DAS GEISTERHAUS

(House of Spirits); Bundesrepublik Deutschland/Dänemark/Portugal 1993; *Regie:* Bille August; *Buch:* Bille August nach dem gleichnamigen Roman von Isabel Allende; *Kamera:* Jörgen Persson; *Musik:* Hans Zimmer; »La Paloma« von Sebastian de Yeader und Michael Jary, *Gesang:* Rossita Serrano; *Schnitt:* Janus Billeskov Jansen; *Ausstattung:* Anna Asp; *Bauten:* Søren Gum; *Kostüme:* Barbara Baum; *Make-Up:* Horst Studinger; Jeremy Irons' *Make-up:* Linda de Vetta; *Make-up Effekte:* Nick Dudman; *Make-up-Überwachung und Frisuren:* Gerlinde Kunz; *Spezialeffekte:* David Harris; *Casting:* Billy Hopkins, Suzanne Smith, Risa Kes (München), Michelle Gutsh (London), Kerry Barden (Los Angeles), Anne Goulder (New York); *Standfotos:* Rolf Konow; *Produzent:* Bernd Eichinger; *Produktion:* Neue Constantin Film Produktion in Zusammenarbeit mit Spring Creek Productions/House of Spirits Films A/S/Costa do Castelo Filmes; unterstützt von der Filmförderungsanstalt, der Bayerischen Landesanstalt für Filmfinanzierung und dem Schwedischen Filminstitut, außerdem von Euroimages des Europarates, dem Dänischen Filminstitut, Jørgen Ljungdalh und dem Portugiesischen Filminstitut; *Länge:* 146 Min.; Farbe; *FSK:* ab 12, ffr.; *Prädikat:* Besonders wertvoll; *Kinostart:* 21.10.1993; *Videoanbieter:* NCL Carolco Video.

Darsteller: Jeremy Irons (Esteban Trueba), Meryl Streep (Clara), Glenn Close (Férula), Winona Ryder (Blanco), Antonio Banderas (Pedro), Vanessa Redgrave (Nívea), Armin Mueller-Stahl (Severo), Jan Niklas (Jean de Satigny), Maria Con-

»Das Buch zum Film« ist ein Bildband mit hervorragenden Farbfotos von Rolf Konow und mit dazugehörigen Textauszügen aus dem Roman (1993).

chita Alonso (Tránsito), Vince Gallo (Esteban García), Fran Fullenwider (Ester Trueba), Grace Gummer (Clara als Mädchen), Hannah Taylor-Gordon (Blanca als Mädchen), Sasha Hanau (Alba), Miriam Colon (Nana), Hans Wyprächtiger (Dr. Cuevas), Teri Polo (Rosa), Sarita Choudhury (Pancha), Joaquín Martínez (Segundo), Joost Siedhoff (Priester), u. v. a.
Deutsche Synchronschauspieler: Wolfgang Hess (Jeremy Irons), Hallgard Bruckhaus (Meryl Streep), Gudrun Vaupel (Glenn Close), Alexandra Ludwig (Winona Ryder), Doris Gallert (Vanessa Redgrave), Armin Mueller-Stahl (Armin Mueller-Stahl), Katharina Jacob (Maria Conchita Alonso), Torsten Münchow (Antonio Banderas), Jan Niklas (Jan Niklas), Katharina Lopinski (Mutter), Joost Siedhoff (Joost Siedhoff), Martin Umbach (Martin Umbach), Fred Maire, Michael Habeck; *Buch und Regie:* Osman Ragheb.

Gefilmt an Schauplätzen in Portugal und in den Dänischen Filmstudios, Kopenhagen.

INHALT: San Lucas, Chile 1973. Esteban Trueba hat seine Frau und seine Schwester überlebt. Seine Tochter tröstet den traurigen alten Mann. Sie geht mit ihrer Erzählung der Familiensaga zurück in die Vergangenheit, als ihre Mutter Clara noch ein kleines Mädchen war, das mit übersinnlichen Kräften Gegenstände bewegen und die Zukunft vorhersehen kann. So sagt sie auch den bevorstehenden Tod eines Familienmitglieds voraus. Anläßlich einer Feier ihres Vaters Severo, der für die liberale Partei aktiv eintritt, wird ein vergifteter Wein, ein anonymes Geschenk, geöffnet. Statt Severo stirbt Claras Schwester Rosa daran. Severo nach dem Tod von Rosa: »Warum mußte ich auch in die Politik gehen, in einem Land, wo es nur Mörder und Banditen gibt.« Clara sagt von da an (vorerst) nie wieder etwas.
Rosa war dem jungen Esteban Trueba zugesprochen worden, der, um ihr etwas bieten zu können, ehrgeizig und mit Erfolg Bergbau betreibt. Doch nach Rosas Tod verläßt er seine pflegebedürftige Mutter und seine Schwester Férula. Er erwirbt das Gut »Tres Marias« und macht dank seines Fleißes und der

Jeremy Irons als junger Esteban Trueba neben seiner früheren Bühnenpartnerin Glenn Close in ›Das Geisterhaus‹ (1993).

ergebenen Landarbeiter florierende Geschäfte. Daß er den Arbeitern zwar Unterkunft und Nahrung, aber keinen Lohn bietet, daß er eine junge Arbeiterin vergewaltigt oder sich im Bordell von der schönen Tránsito verwöhnen läßt, betrachtet er als Privilegien eines Patrons.

Als Clara im heiratsfähigen Alter ist, will er ihr einen Antrag machen, und plötzlich spricht sie wieder. Nach ihrer Hochzeit zieht sie zu ihm nach »Tres Marias«, wo nach dem Tod von Estebans Mutter auch seine Schwester Férula wohnt und als Jungfrau das Liebesglück der beiden argwöhnisch beäugt. In ihren lesbischen Wallungen nähert sie sich ihrer Schwägerin immer mehr. Als Claras Eltern bei einem Autounfall ums Le-

ben kommen, weiß Clara intuitiv, wo der abgetrennte Kopf ihrer Mutter zu finden ist. Unmittelbar danach gebiert sie Blanca.
Die kleine Blanca freundet sich mit Pedro, dem Sohn des Vorarbeiters an, was Esteban ein Dorn im Auge ist. Doch auch nachdem sie als junge Frau ihre Schulausbildung im Internat beendet hat, zieht es sie auf »Tres Marias« wieder zu Pedro hin. Esteban macht Jagd auf Pedro, der zudem die Arbeiter gegen Esteban aufwiegelt, doch der kann entkommen. Auf »Tres Marias« erwischt er Férula im Bett mit Clara und verbannt seine Schwester endgültig aus dem Haus. Später erscheint ihr

Ein Bild aus glücklichen Tagen: Clara (Meryl Streep) und ihr Mann Esteban Trueba (Jeremy Irons) in ›DAS GEISTERHAUS‹; 1993.

Geist noch einmal auf der Hazienda, und Clara spürt, daß sie gestorben ist.
Sie billigt das Verhältnis zwischen Blanca und Pedro. Doch Esteban sähe gerne den weichlichen, reichen Franzosen Graf Jean de Satigny als standesgemäßen Schwiegersohn. Als der Edelmann Zeuge wird, wie »seine Zukünftige« und Pedro sich heimlich am Fluß lieben, meldet er dies sofort Esteban, der wutentbrannt zum Fluß reitet, aber Pedro ist verschwunden. Clara sagt Esteban offen heraus: »Du hast auch mit Frauen geschlafen, die nicht zu deiner Klasse gehören. Aber er hat es aus Liebe getan und Blanca auch.« Esteban schlägt ihr ins Gesicht, daß sie blutet. Sie will nie wieder mit ihm reden und zieht mit Blanca in das Haus ihrer Eltern in der Stadt.
Esteban erfährt, daß Blanca von Pedro schwanger ist, und er bietet Satigny sein Erbe an, wenn er Blanca heiraten würde, damit ihr Kind einen Vater hat. Doch Blanca weigert sich.
Esteban geht als konservativer Politiker in den Senat. Als hohlwangiger alter Mann sucht er Clara auf und bittet sie um Vergebung. Sie zeigt ihm seine Enkelin. Doch sie spricht nicht mit ihm. Bei den Wahlen erzielt die linke Volksfront einen überwältigenden Sieg. Esteban ist der große Verlierer. Er sucht Claras Trost und bleibt in ihrem Haus. An Heiligabend stirbt Clara. Bei ihrer Beerdigung sind auch zahlreiche Militärs anwesend. Esteban und die Konservativen haben sich mit der Armee zusammengetan. Es kommt zum gewaltsamen Militärputsch. Nun beherrschen die Streitkräfte das Land und geben es nicht mehr frei. Blanca wird verhaftet und gefoltert, doch sie verrät Pedros Versteck nicht. Esteban erkennt, wie sehr er sich getäuscht hat. Er schämt sich und bekommt schließlich über die Beziehungen der Prostituierten Tránsito die geschundene Tochter, der im Gefängnis der Geist ihrer Mutter Kraft und Mut zusprach, frei. Esteban überwindet schließlich seinen Haß und entschließt sich zu einem waghalsigen Schritt …

ZUM FILM: Der Film wurde mit dem Bayerischen Filmpreis ausgezeichnet; 500.000 DM gingen an Produzent Bernd Eichinger. Barbara Baum bekam den mit 30.000 DM dotierten Preis für die besten Kostüme. Hans Zimmer erhielt für seine

Filmmusik den »Echo«-Preis der Deutschen Schallplattenindustrie.
Bernd Eichinger wurde als bester Produzent mit dem Deutschen Filmpreis 1994, dem »Filmband in Gold«, ausgezeichnet. Produzent Artur (Atze) Brauner verlas die Laudatio der Jury: »Mit der Verfilmung des ›Geisterhauses‹ hat Eichinger bewiesen, daß sich aufwendige Literaturverfilmungen noch heute an der Kinokasse auszahlen, sofern das Buch, die Regie und die Besetzung einen Film von hoher Qualität gewährleisten. Und das ist das große Verdienst von Eichinger, womit DAS GEISTERHAUS also mindestens ebenso sein Film ist wie der des Drehbuchautors und Regisseurs Bille August.«
In seiner »Dankes«-Rede verlieh Bernd Eichinger allerdings unverhohlen seiner Befremdung darüber Ausdruck, daß der Film selbst nicht einmal für den Deutschen Filmpreis 1994 *nominiert* worden war: »Ich wollte eigentlich eine kleine Betrachtung anstellen, wie das zugeht, daß man einen Bundesfilmpreis bekommt für die Gesamtkonzeption eines Films, was ja heißt, daß man irgendwie ausgezeichnet wird für die Entwicklung des Drehbuchs, für das Finden der Schauspieler, für die Konzeption der Architektur und all dieser Sachen, und dann der Film aber nicht einmal eine Nominierung bekommt. Also, mir hat das nicht ganz eingeleuchtet, wie das zugeht. Denn heißt das jetzt, die Konzeption war gut, aber die Sache danach hat nicht funktioniert? Also irgendwie war mir das nicht ganz klar, aber ich dachte dann, es ist gerade so harmonisch (Gelächter im Publikum), und der Atze hat auch so eine schöne Rede gehalten. Also sage ich vielen Dank für den Preis und geh' nach Haus. Danke.«
Zur Vorgeschichte des Films gehört, daß Bille August erst an die Bestsellerautorin Allende herantrat, nachdem alle großen Hollywood-Studios vergeblich versucht hatten, ihre Einwilligung zu einer Verfilmung zu bekommen. Die Geschichte sei zu privat, um daraus eine »Soap Opera« zu machen. Warner Brothers hatte zwar von ihr bereits die Rechte erworben, aber das Projekt auf die lange Bank geschoben. August aber ließ nicht locker und erhielt schließlich eine Einladung nach San Francisco, wo er ihr seinen jüngsten Film PELLE, DER EROBERER

Ein Bestseller wird vermarktet: Bücher zum Film ›Das Geisterhaus‹ (1993): Vor der Verfilmung ziert die Autorin das Cover (Übersetzung: Anneliese Botond).

Nach der Verfilmung schmücken Meryl Streep und Jeremy Irons den Umschlag.

Produzent des Films ›Das Geisterhaus‹ (1993) Bernd Eichinger.

zeigte. Isabel Allende: »Er flog von Dänemark hierher mit seinen Filmrollen unterm Arm und mietete ein Kino. Das war mir peinlich, und ich ging mit meinem Mann Willie hin. Danach wußte ich: Wenn es jemanden auf der Welt gibt, der Das Geisterhaus machen kann, dann er.«[226] Doch jetzt waren die Amerikaner nicht bereit, die Finanzierung aufzubringen. Bernd Eichinger gelang es schließlich, Warner Brothers die Rechte abzukaufen und das Budget von 35 Millionen Mark zusammenzutragen. *Kölner Stadt-Anzeiger* und *Stern* sprechen von 25 Millionen Dollar, *Petra* von 40 Millionen Mark, der *Rheinische Merkur* von einem 45-Millionen-Projekt.
Isabel Allende, deren Dauer-Bestseller 1982 erschien und in 24 Sprachen übersetzt wurde, war nach der ersten Vorführung

des Films bewegt: »Wir haben alle geheult. Ich habe das Buch seit elf Jahren nicht mehr angerührt, und viele Erinnerungen an die Zeit kamen wieder hoch.«[227]

Jeremy Irons zeigt innerhalb dieses Filmes erneut seine besondere Wandlungsfähigkeit. Es ist nicht nur die Darstellung einer inneren Wende von einem konservativen Großgrundbesitzer zum Unterstützer des revolutionären Aufstandes gegen das brutale Militärregime in Chile, sondern auch die körperliche Veränderung vom stolzen Hünen zum gebrechlichen Greis, die Irons besonders glaubwürdig vermittelt.

Regisseur Bille August: »Wie soll man einen Schauspieler finden, der anfangs 17 Jahre ist und 90 am Ende. Keiner kann das … Das Casting ist immer sehr schwierig, und besonders

Jeremy Irons als chilenischer Großgrundbesitzer Esteban Trueba hoch zu Roß. Eine Aufmachung, die nicht gerade dem des britischen Gentleman entspricht (›Das Geisterhaus‹; 1993).

wenn man eine Familie zu schaffen versucht, die zusammen alt wird im Verlauf der Geschichte. Man muß Schauspieler finden, die ›zusammenspielen‹ und dabei ein Ausdrucksspektrum haben, als Schauspieler allgemein, aber auch was das ›Altern‹ angeht. 40 war das richtige Alter für den Schauspieler des Esteban, ein Mittelwert: Da mußte er für einige Szenen jünger werden und für andere älter. Und Jeremy war eine sehr gute Wahl. Wir hatten andere in der Diskussion, aber wir entschieden uns nicht für einen einzelnen, sondern erst, als wir wußten, wie die ganze Familie aussehen könnte. Jeremy war sofort interessiert, wollte es machen. Aber wir entschieden uns erst endgültig, als wir wußten, wer Clara war ... Die Kostüme spielen eine wichtige Rolle und die Maske. Mit ihrer Hilfe baut man den Charakter. Wenn Jeremy ins Alter kommt, ist das schwierig, alt zu spielen, wenn er in Jeans rumläuft, aber wenn erst einmal das Kostüm und die Maske da sind, dann geht das wie von selbst, es ist eine Mischung aus psychologischen und physischen Elementen.«[228]

Ganz so einfach kann man das allerdings nicht sehen. Wenn man einen Jeremy Irons verpflichtet, hat man vielleicht den Eindruck, daß alles von selbst geht, aber an seiner Darstellung der verschiedenen Lebensstadien von Esteban Trueba erkennt man, wie intensiv sich Irons in die Rolle eingearbeitet hat und wie elementar seine Körpersprache ist. So wie er etwa den alten Trueba spielt – zusammengekauert, langsam in seinen Bewegungen, eingefallene Wangen, heruntergezogene Mundwinkel, schwere Augenlider, der unsichere Gang am Stock –, das kann, wenn eine Nuance nicht überzeugt, schon unstimmig werden, aber dem 45jährigen Irons nimmt man die greisenhaft geschminkte Figur sofort ab. Nicht selten sieht man bei auf alt geschminkten Schauspielern, daß sie sich zu hastig bewegen, daß sie zu schnell sprechen. Selbst beim Filmklassiker CITIZEN KANE (1941) sind die Szenen des damals 26jährigen Orson Welles als alter Mann nicht die überragendsten des Meisterwerks.

Aber Jeremy Irons mußte sich ja auch verjüngen. Er spielt mit dichten Augenbrauen und schwarzen Locken zunächst voller Energie und Tatendrang, doch schon bald tritt Erschütterung

Jeremy Irons' Wandlungsfähigkeit läßt sich in Bille Augusts Film ›Das Geisterhaus‹ (1993) besonders beeindruckend erkennen. Hier das deutsche Plakatmotiv.

und Trauer in seinen Blick, nachdem seine Verlobte Rosa gestorben ist. Die Strenge und die Ernsthaftigkeit werden fortan nicht mehr schwinden.

Auf die Frage, ob der Film noch mit ihrer Familie zu tun habe, antwortete Isabel Allende, die sich in ihrem Debütroman auf eigene Tagebuchaufzeichnungen bezog: »Nein. Das Buch ja auch nicht. Meine Mutter hatte damals gleich gesagt: Das ist ja alles gelogen! Die Verwandtschaft war eine ganze Weile böse auf mich. Aber dann kam der Erfolg, und allmählich war die Familie überzeugt, ich hätte ihre Chronik geschrieben. Jetzt nach dem Film werden sie denken, Meryl Streep und Jeremy Irons gehören zur Verwandtschaft und Fotos von ihnen aufs Klavier stellen.«[229]

Jeremy Irons: »Die spirituelle Seite der Geschichte, die in der südamerikanischen Literatur eine starke Rolle spielt, gehörte nicht zu dem, was unseren Regisseur und Adapteur sehr interessierte. Deshalb kommt sie in dem Film nicht so stark zum Ausdruck wie im Buch. Ich glaube, es ist möglich, daß man jedem Menschen irgendwann vergeben kann. Trueba wird am Schluß des Films vergeben, nicht von jeder Figur im Film, aber von den Zuschauern. Ich glaube, sie verstehen, warum er so ist, wie er ist. Viele Leute, die den Film gesehen haben, haben mir erzählt, daß ihre Väter so wie dieser Mann sind. Sie liebten ihre Väter, aber sie haßten sie auch. Er war ein Mann seiner Zeit. Und das Gute an dem Film ist, daß man erkennt, wie sich politische Veränderungen ergeben, wie eine Militärdiktatur entsteht. Es ist eine Geschichtslehrstunde auf ganz einfachem Niveau.«[230]

Der Film spielte weltweit 100 Millionen DM ein, war aber in den USA, im Herkunftsland der drei weiblichen Stars, ein Flop. Der ungünstige Starttermin, 1. April 1994, und vor allem die Kritik in den Medien an der Besetzung der Chileninnen mit nordamerikanischen Filmstars waren dafür wohl ausschlaggebend. (Die Besetzung kam allerdings auf außergewöhnliche Weise zustande. Glenn Close konnte als erste für die Mitwirkung gewonnen werden. Sie wiederum holte Jeremy Irons, ihren Partner vom Broadway-Erfolg »The Real Thing« und DIE AFFÄRE DER SUNNY VON B., ins Ensemble. Der war zuvor um die Zusammenarbeit mit Meryl Streep in JENSEITS VON AFRIKA gebracht worden, nun machte er sich für seine Partnerin aus DIE GELIEBTE DES FRANZÖSISCHEN LEUTNANTS stark. Wenn man Zeitschriftenartikeln glauben darf, sind Glenn Close und Meryl Streep aber alles andere als gute Freundinnen.)

Noch enttäuschter war das Publikum in Chile selbst, wo der Film erst mit einem halben Jahr Verspätung herauskam. Zwar hat er dort gleich nach dem Start einen neuen Besucherrekord erzielt und die Spielberg-Hits JURASSIC PARK und SCHINDLERS LISTE überflügelt, doch die Erwartungen der Landsleute von Isabel Allende sind wohl gänzlich anders gewesen. Die *Frankfurter Rundschau* zitiert Antonio Martinez von der Zeitung *La*

Época: »August filmt artig die Realität in den Köpfen der fernen Zuschauer, damit diese weiterhin glauben, daß hierzulande die Kinder mit Schwänzen auf die Welt kommen, die Revolutionäre gute idealistische Wilde sind, an jeder Ecke eine Zauberin steht, alle Militärs Scheusale sind und Staatsstreiche unkomplizierte, leichtverständliche Angelegenheiten.«[231]
Sicherlich simplifiziert der Film die historische Entwicklung in Chile von der konservativen Regierung über die von Salvador Allende geleitete Volksunion bis zur brutalen Militärdiktatur von Pinochet und Konsorten, die Allende kurzerhand ermorden und Zigtausende töten, foltern und demütigen ließen. Barbara Möller klagt an: »Richtig peinlich wird es zum Schluß. Wenn General Pinochet geputscht hat und August die Panzer auffahren läßt, wirken die Kulissen so pappig und die Folterszenen mit der armen Blanca so kindlich naiv, daß es für die zahllosen Opfer der chilenischen Militärjunta einer Beleidigung gleichkommt.« [232]
Andererseits aber versteht es der Film, den Zuschauer emotional in den Bann zu schlagen und eine epische Geschichte, eine breitangelegte Familienchronik zu entwerfen, die nicht nur von der Machart her beeindruckend und bewegend ist, sondern durch ihre Aussage über Vertrauen, Toleranz und Solidarität von Bedeutung ist. Hätte man nicht den Ort der Handlung gleich durch die erste Einblendung als Chile festgelegt, ließe sich der Film allgemeiner als Parabel verstehen, als menschliche Schicksalsgeschichte, die es in ähnlicher Form in vielen Ländern mit politischen Umwälzungen hätte geben können. Die Verknüpfung der verschiedenen Ereignisse, die laut Clara alle miteinander in Verbindung stehen, wirkt vor dem Hintergrund der dramatischen Ereignisse in Chile besonders brisant, aber einen historischen Dokumentarfilm wird wohl niemand erwartet haben, und einen ausgezeichneten dokumentarischen Spielfilm hat Constantin Costa-Gavras bereits 1981 mit VERMISST/MISSING vorgelegt.
In der deutschsprachigen Version wird Jeremy Irons von Wolfgang Hess synchronisiert. Man wird Wolfgang Hess nicht gerecht, wenn man ihn »nur« als deutsche Stimme des Prügelklopses Bud Spencer bezeichnet, was er unter anderem auch

ist. Aber der Schauspieler mit dem rauhen Timbre im Organ hat auch wiederholt ganz feinsinnige Rollen von europäischen Filmgiganten wie Marcello Mastroianni (GINGER UND FRED, MACARONI) oder Philippe Noiret (CINEMA PARADISO) eingedeutscht. Frank Glaubrecht (auch deutsche Stimme von Kevin Costner, Paul Hogan, Pierce Brosnan u. v. a.), an den man sich durch SCHWARZARBEIT DIE UNZERTRENNLICHEN, MISSION, KAFKA, VERHÄNGNIS und WATERLAND schon gewöhnt hatte, synchronisierte zwar den Werbetrailer (der vor der Verleihung des Bundesfilmpreises an Bernd Eichinger im Saal gezeigt wurde), ist aber im Film nicht zu hören. Dabei hat Frank Glaubrecht die ganze Rolle zuerst komplett synchronisiert, doch es gab Unstimmigkeiten. 1993 war Glaubrecht 50 Jahre alt, aber es fiel ihm nicht leicht, Jeremy Irons als alten Mann zu synchronisieren. Er mußte seine Stimme sehr pressen, damit sie dunkel klang, so wie es im Original auch Jeremy Irons tat. Mit Glaubrechts Zustimmung wurde die Rolle mit Wolfgang Hess umbesetzt, der von sich aus schon eine sonore, rauhe Stimme hat, diese aber auch gerne in den Keller schickt. Der mußte dann allerdings bei den Szenen mit dem jungen Esteban wesentlich sanfter werden. Synchronautor und -regisseur Osman Ragheb, der mit Steven Spielberg am Original von SCHINDLERS LISTE in Polen als Dialog-Coach und in Hollywood an der Tonmischung gearbeitet hat und auch die deutsche Fassung davon erstellte, sagte über Jeremy Irons, daß er sowohl den jungen wie den alten Esteban stimmlich perfekt gestaltet habe. Zugunsten einer Kontinuität auch der Hörgewohnheiten der Zuschauer wäre die Entscheidung, an Frank Glaubrecht festzuhalten, sinnvoller gewesen, selbst wenn Jeremy Irons seine Stimme als alter Mann tiefer preßt. Stimmen verändern sich über Jahrzehnte oft gar nicht oder kaum. Frank Glaubrecht wird dem Charakter von Jeremy Irons' Rolle viel eher gerecht, so daß diese Umbesetzung, an der Produzent Eichinger auch seinen Anteil gehabt haben soll, nicht unbedingt nachvollziehbar ist. Dennoch soll Wolfgang Hess' großartige und bewegende Leistung in keiner Weise geschmälert werden.
Neben dem üblichen Filmmusik-Soundtrack von Hans Zimmer gibt es auch die »Original Dialogfassung zum Kinofilm«

Eine CD mit der deutschen Synchronfassung des Films ›Das Geisterhaus‹ (1993) wurde ebenfalls auf den Markt gebracht. Hier kann man die Leistungen der Synchronschauspieler als Hörspiel genießen.

auf CD. Tatsächlich ist dies eine auf 76 Minuten zusammengekürzte und mit längeren Erzählpassagen von Blanca (Alexandra Ludwig) versehene deutsche Synchronfassung, die in dieser Form als Hörspiel genießbar ist. Leider sind die Namen der deutschen Schauspieler, des Regisseurs und Autors (siehe oben) sowie der Techniker auf der Hülle nicht abgedruckt.

LITERATURHINWEISE:

Allende, Isabel: Das Geisterhaus, aus dem Spanischen von Anneliese Botond, Frankfurt/M. 1989.

Das Buch zum Film: Isabel Allende – Das Geisterhaus, Frankfurt/M. 1993.

KRITIKEN:
»… So, wie Jeremy Irons den chilenischen Großgrundbesitzer spielt, der nach und nach vom Tyrannen zum Politiker wird und erst nach dem Umsturz seine eigene Naivität erkennt, hat das DAS GEISTERHAUS auch ein starkes emotionales Zentrum, um das die drei Frauen (besonders die ganz zurückgenommene Meryl Streep und die düstere Glenn Close) ihren vielfältigen Zauber ausüben können … « (Milan Pavlovic in: *Kölner Stadt-Anzeiger*)[233]

»… Esteban. Ein Mann mit zuviel Energie heißt es bei Isabel Allende. Beim Lesen hielt ich ihn für einen Anthony-Hopkins-Typen, halb Psychopath wie in DAS SCHWEIGEN DER LÄMMER, halb konservativer Bourgeois wie Henry Wilcox in HOWARDS END. Von wegen. Esteban Trueba ist Jeremy Irons, als junger Mann ein ungestümer Südamerikaner mit glänzenden schwarzen Locken, später verzweifelt aggressiv und im Alter eine gebrochene Existenz. Über die Jahrzehnte hinweg vollzieht Jeremy Irons Verwandlungen, die so unberechenbar sind wie Estebans Charakter. Ganz begreift man ihn nie … «[234] (Christiane Peitz in: *Die Zeit*)

»… Bille August, der für seine fabelhafte Vater-und-Sohn-Geschichte PELLE, DER EROBERER 1989 einen Oscar erhielt und 1992 mit dem Film DIE BESTEN ABSICHTEN (nach einem Drehbuch von Ingmar Bergman) wieder viel Ehre einlegte, hat aus dem Schmöker von Isabel Allende einen veritablen Leinwandschinken gemacht … Seltsam ungerührt sieht man den Eifersuchtsdramen auf der Hacienda zu, und bei den opulent ausstaffierten Sterbeszenen will kein bißchen Mitleid aufkommen … Der Däne, das mag man ihm zugute halten, hat zuviel gewollt. Weniger wäre mehr gewesen. Weniger von dem Soap-Opera-Geklingel und dem scheußlichen Pathos, in dem hier selbst so begnadete Schauspieler wie Meryl Streep, Jeremy Irons und Clenn (sic!) Close untergehen.«[235] (Barbara Möller in: *Rheinischer Merkur/Christ und Welt*)

»Aus diesem Film kommt keiner mit trockenen Augen heraus. DAS GEISTERHAUS ist Gefühlskino erster Güte ... «[236] (Christine Kruttschnitt in: *Stern,* 43/1993)

»... Perfekt überträgt der dänische Regisseur und Oscar-Preisträger, 45, die magische Erzählkraft Isabel Allendes auf die Leinwand ... Hauptdarsteller Irons attestiert dem Stoff eine filmische Wucht à la LAWRENCE VON ARABIEN. Dabei verzichtet der Film auf spektakuläre Effekte, lebt ganz von der Kunst der Schauspieler ... Der beste deutsche Film des Jahres.«[237] (*freundin*, 22/1993)

M. BUTTERFLY

(M. Butterfly) USA 1993; *Regie:* David Cronenberg; *Buch:* David Henry Hwang nach seinem gleichnamigen Bühnenstück; *Kamera:* Peter Suschitzky; *Musik:* Howard Shore, gespielt von London Philharmonic Orchestra, *Leitung:* Howard Shore; Peking-Oper »Madame Butterfly« gespielt vom staatlichen Ungarischen Opernorchester; »Un bel di« aus »Madame Butterfly« von Giacomo Puccini, *Gesang:* Mirella Freni, gespielt von den Wiener Philharmonikern, *Leitung:* Herbert von Karajan; »Coro a bocca chiusa« (Der stumme Chor) aus »Madame Butterfly« von Giacomo Puccini, *Gesang:* Wiener Opernchor; »Streichquartett in C-Dur« von Franz Schubert, gespielt vom Amadeus Quartett und Robert Cohen; »Va mon ami va«, arrangiert von J. Sakei, Gesang: Nana Mouskouri; *Schnitt:* Ronald Sanders; *Production Design:* Carol Spier; *Bauten:* James McAteer; *Ausstattung:* Elinor Rose Galbrase; *Kostüme:* Denise Cronenberg; *Make-up für Jeremy Irons:* Allen Weisinger; *Friseur für Jeremy Irons:* Ferdinando Merolla; *Make-up für John Lone:* Suzanne Benoit; *Friseur für John Lone:* Aldo Signoretti; *Make-Up:* Ava Stone; *Peking-Oper-Choreographie:* Jamie H. J. Guan, Michele Ehlers; *Lichtdouble für Jeremy Irons:* Peter Shanne; *Casting:* Deirdre Bowen; *Produzentin:* Gabriella Martinelli; *Produktion:* Geffen Pictures für Warner Brothers; *Länge:* 101 Min.; Farbe; *FSK:* ab 12, ffr.; *Prädikat:* Wertvoll; *Kinostart:* 9.12.1993; *Videoanbieter:* Warner Home Video (auch Kaufcassette).

Plakatmotiv zu ›M. Butterfly‹ (1993).

Darsteller: Jeremy Irons (René Gallimard), John Lone (Song Liling), Barbara Sukowa (Jeanne Gallimard), Ian Richardson (Botschafter Toulon), Annabel Leventon (Frau Baden), Shizuko Hoshi (Comrade Chin), Richard McMillan (Botschafts-

kollege), Vernon Dobtcheff (Agent Etancelin), David Hemblen, Damir Andrei, Antony Parr (Geheimdienstoffiziere), Margaret Ma (Songs Hausangestellte), Tristram Jellinek (Verteidiger), Philip McGough (Ankläger), David Neal (Richter), Sean Hewitt (Botschaftsangestellter), Peter Messaline (Diplomat auf der Party), Michael Mehlmann (Betrunkener in Pariser Bar), The Peking Opera Troupe (Darsteller der Peking-Oper), Maria Teresa Uribe (Madame Butterfly in der Pariser Oper).
Deutsche Synchronschauspieler: Randolph Kronberg (Jeremy Irons), Conny Diem (John Lone), Arianne Borbach (Barbara Sukowa), Lothar Blumhagen (Ian Richardson). *Buch und Regie:* Joachim Kunzendorf.
Zur Erinnerung an David Bombyck.

René Gallimard (Jeremy Irons) verliebt sich in die »Madame Butterfly« (›M. Butterfly‹; 1993).Ein Gesicht in der Menge:

INHALT: »Dieser Film basiert auf einer wahren Geschichte.« Peking 1964. Der französische Botschaftsangestellte René Gallimard tritt seine neue Stellung in der Buchhaltung der Botschaft an. Er wundert sich über die hohen Spesenabrechnungen der Diplomaten. Auf einem abendlichen Empfang der schwedischen Botschaft werden Auszüge aus Giacomo Puccinis Oper »Madame Butterfly« von Song Liling zum Vortrag gebracht.
Eine Kollegin, der er gesteht, die Oper noch nicht zu kennen, erklärt ihm die Handlung. »Sie verliebt sich in einen amerikanischen Seeoffizier, ein unverzeihlicher Fehler. Er wird sie heiraten, aber er meint es nicht ernst. Der Amerikaner hat sie jetzt verlassen, aber er kommt nicht wieder zurück.«
Nach dem Konzert spricht Gallimard Madame Song an und lobt ihren Vortrag und die Schönheit der Geschichte. Doch Song antwortet mit einer sanften Stimme, daß wohl nur in der Phantasie der Abendländer eine Geschichte schön sei, in der ein Mann eine ihm angetraute Asiatin verläßt und diese sich aus Schmerz nach drei Jahren umbringt. »Worum es geht, ist nur die Musik, nicht die Handlung.« Sie fordert ihn auf, einmal die Peking-Oper zu besuchen.
In seinem Schlafzimmer trällert Gallimards erkältete Frau die Puccini-Musik, nachdem sich beide arrogant über die Arroganz der Chinesen ausgelassen haben.
Am nächsten Tag schickt Song ihm eine Schallplattenaufnahme von »Madame Butterfly« in die Botschaft. Drei Wochen später besucht Gallimard abends alleine eine Vorstellung der Peking-Oper, wo er Song anschließend in der Garderobe aufsucht. Er beobachtet fasziniert, wie sie sich hinter einem dünnen Vorhang umzieht, und bringt sie anschließend heim. Er spaziert alleine durch die Nacht.
Am nächsten Morgen durchsucht seine Frau sein Jackett. Er lügt ihr vor, er sei bei den Königs gewesen und habe zuviel Bier getrunken. Die Gattin macht eine skeptische Miene. Aber am Abend besucht er Song wieder, und obwohl sie sich ziert und auf die chinesische Tradition verweist, küßt er sie zärtlich. Danach schickt sie ihn fort. »Wenn ich jetzt gehe, welche Gewißheit hast du dann, daß ich wiederkomme?« – »Du

Song Liling (John Lone) führt René Gallimard (Jeremy Irons) in die »chinesische Liebeskunst« ein (›M. Butterfly‹; 1993).

bist grausam«, erwidert sie und rennt weg. Auf einer Party, zu der Gallimard mit seiner Frau gekommen ist, fordern ihn Botschaftsangehörige auf, die Inkorrektheiten in ihren Spesenabrechnungen durchgehen zu lassen. Aber Gallimard denkt an Song. Diese schreibt ihm erst sehnsüchtige, dann abweisende Briefe an die Botschaft.

Dort läßt der Botschafter ihn kommen und teilt ihm mit, daß er zum Vizekonsul befördert wird. Er soll den Geheimdienst in Schwung bringen. Gallimard sucht Song auf und fragt sie: »Bist

Song Liling (John Lone) und René Gallimard (Jeremy Irons) beim Picknick an der großen Chinesischen Mauer (›M. BUTTERFLY‹; 1993).

du meine Butterfly?« Nachdem sie ihm zunächst nicht antworten will, kniet er vor ihr nieder und flüstert: »Ich möchte, daß du ehrlich bist, nichts Falsches zwischen uns.« Song sagt: »Ja, ich bin deine Butterfly.« Doch sie möchte ihm sich nicht hingeben und die Kleider anbehalten. »Schamhaftigkeit bedeutet uns Chinesen sehr viel.« Dann zeigt sie aber doch, daß sie zwar unerfahren ist, aber nicht unwissend, und befriedigt Gallimard oral, in einer späteren Szene auch anal.

Seine Mitarbeiter fordert Gallimard in der neuen Position auf, die Chinesen wie Mitmenschen zu behandeln, um ihre Ablehnung abzubauen.

Bei einem Ausflug auf die Chinesische Mauer fragt Song Gal-

limard, warum er sich denn in eine Frau mit Brüsten wie ein Junge verliebt habe. »Brüste wie ein Mädchen, das vor der Schule wartet«, korrigiert Gallimard.
Dem Botschafter teilt er in einem Gespräch angesichts der bevorstehenden Eskalation in Vietnam die Ansicht mit, daß der Asiat als solcher sich gerne unterwerfe und den westlichen Lebensstil bewundere. Die kleinen Vietnamesen würden die Amerikaner willkommen heißen. Das sei ganz natürlich.
Währenddessen teilt Song einem kommunistischen Genossen Militärgeheimnisse über die Truppenstärke der Amerikaner in Vietnam mit, die er von Gallimard hat.
Ziemlich betrunken tut der auf einer Party seine Begeisterung über Sexualtechniken der Asiatinnen kund. Das macht eine weibliche deutsche Besucherin der Party aufmerksam. Sie gibt sich ihm in einem Hotelzimmer hin. »Meine erste außeraußereheliche Affäre«, sagt Gallimard. Danach sucht er noch Song auf, trinkt dort weiter und fordert sie als ihr »Meister« auf, sich auszuziehen. Song bittet ihn, sie auszuziehen. Doch bevor er so richtig anfangen kann, sagt sie, daß sie schwanger sei. Er verspricht, sie in Sicherheit zu bringen. Sie reist in ihr Heimatdorf. Dort fordert sie ihren Genossen auf, ihr ein blondes Baby zu besorgen. Sie fragt ihn, warum in der Peking-Oper alle Rollen von Männern gespielt werden, und antwortet selbst: »Das kommt daher, daß nur ein Mann weiß, wie eine Frau sich verhalten würde.«
Gallimard wird Zeuge der von reaktionären Studenten angezettelten Unruhen, die fordern, Ausländer aus China zu vertreiben. Song nutzt eine Gelegenheit, ihm in einem Treppenhaus ein Baby zu zeigen. Er ist hingerissen und will sich scheiden lassen. Aber die »Rote Garde« steht schon abholbereit dabei. Song beteuert die große Bedeutung der Zeit mit Gallimard.
Durch die Kulturrevolution werden die Machtverhältnisse in China neu geregelt, und Song landet in einem riesigen Arbeitslager und hackt den Boden auf. Gallimard verliert durch seine totale Fehleinschätzung der politischen und militärischen Situation seinen Job.
Paris 1968. Gallimard sitzt ergriffen im Opernhaus und sieht

»Madame Butterfly«. Er lebt allein und wird Zeuge der gewalttätigen Studentenunruhen. Er ist inzwischen Kurierfahrer in staatlichem Auftrag für geheime Regierungsdokumente. In seiner kargen Wohnung wird er von seiner »Butterfly« aufgesucht.
Zwei Jahre später wird Gallimard verhaftet. Es kommt zu einer Gerichtsverhandlung, in der Monsieur Song seine Spionagetätigkeit gesteht und einräumt, daß die »traditionellen chinesischen Sexualpraktiken«, die er mit Gallimard ausgeübt hat, seine eigene Erfindung waren. Gallimard habe ihn nie ganz nackt gesehen. Im Gefangenentransporter auf dem Weg zur Haftanstalt sind die beiden allein. Song zieht sich nackt aus. Diesmal kniet er sich vor Gallimard nieder und sagt immer noch: »Ich bin deine Butterfly.« Doch der Gedemütigte wendet sich ab: »Was ich liebte, war eine perfekte Lüge. Ich bin ein Mann, der eine Frau liebte, die von einem Mann erschaffen wurde.«
Während Song per Flugzeug das Land verläßt, inszeniert Gallimard seinen letzten Auftritt. Vor den versammelten Gefangenen schminkt er sich zu der Musik aus der Puccini-Oper selbst als Madame Butterfly. »Ein ehrenhafter Tod ist noch immer besser, als sein Leben in Schande zu verbringen.« In dem Wahnsinn, er sei zur Madame Butterfly geworden und müsse sich opfern, schneidet er sich mit einem Taschenspiegel die Halsschlagader auf und stirbt unter dem Beifall der Mitgefangenen, die die Echtheit seines Selbstmordes nicht erkennen.

ZUM FILM: »Gallimard hat mich als Rolle fasziniert, weil es mir großen Spaß macht, möglichst ungewöhnliche Charaktere darzustellen – obwohl es mich ein wenig ärgert, daß solche Rollen mir ein Außenseiter-Image eingebracht haben. Für mich ist M. BUTTERFLY ein Film über eine Obsession mit der – wenn man das so nennen kann – Erotik des Ostens. Es geht um einen Mann, der sich in eine ganze Kultur verliebt – eine Kultur, in der Frauen eine dienende Rolle spielen. Ich glaube, daß trotz der Emanzipation immer noch viele Männer dieses Frauenbild für unwiderstehlich halten – wie Gallimard. Er ist so fas-

René Gallimard (Jeremy Irons) bereitet sich in einem französischen Gefängnis auf seinen letzten Auftritt vor. Regisseur David Cronenberg arbeitete bei ›M. Butterfly‹ (1993) bereits zum zweiten Mal mit Jeremy Irons zusammen.

ziniert von seiner ›Butterfly‹, daß er es über Jahre hinweg akzeptiert, sie nie nackt zu sehen. Ich persönlich finde übrigens, daß in unserer Gesellschaft Nacktheit ohnehin überbewertet wird. Ich teile mit Gallimard eine Vorliebe für das Verschleierte, Unbekannte, Geheimnisvolle. Dunkelheit und ein schweres Parfüm – das ist erotischer als nacktes Fleisch.«[238]
Für David Cronenberg kam gar kein anderer für die Rolle in Frage: »Seit Die Unzertrennlichen sind wir Freunde, und für Gallimard konnte ich mir keinen Besseren vorstellen.«[239]
Und Jeremy Irons erfüllt wieder einmal die Rolle des korrekten, diesmal sogar überkorrekten Paradebürgers, dessen plötzliche Leidenschaft ihn völlig aus der Bahn wirft. Gallimards Frau, dargestellt von Barbara Sukowa (immerhin die Nummer drei auf der Besetzungsliste) verschwindet seltsamerweise sehr früh völlig aus dem Film. Sicherlich würde sie nur stören, aber

da sie ja bereits als mißtrauisch eingeführt wurde, *müßte* sie auch stören. Doch bereits nach drei Szenen konnte die Bundesfilmpreisträgerin (ROSA LUXEMBURG, 1986) wieder ihre Koffer packen. Sie hat noch nicht einmal einen Filmkuß von Jeremy Irons bekommen. Statt dessen entwickelt sich die Liebesbeziehung zwischen Song und Gallimard immer weiter. Die Glaubwürdigkeit wird jedoch dadurch erschüttert, daß Gallimard Song begeistert abnimmt, schwanger zu sein. Von da an entbehrt der Film scheinbar seiner Grundlage, weil jeder weiß, daß Oral- und Analverkehr nicht optimal sind, um eine Schwangerschaft herbeizuführen. Doch Cronenbergs unverblümte Antwort darauf: »Ich bin immer überrascht, wenn die Leute nicht glauben, daß Gallimard Songs wahres Geschlecht nicht erkennt, denn normalerweise würde er doch sein Glied in ihre Scheide einführen wollen. Nur das würde einen normalen Mann befriedigen … Song erfindet aber eine gefälschte chinesische Kultur, sie erfindet eine ›althergebrachte chinesische Liebestechnik‹, die sie wunderschön und begehrenswert anwendet.« Brigitte Desalm hat es einfach (wieder einmal) treffend formuliert: »Ob wir das nun glauben oder nicht, darum geht es nicht bei Cronenberg – eher um die erotisierende Kraft der Selbsttäuschung und um die Realität jenes Abgrunds, der sich geschlechtliche Identität nennt und an den er uns ganz nah heranführt.« [241]

Daß dies eine Gratwanderung ist, die den Zuschauern einiges abverlangt, weiß Cronenberg: »Doch wenn sie einen Weg finden, daß es in ihrer Vorstellung funktioniert als Teil von Gallimards Charakter, dann ist es gut … Ich habe aus ihm keinen lediglich total Sexbesessenen und Begriffsstutzigen gemacht, so daß man denken könnte, er wäre blöd. Ich hätte sonst nicht Jeremy mit seiner starken Leinwandpräsenz besetzt; das würde man ihm nicht abnehmen. Ich wollte Jeremy genau deshalb, weil er einen glauben machen kann, daß er seine Ungewißheit ganz gewollt hinauszögert. Er wird nicht getäuscht, er will getäuscht werden.«[242]

David Cronenbergs Credo: »Die Dinge sind außerhalb menschlicher Kontrolle. Sie werden bestimmt von Schicksal und Zufall. Und wenn wir das nicht bis zum alleräußersten Extrem be-

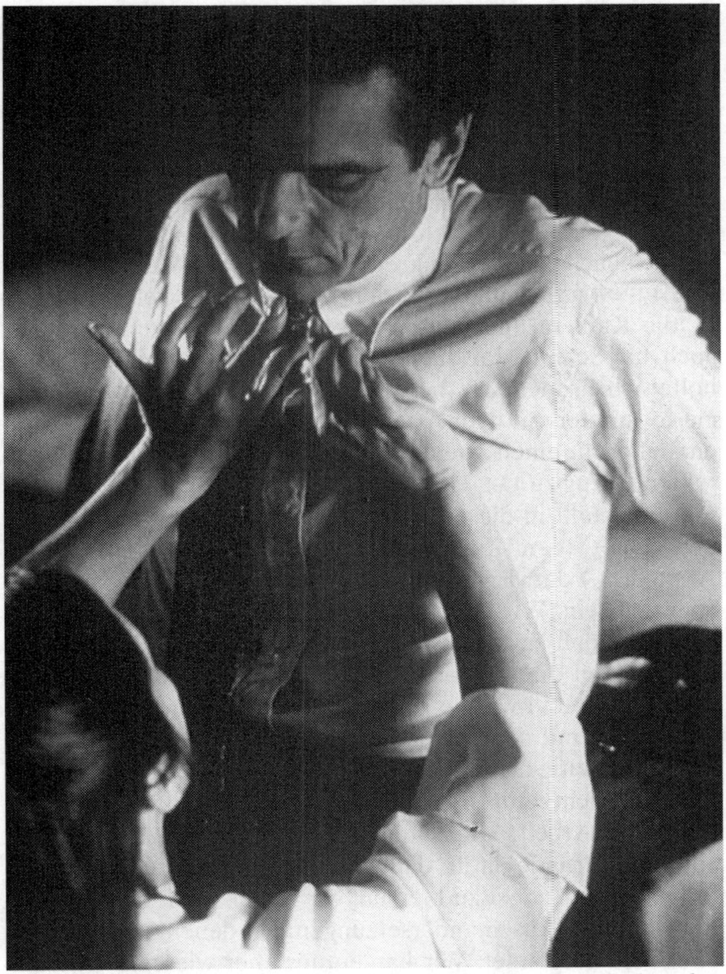

Die Verführungskünste von Song Liling (John Lone) entlocken dem französischen Botschaftsangestellten René Gallimard (Jeremy Irons) nicht nur heiße Leidenschaften, sondern auch militärische Geheimnisse (›M. BUTTERFLY‹; 1993).

greifen, haben wir nicht die geringste Chance, es selbst in der Hand zu haben. Wir tappen nur im dunkeln.«[243] »Ich glaube, die Menschen müssen einfach akzeptieren, wie seltsam Men-

schen wirklich sind. Im viktorianischen Zeitalter haben Männer bestimmt 20 Jahre lang nicht die Vagina ihrer Frau gesehen. Das ist gar nichts Erstaunliches. Die menschliche Sexualität hat eine unglaublich starke Kraft; sie ist losgelöst worden von der lebenserhaltenden Funktion der Fortpflanzung und ist heutzutage fast eine abstrakte Kraft.«[244]
Die 17 Millionen Dollar teure Produktion führte David Cronenberg, der bis dahin nur im heimischen Kanada gedreht hatte, auch nach China, Frankreich und Ungarn. Wie bei DIE UNZERTRENNLICHEN führte wieder der Engländer Peter Suschitzky die Kamera und komponierte Howard Shore die Musik; auch für Schnitt, Production Design, Kostüme und Casting holte sich Cronenberg dieselben Leute in sein Team. Er engagierte mit Jeremy Irons zum erstenmal den gleichen Hauptdarsteller für einen zweiten Film. Aber er stellt auch einen direkten Bezug zu DIE UNZERTRENNLICHEN her:
»Jeremy stellt in diesem Film eine Kombination aus Beverly und Elliot (den Zwillingen aus DIE UNZERTRENNLICHEN, Anm. d. A.) dar. Er ist Beverly, der danach strebt, mehr wie Elliot zu sein. Wir haben Witze darüber gemacht. Es war interessant, daß es für uns beide eine gemeinsame Vergangenheit gab, auf die wir uns beziehen konnten, wenn wir Szenen diskutierten und wie sie gespielt werden sollten. Das funktionierte auch mit dem Kameramann und dem Team. Man wird sich gegenseitig nicht überdrüssig, sondern beflügelt einander. Es geht nicht ums Ego, sondern um die Herausforderung durch die Arbeit. Und dann sind alle sehr effizient. Das ist einer der Gründe dafür, daß wir es schafften, noch unter dem festgelegten Budget zu bleiben; wir hatten nicht diese ganzen individuellen Auseinandersetzungen, bei denen man nur Zeit und Geld vergeudet. Wir kamen uns eher wie eine Guerilla-Kampftuppe vor – wirklich zusammengehörig und schlagkräftig. Das hängt sehr stark mit den Leuten zusammen, mit denen ich arbeite, und mit meiner Gnadenlosigkeit gegenüber dem Drehbuch (Cronenberg meint damit, daß sein Drehbuch schon

Rechte Seite: Die drei Gesichter von Song Liling (John Lone) in: ›M. BUTTERFLY‹ (1993)

vor dem Drehbeginn klipp und klar festgelegt ist und so wenig umfangreich wie nötig, ohne überflüssige Einstellungen. Anm. d. A.) Obwohl es mein aufwendigster Film bisher war, fühlte ich mich geborgen. Ich hasse es, wenn dieses Gefühl abhanden kommt. Ich halte das für wesentlich.«

»Natürlich ist es auf der anderen Seite ein völlig anderer Film, ich befürchtete aber: ›Werden Jeremy und ich uns anöden, weil wir gegenseitig unsere Tricks kennen, und deshalb nicht beide das Beste geben?‹ Aber wir kommen beide so gut miteinander aus, daß wir nicht alles für selbstverständlich halten. Es war gefährlich genug, und natürlich war John Lones Anwesenheit am Drehort sehr einflußreich. Zwischen John und Jeremy spielte sich sehr viel Interessantes ab, so daß alles doch wieder neuartig wurde, denn bei DIE UNZERTRENNLICHEN waren es nur Jeremy und Jeremy. Sonst niemand. Auf eine bestimmte Weise war John Lone eine Variante von Geneviève Bujold in DIE UNZERTRENNLICHEN. Er war so intensiv damit beschäftigt, bei den Dreharbeiten als Frau zu wirken. Er wollte unbedingt vermeiden, daß Jeremy ihn als Mann zu Gesicht bekam. Er war wirklich unsere Hauptdarstellerin, das war großartig.«[245]

Als Cronenberg den Verantwortlichen von Warner Brothers erste Ausschnitte zeigte, hatte er hauptsächlich die Massenszenen und die Bilder von der Chinesischen Mauer zusammengestellt, was sie jubilieren ließ: »Sie haben den Film so gemacht, wie wir uns das immer mit unseren anderen Filmen vorstellen. Mein Gott, Sie haben für 17 Millionen einen epischen Film gedreht, der nach verdammten 50 Millionen aussieht.«[246] Doch darauf kam es Cronenberg überhaupt nicht an. Er wollte nicht die grandiose Landschaft oder beeindruckende Schauplätze hervorheben, so wie es manche Einstellungen vermuten lassen, sondern das Innenleben seiner Figuren.

So wurden zum Beispiel mehrere Versionen des Gesichtsausdrucks von Jeremy Irons in der Gerichtsszene gedreht, als Gallimard zum erstenmal mit der Tatsache konfrontiert wird, daß Song ein Mann ist. »Wir probierten verschiedene Dinge bei dieser Reaktionsaufnahme aus. Eine Variante war: ›Warum ist sie so angekleidet? Warum gibt sie vor, ein Mann zu sein?‹ Ein kleines Lächeln, dann etwas Verwirrung und dann ein bißchen von dem Gefühl: ›Ich wußte es sowieso, aber ich wollte es nicht wissen.‹ Das ist sehr komplex.«[247]

Der aufwendig gedrehte Film M. BUTTERFLY entstand parallel zu der britischen Low-Budget-Produktion THE CRYING GAME des Iren Neil Jordan, in dem sich ebenfalls ein Mann in eine Frau verliebt, die sich als Mann (Transvestit) herausstellt. Und es war THE CRYING GAME, der zuerst herauskam, dem die größere Aufmerksamkeit zuteil wurde und der besonders in den USA zum Riesenhit avancierte. Neben einigen »Oscar«-Nominierungen erhielt Regisseur und Drehbuchautor Jordan für sein Skript sogar die begehrte Trophäe.

Bemerkenswert am Rande: Die deutsche »Freiwillige Selbstkontrolle« hat sich selbst übertroffen und den Film ab zwölf Jahren freigegeben. Hark Bohm etwa mußte 1975 noch für seinen Jugendfilm NORDSEE IST MORDSEE über zwei 14jährige in die dritte Instanz gehen, um eine Altersfreigabe ab 16 zu bekommen.

Bei M. BUTTERFLY handelt es sich um eine wahre Geschichte, die allerdings in Wirklichkeit mit zwei je sechsjährigen Gefängnisstrafen und späterer Begnadigung endete. Die Beteiligten hießen Bernard Boursicot und Shi Pei Pu und sorgten durch den Spionage-Prozeß 1986 für Aufsehen und Schlagzeilen. Shi Pei Pu wurde Boursicot als Mann vorgestellt, der in der Peking-Oper Frauenrollen spielt. Erst als Shi Pei Pu ihm erklärte, daß er eigentlich eine Frau sei, aber seine Mutter wegen der Geringschätzung von Frauen in China behauptet habe, sie sei ein Junge, gingen die beiden ihre Beziehung ein. Die 20 Jahre andauernde Liebesgeschichte wurde von David Henry Hwang zu einem erfolgreichen Broadway-Theaterstück umgearbeitet, das diesem Film zugrunde liegt. Ohne das Theaterstück hätte Cronenberg sich seiner Aussage nach eher an die Wahrheit gehalten und den Aspekt der unterdrückten Homosexualität stärker herausgearbeitet: daß Gallimard eigentlich homosexuell sei, aber zur Verwirklichung seiner Sexualität ein feminines Wesen schuf.

Der deutsche Synchronschauspieler für Jeremy Irons ist diesmal Randolph Kronberg, der neben Eddie Murphy auch William

Hurt, Ryan O'Neal und viele andere synchronisiert. Angestrebtes Ziel von Synchronautor und -regisseur Joachim Kunzendorf ist es, die Synchronrollen nach der größten Stimmähnlichkeit zu besetzen. Er war der Meinung, daß Kronbergs Stimme der von Jeremy Irons mehr entsprach als Frank Glaubrechts Organ. Von seiten des Verleihers wurden keine Vorgaben gemacht.

KRITIKEN:
»... Der Film jedoch erzählt nicht den Fall Boursicot nach, sondern filtert Boursicots Geschichte durch Cronenbergs künstlerische Vision. So entstand ein Werk voller Intelligenz, Spannung und Geheimnis, in dem Abgründe der menschlichen Sexualität und Seele ausgelotet werden. Ungewöhnliche Liebesgeschichte oder Polit-Parabel, Schauermärchen oder tiefenpsychologischer Filmessay – M. BUTTERFLY ist nichts davon und doch alles zugleich. Genau wie Song Liling gleichzeitig Mann und Frau ist, und doch weder ganz das eine noch das andere – aber immer faszinierend.« (Dr. Bert Büllmann in: *Cinema*)[248]

»Auf der Bühne wurde David Henry Hwangs Geschichte eines französischen Diplomaten, der eine lang anhaltende Affäre mit einer Diva der chinesischen Oper hat, ohne daß er merkt, daß sie ein Spion und ein Mann ist, mit zahlreichen Mitteln theatralischer Stilisation dargestellt. So wurde die Unglaubwürdigkeit kaschiert (obwohl der Fall, auf dem das Stück beruht, real ist). David Cronenbergs Film ist größtenteils realistisch gedreht und bietet keinerlei Erklärung dafür, warum Jeremy Irons nur so uninformiert darüber sein kann, daß die weiblichen Hauptrollen der Peking-Oper von Männern gespielt wurden, oder wieso er glauben kann, daß er seine ›Geliebte‹, John Lone, geschwängert habe. Irons spielt die Rolle aus vollster Seele, und seine letzte Szene ist die beste.«[249] (George Perry in: *The Sunday Times*)

»... Jeremy Irons' präzise Darstellung des Gallimard unterscheidet sich kaum von seinem obsessiv liebenden Diplomaten aus dem Film VERHÄNGNIS. Allerdings treibt Cronenberg die Selbstzerstörung bis an die äußerste Grenze. Dabei interessiert ihn nicht der latente homosexuelle Konflikt der Geschichte,

Jeremy Irons synchronisierte den Part des Bösewichts Scar in dem erfolgreichsten Disney-Zeichentrickfilm aller Zeiten ›Der König der Löwen‹ (1994) – auf deutsch: Thomas Fritsch.

sondern die Verstrickung eines Mannes in die Vision von der Liebe, für die er alles opfert: ›Madame Butterfly‹ mit vertauschten Rollen ... «[250] (Angelika Buscha in: *TV Movie*)

Der König der Löwen
(The Lion King); USA 1994; Zeichentrickfilm.
Stimmen in der Originalfassung: Jeremy Irons (Scar), Whoopi Goldberg (Shenzi), James Earl Jones (King Mufasa), Matthew Broderick (Der erwachsene Simba), Cheech Marin (Banzai), Robert Guillaume (Rafiki). *Deutscher Kinostart:* 17.11.1994.

Der Film spielte bereits am ersten Wochenende in den USA sensationelle 40,6 Millionen Dollar ein, überflügelte damit alle bisherigen Disney-Startrekorde und landete auf Platz vier in der Bestenliste der amerikanischen Kinogeschichte. In den ersten zehn Tagen kamen 100 Millionen zusammen. Bis Ende 1994 spielte der Film in den USA fast 300 Millionen Dollar ein. (Zum Vergleich: Pretty Woman – 178 Millionen.)
In der deutschen Version synchronisierte Thomas Fritsch die Rolle des Scar.

Projekte, aus denen nichts wurde

Jenseits von Afrika

(Out of Africa); USA 1985; *Regie:* Sydney Pollack.

Jeremy Irons bemühte sich verzweifelt um die männliche Hauptrolle an der Seite von Meryl Streep. Doch der Amerikaner Robert Redford bekam den Zuschlag. »Ich rief Meryl (Streep) an, ich schrieb an den Produzenten, ich kämpfte wirklich hart um die Rolle. Ich wußte, daß Redford die Schauspielerei keinen Spaß mehr machte und er auch völlig fehlbesetzt für die Rolle war – zu alt und Amerikaner –, aber Redford war ein Freund des Produzenten, so daß er dann doch besetzt wurde.«[251]

Bram Stoker's Dracula

(Bram Stoker's Dracula); USA 1992; *Regie:* Francis Ford Coppola.

Jeremy Irons gehörte zu den Kandidaten, die in der engeren Auswahl standen, den Grafen Dracula in Coppolas opulenter Wiederbelebung des Klassikers »Dracula« aus der Feder des irischen Autors Bram Stoker zu verkörpern. Es wäre sicher eine sehr interessante Besetzung gewesen, zumal James V. Harts Drehbuch neben der bestialischen Seite des Karpatenfürsten stärker den romantischen Aspekt des viktorianischen Horrorromans betonte. Irons hätte dem Herrscher der Schattenwelt auf jeden Fall mehr Charisma verliehen, als dies Gary Oldman schaffte (oder ihm gestattet wurde). Mit 33 Jahren wurde Oldman der jüngste Dracula-Darsteller, der auch andere Konkurrenten um die Rolle wie den Iren Gabriel Byrne und den Spanier Antonio Banderas aus dem Feld schlagen konnte.

Was vom Tage übrig blieb

(Remains of the Day); Großbritannien 1993; *Regie:* Richard Attenborough.

Jeremy Irons war ursprünglich 1991 für die Rolle des Butlers Stevens vorgesehen und Meryl Streep für die der englischen Haushälterin Miss Kenton, als Mike Nichols noch Regie führen sollte. Es ist »die Studie eines opportunistischen, emo-

tional zurückgenommenen Butlers, dessen ganzes Augenmerk seiner Arbeit gilt und der gar nicht begreift, was ihm dadurch entgeht und welche Fehler er begeht«. *(Kölner Stadt-Anzeiger)*
»Mike bekam aber kalte Füße wegen Meryl als Haushälterin«, erklärt Jeremy Irons, »und dann kalte Füße wegen des ganzen Projekts. Ich glaube, er brauchte dringend einen kommerziellen Erfolg, nachdem sein voriger Film IN SACHEN HENRY/REGARDING HENRY keiner wurde. Sobald Meryl nicht mehr dabei war, verlor ich auch mein Interesse. Sie und ich haben eine gemeinsame Geschichte.«[252] Als James Ivory das Projekt übernahm, fand er Anthony Hopkins, mit dem er zuvor schon in WIEDERSEHEN IN HOWARD'S END (1992) zusammengearbeitet hatte, für die Rolle geeignet. Und mit Emma Thompson wurde eine wirkliche Engländerin engagiert, die in WIEDERSEHEN IN HOWARD'S END die Hauptrolle gespielt und dafür den »Oscar« erhalten hatte.

EVITA
Jeremy Irons war kurze Zeit im Gespräch, bei der Verfilmung des Musicals von Andrew Lloyd Webber die Rolle des Peron an der Seite von Madonna zu spielen, doch er lehnte ab: »Es war keine gute Rolle. Ich möchte nicht Mr. Evita sein. Ich weiß nicht, warum das bekannt wurde. Ich rede nicht gerne über Rollen, solange ich noch keinen Vertrag habe. Ich sagte zu Madonna während einer Werbeunterbrechung der ›Oscar‹-Verleihung, daß es mir leid täte. Und sie sagte: ›Nicht halb so leid, wie es mir tut.‹«[253] Doch inzwischen hat Andrew Lloyd Webber sich energisch dagegen gewehrt, daß Madonna die Titelrolle spielt. Und auch Regisseur Oliver Stone hat Madonna gar nicht erst in Erwägung gezogen. Als schließlich Michelle Pfeiffer für die Rolle feststand, wurde das ganze vieldiskutierte Projekt aus finanziellen Erwägungen dann 1994 doch abgeblasen.

Weitere Aktivitäten

1987: Schallplattenaufnahme des Musicals »My Fair Lady« mit Jeremy Irons als Professor Higgins (bei der Premiere 1956 und im Spielfilm 1964: Rex Harrison; in Deutschland: Paul Hubschmid und Friedrich Schönfelder; in Österreich: Josef Meinrad im Theater an der Wien; Michael Heltau in der Wiener Volksoper). Als Eliza Doolittle ist Opernstar Kiri Te Kanawa zu hören.

1990: Aufnahme der Lesung des Romans »Die Geliebte des französischen Leutnants« von John Fowles für den Audiokassetten-Vertrieb (Collins Audio).

1990: Zusammen mit Derek Jacobi spricht Jeremy Irons den Kommentartext der amerikanischen Dokumentarserie »The Civil War«. Die Serie, in der es um den amerikanischen Bürgerkrieg von 1861 bis 1865 geht, wird von 20 Millionen Amerikanern gesehen.

23.3.1991: Jeremy Irons wirkt in der »Saturday Night Live«-Show des Senders NBC im amerikanischen Fernsehen mit. Zwei Tage später steht die »Oscar«-Verleihung an. »Ich werde heute mit Sicherheit das Wort ›Oscar‹ nicht in den Mund nehmen. Ich habe sogar die Holzschnitzerei angefangen, um mich davon abzulenken.« Er zeigt dem Live-Publikum zwei hölzerne »Oscars«. Später präsentiert er noch zwei »Oscar«-förmige Kerzen und tritt obendrein in einem Boxer-Bademantel auf. »Wählt mich!« steht darauf.

1991: Mitwirkung in dem Fernsehkurzfilm »The Dream«. Erstsendung: 31.3.1991, BBC 2. Er spielt einen Charakter ähnlich den Figuren in Dostojewskis Romanen. »Der Pessimismus, mit dem das Böse als steter Bestandteil der menschlichen Natur dargestellt wurde, war dermaßen trostlos, daß man sich am liebsten den Kopf abgehackt hätte.«[254]

November 1991: In dem 40minütigen Dokumentarfilm »Autogeddon« von Heathcote Williams, der die Übermacht der Autos in der heutigen Gesellschaft und ihre Auswirkungen auf Mensch und Umwelt zum Thema hat, ist Jeremy Irons der Erzähler (BBC 2). »Ich ärgerte mich über Jeremy Irons' pastorales Gehabe, nicht über Heathcote Williams' Polemik. Irons schien nie die Kraft oder die Vision zu haben, uns von unserer

Rechte Seite: Als Wettgast bei Thomas Gottschalk in »Wetten daß ...« gibt Jeremy Irons als fairer Wettverlierer ein Lied zum besten.

Abhängigkeit vom Auto zu befreien. Er schien es vielmehr zu genießen, uns selbstmörderische Idioten zu nennen … Ein schirmdünner Pastor, der mürrisch und unbeweglich auf der Kanzel steht, die Lippen kräuselt, um den benzinverseuchten Horror eines weltweiten Schrotthaufens anzuprangern.«[255] (Lynne Truss: »Driving Towards Destruction« in: *The Times*)
1994: Jeremy Irons ist Gast in der ZDF-Sendung »Wetten daß … «. Die Sendung hat eine enorme Einschaltquote, weil sie zum erstenmal seit Thomas Gottschalks Wechsel zum Privatsender RTL wieder von ihm moderiert wurde, nachdem Günther Lippert vom Unterhaltungschef des ZDF abserviert worden war. Jeremy Irons' Wetteinsatz ist ein Song, den er zum besten geben will. Er verliert seine Wette und singt zusammen mit zwei Musikern der deutschen Band »Scorpions« den schönen, langsamen Song »Wonderful Tonight« von Eric Clapton, bei dem er sich selbst mit der Gitarre begleitet.
22.2.1994–3.3.1994: Das neunte internationale Dublin Film Festival in Irland ehrt Jeremy Irons mit einer Retrospektive seiner Filme. Im Programmheft werden seine Verdienste hervorgehoben: »Seine herausragende Karriere ist besonders bemerkenswert wegen der Breite der emotionalen Gegensätze seiner Rollen, die vom sexuell besessenen Parlamentsmitglied über ein wahnsinniges Ärztepaar bis zum isolierten polnischen Gastarbeiter reicht. Seine einfühlsame Darstellung solcher Charaktere macht ihn zu einer idealen Stimme unserer Zeit und zu einem der gefragtesten Schauspieler im heutigen Filmgeschäft. Das Dublin Film Festival präsentiert voller Stolz diese Ehrerbietung für einen Schauspieler, der beständig die Zuschauer durch seine extrem vielseitige Karriere erfreut und in Staunen versetzt.«[256] Folgende Filme werden in überwältigend gutbesuchten Vorführungen gezeigt: DAS GEISTERHAUS, DIE GELIEBTE DES FRANZÖSISCHEN LEUTNANTS, SCHWARZARBEIT, MISSION, DIE UNZERTRENNLICHEN, DANNY DER CHAMPION, DIE AFFÄRE DER SUNNY VON B., M. BUTTERFLY. Jeremy Irons ist zur Aufführung des Films DAS GEISTERHAUS anwesend und stellt sich einem ausführlichen öffentlichen Gespräch mit Irlands führendem Filmjournalisten Michael Dwyer von der *Irish Times.*

1994 ist Jeremy Irons die Retrospektive des 9. Dublin Film Festival gewidmet, eine Ehre, die sonst nur Iren zuteil wird. Das Foto auf dem Poster stammt aus ›Die Geliebte des französischen Leutnants‹ (1981), einem von acht Filmen aus der Werkschau.

14.6.1994: Jeremy Irons ist Gast in der Talk-Show von David Letterman »The Late Show«, die vom Pay-TV-Sender »Premiere« über Kabel und Satellitenschüssel unverschlüsselt ausgestrahlt wird. In Lettermans lockerer, anspruchsloser und von

Witzen, Anekdoten und spontanen Ideen geprägter Show entwickelt sich folgendes Gespräch:

Irons: Es ist schön, hier zu sein.

Letterman: Wie steh'n die Dinge?

I: Ganz gut. Ich habe ein Haus gebaut.

L: Oh, Mann, das ist toll. Darum beneide ich Sie. Wo bauen Sie es denn, hier in diesem Land, woanders?

I: Nein, in Irland. Darum würden Sie mich nicht beneiden.

L: Wirklich? (Gelächter)

I: Nein, ich meine, die Iren sind großartig. Aber diese Bauleute – die muß man überwachen. (Gelächter) Glücklicherweise sind meine Bauarbeiter prima. Vielleicht sehen die gerade diese Sendung, das ist ja mit den Satelliten heutzutage möglich. Also die sind große Klasse. Aber ein Freund von mir hat auch dort ein Haus gebaut. Er hatte irische Bauarbeiter. Er wollte sich das Haus ansehen. Sie sagten: »Es ist fertig, fast fertig.« Er kam in den Flur. Der war blau angestrichen. So sagte er: »Aber ich wollte doch cremefarben.« Darauf sagte der Bauleiter: »Keine Sorge, wir ändern das, kein Problem.« Er antwortete: »Also gut, in Ordnung.« Er ging weiter durch den Flur und sagte: »Die Treppe sollte doch laut Grundriß auf der anderen Seite sein. Sie haben sie aber …« – »Keine Sorge, überhaupt kein Problem, nur ein kleines Problem, wir ändern das für Sie.« Er geht die Treppe hinauf, durch das Schlafzimmer ins Badezimmer und sagt: »Die Kacheln sollten doch grau sein. Sie sind cremefarben. Was haben Sie angestellt? Und die Badewanne sollte eigentlich …« – »Keine Sorge.« Der Bauleiter öffnet das Fenster und ruft hinaus: »Die grüne Seite nach oben!« Er schließt das Fenster. Zurück im Schlafzimmer: »Der Einbauschrank sollte doch nicht dorthin. Er sollte …« – »Keine Sorge, Sir.« Wieder am Fenster: »Die grüne Seite!« – »Warum rufen Sie denn immer ›Die grüne Seite nach oben‹?« – »Kein Problem, kein Problem, Sir, sie verlegen nur den Rasen.« (Gelächter, Applaus)

Rechte Seite: Ein gerngesehener Gast: Talkmaster und Spaßvogel David Letterman plaudert mit Jeremy Irons in der »Late Night Show« im »Ed Sullivan Theatre« am Broadway.

L: »Die grüne Seite nach oben!«
I: Deshalb sollte man darauf achten, was sie machen.
L: Wird das ein großes Haus?
I: Klein.
L: Ein kleines Haus?
I: Man muß sich ducken.
L: Ist es wie ein irisches Bauernhaus, falls es so was gibt?
I: Es ist eine Schutzhütte.
L: Eine Schutzhütte?
I: Sie ist gleich am Wasser. Man kann aus zwei Fenstern heraus angeln.
L: Ist ja großartig. Können Sie das wirklich? Und welche Fische sind in dem See, dem Strom, dem Fluß?
I: Meeräschen. Es ist ein Fluß, der ins Meer mündet. Äschen sind schwierige Fische, denn sie sind Bodenfresser. Deshalb muß man sie für einige Tage in frischem Wasser aufbewahren, nachdem man sie gefangen hat. Dann reinigen sie sich selbst, und man kann sie essen.
L: Na, das sieht ja nach einer Menge Arbeit aus.
I: In der Mitte des Flusses gibt es auch Lachse. Das müßte Sie doch begeistern.
L: Apropos Begeisterung: Fiebern Sie mit dem Basketball in New York City mit? (Die New York Knicks waren gerade in der Endspielserie um die amerikanische Meisterschaft, Anm. d. A.)
I: Sie reden besser nicht mit mir über Basketball.
L: Wirklich?
I: Nein, ich wüßte nicht, was ich über Basketball sagen könnte. Ich meine, wir spielen es in meiner Heimat nicht. Sie haben diese ganze Begeisterung, die laute Unterstützung, Sie selbst tragen ja auch dazu bei. Ich wüßte nichts damit anzufangen. Ich habe ein wenig Kricket ziemlich schlecht gespielt. Ich konnte nie mit dem Schlagholz den Ball treffen.
L: Ist Kricket denn ein schwieriges Spiel?
I: Ich halte es für unerträglich schwierig, ja. Die Bälle werden auch sehr hart geworfen.
L: Ja, und sie müssen einmal aufspringen. Sie titschen den Ball auf, bevor er geschlagen wird.

I: Oder auch nicht.

L: Oh, Sie können ihn auch ohne Aufspringen werfen?

I: Körperdichtes Werfen. Ja, er kommt direkt auf einen zu. Sie tragen heute überall Schutzkleidung.

L: So, das wußte ich noch nicht. Ich habe öfter Kricketspiele live gesehen. Ich finde, es fasziniert einen etwa die ersten acht Minuten. (Gelächter) Doch dann kommt es einem wie Wochen vor. Es ist immer dasselbe.

I: Aber Sie haben doch schon Engländer getroffen. Sie wissen doch, wie wir sind. Wir halten das aus – tagelang. Wir sitzen einfach da rum. (Gelächter) Es ist wunderbar. Ich denke das von vielen Spielen. Ich habe einmal versucht, Hockey zu spielen. Ich war auf dem Außenflügel, und plötzlich kam der Ball auf mich zugerollt. Ich hob den – wie immer das auch heißt – Schläger und schlug mir damit kräftig auf den Knöchel. Ich fiel hin. Danach bekam ich den Ball nie mehr zugespielt. Ich hab's auch nie wieder gespielt. Rugby, Rugby ist mein Spiel.

L: Ja, also Rugby ist ein tolles Spiel. Da kann man sich wirklich ernsthaft verletzen, beim Rugby. Aber das Zuschauen ist schön. Ich habe mal über irgendeinen Satellitensender ein australisches Rugbyspiel gesehen. All die verdeckten Fouls. Ein schönes Spiel.

I: Es ist ein wunderbares Spiel, speziell für heranwachsende Jungen. Es ist sehr körperbetont und sehr hart. Man muß sehr mutig sein. Als ich spielte, war ich nicht sehr mutig. Ich bin immer gestolpert, wenn ich die Beine von jemandem mit den Armen umschlingen sollte. Ich kam damit nicht so gut zurecht – immer die Schuhe des Gegners im Gesicht. Aber einmal habe ich einem die Beine umschlungen, doch in Ihrem Land. Hier in den USA rechnet niemand damit, daß die Beine umschlungen werden, denn hier spielt man es nicht so. Ich war also …, haben wir dafür eigentlich noch Zeit?

L: Wie gut ist die Geschichte denn? (Gelächter)

I: Na ja, dann wenden wir uns besser etwas anderem zu.

L: Glauben Sie mir, wir haben alle Zeit der Welt.

I: Dann versuche ich's kurz.

L: Entweder das, oder zurück zu den Niagara-Fällen (Anspielung auf die vorherige Reportage, Anm. d. A.).

I: Also gut, dann werde ich es ein wenig ausschmücken.

L: Ich schlage vor, wir unterbrechen für die Werbung, und danach haben Sie so viel Zeit, wie Sie brauchen, okay?

I: Sehr gut.

L: Wir kommen gleich zurück mit Jeremy Irons. (Applaus)

L: Wie geht's? Jeremy Irons ist hier. Wir sprachen gerade über Ihre eigenen sportlichen Erfahrungen, und Sie erwähnten, daß Sie durch Ihre Rugbykenntnisse jemandem die Beine umschlungen haben?

I: Ja, ein kleiner ruhmreicher Moment in einem ansonsten langweiligen Leben. Nach einer Theateraufführung ging ich zusammen mit Glenn Close die Eighth Avenue entlang. Bei uns waren John Irving, der, glaube ich, wenn er nicht schreibt, Catcher ist, ein großer Mann, und seine Frau.

L: Auch Catcherin. (Gelächter)

I: Seine Sparring-Partnerin. Zwei Abende zuvor war Glenn die Handtasche gestohlen worden, und sie hat sich dementsprechend aufgeführt, wie Frauen das tun, wenn sie etwas verlieren. Sie wissen das, dann ist es nicht leicht, mit ihnen zusammenzusein. Und ich war mit ihr schon zwei Abende zusammen, also zwei Abende mit ihr, an denen wir Vorstellungen gaben, seit die Handtasche weg war. Nach der Aufführung gingen wir zum Abendessen. Und plötzlich hörte ich diesen kurzen Aufschrei, dieses knappe: »O Gott!« Ich drehte mich um. Es war Glenn. Ich war mit John Irving vorangegangen. Glenn starrte dem Mann nach, der die Straße herunterlief und ihre neue Handtasche gestohlen hatte. Ich dachte nur: »Nicht noch einmal! Nicht zweimal hintereinander das Theater.« Das würde ich nicht aushalten. Das Leben war unerträglich geworden. Deshalb glaubte ich, daß John und ich ihn schnappen müßten. Also rannte ich los und jagte den Dieb, John direkt hinter mir, dach-

Rechte Seite: »Gestenreich weiß Jeremy Irons allzu menschliche Geschichten als Gast bei Talkmaster David Letterman zu erzählen.

te ich. Ich erreichte ihn und schmiß meine Arme um seine Beine. Er stürzte. Ich nahm ihn in den Schwitzkasten und stellte ihn an eine Wand.

L: Das klingt sehr gefährlich.

I: Ja, man hatte mich davor gewarnt, aber man macht sich darüber keine Gedanken. Jetzt stand er an der Wand. Was sollte ich tun? In dem Moment hörte ich hinter mir eine Stimme: »Lassen Sie den Mann los, und gehen Sie beiseite!« Ich dachte: »Jetzt mache ich alles, was man von mir verlangt. Ich gehe einfach.« Ich drehte mich um, und dieser Mann in einem schäbigen Regenmantel und mit einer Pistole bewaffnet kam auf mich zu. Ich dachte: »Das habe ich jetzt nicht mehr im Griff.« Ich entfernte mich also. Der Mann im Regenmantel stellte sich als Polizist heraus. Aber John Irving kniete zwei Häuserblocks weit entfernt und band sich seinen Schnürsenkel. Er hatte gar nicht bemerkt, das ich weg war. (Gelächter) Das ist also Ihr »amerikanischer Macho«. Das war keine große Leistung. Er zahlte dann das Abendessen.

L: Es klingt, als ob er feige ist, das hört sich jedenfalls für mich so an. Haben Sie denn irgendeine Belohnung erhalten, oder wurde darüber lobend berichtet?

I: (Pause) Nein. (Gelächter)

L: Kommen wir zu Ihrem neuen Film THE LION KING. Sie sind, sie spielen den alten …

I: Den alten Löwen.

L: Den alten Löwen »Scar«, ist das der Name des Kerls?

I: Richtig. Aber es ist mir peinlich, daß Sie gesagt haben, daß das mein neuer Film ist. Es ist ein Zeichentrickfilm.

L: Ja, aber Sie haben sich doch diesmal besonders viel Mühe gegeben. Er ist spektakulär.

I: Es ist ein sehr, sehr guter Zeichentrickfilm.

L: O ja, diese Leute von Disney sind wahre Zauberer bei dieser Art von Filmen.

I: Ich hasse es, wenn Sie denken, daß ich wie eine Zeichentrickfigur spiele. (Gelächter)

L: Nein, es ist eher eine Reminiszenz an Claus von Bülow in DIE AFFÄRE DER SUNNY VON B, nicht wahr.

»Es ist mir peinlich, daß sie gesagt haben, daß das mein neuer Film ist. Es ist ein Zeichentrickfilm.« Jeremy Irons zu seiner (akustischen) Rolle als Scar (rechts) in ›Der König der Löwen‹ (1994). Links der junge Simba.

I: Nun, ich glaube, daß ich deshalb ausgewählt wurde. Ich denke aber eher, daß es völlig anders ist. Ich habe ein wenig recherchiert, nicht über alte Männer, sondern über Löwen. Ich bin aber nicht in den Zoo gegangen. Man muß damit sehr vorsichtig umgehen. Einige Schauspieler – ich überhaupt nicht – nehmen sehr viele Unannehmlichkeiten auf sich, um sich für eine Rolle vorzubereiten.

L: Das hört man immer wieder. Sie begleiten Polizisten, sie verbringen ihre Zeit im Operationssaal.

I: Sie leben mit den Löwen. Sie reisen nach Afrika und leben wochenlang unter Löwen. Ich habe daran gedacht, aber ich habe auf der Schauspielschule meine Lektion gelernt. Das Grundprinzip auf der Schauspielschule war: Wenn du menschliches Verhalten studieren möchtest, mußt du in den Zoo gehen. Denn alle Tiere bewegen sich wie bestimmte Menschen. Der Schauspiellehrer verbrachte selbst sehr viele freie Nachmittage dort, die er genoß. Doch in der letzten Zeit bevorzugte er es, die Gorillas zu studieren. Er stand vor dem Käfig, dachte: »Wie ungewöhnlich«, und machte ihre Laute nach. Ihm wurde plötzlich klar, daß er den Gorillas zugrunzte und diese darauf reagierten. Da merkte er, daß eine Gruppe Schulkinder sich hinter ihm versammelt hatte, die die Gorillas sehen wollte, und nicht, wie er mit diesen sprach. Also dachte er: »Ich verschwinde besser.« Er ging und sah sich den restlichen Zoo an. Auf dem Weg zum Ausgang kam er wieder am Gorillakäfig vorbei. Also, wenn Gorillas einen ins Herz geschlossen haben, schmeißen sie einem ihre Sch … (gelöscht) zu. (Gelächter, Applaus) Das machen sie wirklich. Das ist ihre Ausdrucksform der Zuneigung.

L: Wissen Sie, wir hatten vor einigen Monaten einen Gast hier, der sich auch solcher Worte bediente. (Gelächter) (Zu CBS-Orchesterleiter Paul Schaefer:) Weißt du noch, Paul?

P: Ja.

L: Die gleiche Art, genau diese Weise. (Anspielung auf Talkgast Madonna, die David Letterman durch ihre unanständigen, ordinären Ausdrücke zu provozieren versuchte, Anm. d. A.) – Das habe ich ja gar nicht gewußt.

I: Doch, und so kam er vorbei, und dieses schwarze Gorillaweibchen warf es. Es flog durch das Gitter und verteilte sich wie Granatensplitter. Es landete überall. Also wollte ich nicht herausfinden, was Löwen tun. (Gelächter)

L: THE LION KING kommt bald heraus, jetzt, oder läuft er schon?

I: Ich schaue ihn mir morgen in der Radio City Hall an.

L: Wie schön für Sie. Von dem, was ich gesehen habe, kann ich sagen, daß Sie eine sehr gute Arbeit geleistet haben, wie immer.

I: Es ist eine wunderbare Figur. Sie ist reizend. Der Zeichner ist aber auch wunderbar. Man sollte niemals den Zeichner vergessen, der die Bilder anfertigt. Ich gebe ja nur meine Stimme hinzu.

L: Ja, aber es muß doch zusammenpassen?

I: Sicherlich, richtig.

L: Sie haben das sehr gut gemacht.

I: Aber wenn ich zuviel rede, ist es seine Schuld.

L: Schön, daß Sie da waren, Jeremy. Haben Sie einen schönen Sommer, und kommen Sie wieder, wann immer Sie wollen. Jeremy Irons, Ladies und Gentlemen, da ist er. (Applaus)

Ein Ziel von Jeremy Irons besteht darin, eines Tages auch Regie zu führen, doch so weit ist er momentan noch nicht. »Das ist wohl die befriedigendste Arbeit in diesem Geschäft. Doch es ist auch die härteste Herausforderung. Wenn ich mir meine Freunde anschaue, die Regisseure sind, die sich um ihre Projekte jahrelang bemühen, bis sie dann doch abgeblasen werden oder verfälscht, dann denke ich, daß wir als Schauspieler besser dran sind. Wir können eine Rolle annehmen oder ablehnen. Wir kommen, spielen, werden bezahlt und verschwinden. Ich glaube, die Karriere eines Regisseurs ist viel schwieriger. Ich vermute aber, daß ich beides verbinden könnte und gleichzeitig spiele.«

»Ich habe darüber mit Leuten gesprochen. Als Schauspieler, finde ich, muß man sich wie ein Kind in die Obhut eines väterlichen Regisseurs begeben können. Im Idealfall Als Regisseur muß man wie ein Vater sein. Beide Rollen trennen zu können, ist möglich, aber ich fürchte, daß beide darunter leiden, weil die Art der Wahrnehmung eine völlig andere ist. Das Umschalten vom Schauspielersein zum Regisseursein innerhalb einer Szene, was ja notwendig wäre – ich weiß nicht. Als Schauspieler mußte ich Zwillinge in DIE UNZERTRENNLICHEN spielen, wo ich von einer Rolle zu anderen wechseln konnte. Das war eine Herausforderung, aber es funktionierte und gefiel mir.«[257]

So wird er vielleicht eines Tages wie Laurence Olivier, Kenneth Brannagh, Clint Eastwood, Robert Redford, Warren Beatty, Jack Nicholson oder Kevin Costner Filme mit sich selbst inszenieren, »wenn mir das Spielen alleine nicht mehr ausreicht und ich noch mehr hinzugelernt habe. Aber ich möchte mir in erster Linie eine Position bewahren, in der mir alle guten Rollen, die ich spielen möchte, angeboten werden. Ich möchte in der ganzen Welt für gute Einspielergebnisse sorgen, damit man mir Rollen vorschlägt und die Zuschauer wegen mir ins Kino gehen.«[258]

Jeremy Irons auf gut deutsch

Jeremy Irons hat selbst eine volle, sonore und sehr modulationsreiche Stimme, mit der er ein sehr gepflegtes und prononciertes Englisch spricht. Sie läßt nicht nur die Schulung durch Schauspielschule und Theatererfahrung erkennen, sondern spiegelt auch die Kultiviertheit der Erziehung und des nach außen hin »korrekten« Wesens wider. Deutschsprachigen Zuschauern bleibt diese angenehme Stimme leider in der Regel vorenthalten, da – wie seit Jahrzehnten hierzulande üblich – Filme und Fernsehsendungen synchronisiert werden. Besonders bei Spielfilmen wird dabei häufig auf hochwertigem künstlerischem und technischem Niveau gearbeitet, zumeist mit dem Idealziel, der Originalvorlage in der Charakterzeichnung und stimmlichen Entsprechung möglichst nahe zu kommen. Obwohl an den Schreib- und Schneidetischen und hinter den Mikrofonen im Aufnahmeatelier Präzisionsarbeit geleistet wird, besteht deren Qualitätsmerkmal darin, unerkannt zu bleiben. Gerade dann ist sie ja besonders gelungen. Mit diesem Widerspruch leben die Autoren, Techniker und Schauspieler ganz gut. Wird auch der Assistenzkranschwenker aus dem dritten Aufnahmeteam noch im Nachspann erwähnt, so bleibt derjenige, dessen Stimme den ganzen Film hindurch in der Hauptrolle zu hören ist, unerwähnt.

Seltsamerweise wird in Besetzungsfragen auf die Hörgewohnheiten der Zuschauer nicht immer Gewicht gelegt. Zwar gibt

Rechte Seite: Frank Glaubrecht, deutscher Synchronschauspieler, der Jeremy Irons am häufigsten synchronisiert, bei der Arbeit: ›Schwarzarbeit‹ (1982), ›Mission‹ (1986), ›Die Unzertrennlichen‹ (1988), ›Kafka‹ (1991), ›Verhängnis/Damage‹ (1992), ›Waterland‹ (1992); Wolfgang Hess synchronisiert Jeremy Irons in ›Das Geisterhaus‹ (1993); Christian Wolff ist in ›Die Geliebte des französischen Leutnants‹ (1981) Jeremy Irons' deutscher Synchronschauspieler; Rolf Becker leiht Jeremy Irons in ›Geschichten aus Hollywood‹ (1991) seine Stimme; Randolph Kronbergs vielbeschäftigtes Organ ist aus Jeremy Irons' Mund zu hören in ›M. Butterfly‹ (1993); Jürgen Thormann ist als deutsches Pendant von Jeremy Irons in ›Die Affäre der Sunny von B.‹ (1990) zu hören, für den Irons einen »Oscar« erhielt.

Frank Glaubrecht

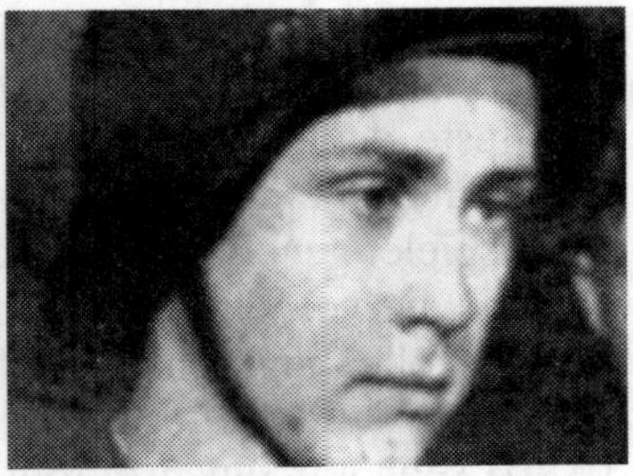
Glaubrecht in ›Die Brücke‹

Wolfgang Heß

Christian Wolff

Rolf Becker

Randolph Kronberg

Jürgen Thormann

es Filmschauspieler, wie Whoopi Goldberg, Meryl Streep, Robert De Niro, Arnold Schwarzenegger, Danny DeVito, die ihre feste deutsche Stimme haben, aber im Fall von Jeremy Irons hat es mindestens acht verschiedene deutsche Synchronschauspieler gegeben. Dennoch soll hier Frank Glaubrecht besonders hervorgehoben werden, weil er Irons in sechs anspruchsvollen und schwierigen Filmen (SCHWARZARBEIT, MISSION, DIE UNZERTRENNLICHEN, KAFKA, VERHÄNGNIS, WATERLAND) sehr gut synchronisiert hat, ihm damit am häufigsten seine Stimme lieh, die auch am allerbesten paßt.
(Alle folgenden Zitate stammen aus einem Gespräch, das im September 1994 stattfand.)
Der Berliner Frank Glaubrecht (geboren am 15.7.1943) wurde durch den berühmten Anti-Kriegsfilm DIE BRÜCKE von Bernhard Wicki bekannt. Als 16jähriger stand er hier neben Fritz Wepper, Volker Lechtenbrink, Cordula Trantow u. v. a. vor der Kamera. Er trat in der Fernsehserie »Die Bräute meiner Söhne« mit Ilse Werner auf, spielte in den Fernsehfilmen »Der Tod des Iwan Iljitsch«, »Dreizehn Briefe«, »Smit II heiratet«, »Berliner Antigone«, »Anker auf und Leinen los« mit und hat auch auf Berliner Theaterbühnen gestanden.
Seit vielen Jahren ist er in der Synchronisation tätig, inzwischen auch als Regisseur. Zwar hat er den Beruf zeitweise aufgegeben, um als Tontechniker zu arbeiten, doch aus Existenzgründen wurde die Arbeit am Synchronmikrofon bald wieder sein Haupterwerb. Durch Werbung hat er sich nicht verschlissen. (»Es gibt zwei Grenzen, die nach oben, da entscheiden andere drüber, die nach unten hat man selbst in der Hand.«) Dem Theater hat er abgeschworen (»Ist nicht mein Ding«), und Aufgaben im Bereich Film und Fernsehen vor der Kamera reizen ihn wegen mangelnder Herausforderungen in Deutschland seit längerem auch nicht mehr. Für Angebote aus Frankreich oder Italien wäre er aber aufgeschlossener.
Er ist froh, in der Synchronarbeit »seine Nische gefunden zu haben«, und wenn man die Liste der von ihm synchronisierten Stars liest, weiß man auch, warum: Mel Gibson, Al Pacino, Paul Hogan, David Bowie, Richard Gere, James Woods, Pierce Brosnan, Alain Delon, Patrick Dewaere, Guy Marchand, Ber-

nard Giraudeau, Richard Dreyfuss, Dirk Bogarde. Durch Wiederholungen ist er auch akustischer Fernsehdauergast in Serien wie »Starsky & Hutch« (Paul Michael Glaser), »Vegas« (Robert Urich), »Remington Steele« (Pierce Brosnan), »Kaz & Co.« (Ron Leibman) etc. Auf den aktuell größten Kinostar Kevin Costner hält sein deutsches Pendant nicht allzu große Stücke: »Beim Synchronisieren sind mir Rollen lieber, die lebhaft und nuanciert sind. Bei den Amerikanern erlebt man oft diese dimensionslose Kaugummisprache. Auch Kevin Costner spricht diese hinterwäldlerische Mischung aus den Südstaaten und Kalifornien, wo er eigentlich nur den Unterkiefer etwas hin und her bewegt. Ich bemühe mich, das im Deutschen nicht zu hölzern klingen zu lassen.«

Filme, die er selbst synchronisiert hat, schaut sich Frank Glaubrecht nicht mehr an, weil durch die intensive Arbeit im Aufnahmeatelier eine gewisse Sättigung erreicht wird. »Ich gehe nur in solch einen Film, wenn Freunde mich dazu zwingen. Ich bin im übrigen ein Cineast. Ich schaue mir Filme gerne in der Originalversion an.« Es soll allerdings auch Frauen geben, die wegen Frank Glaubrechts Stimme zu Filmfans wurden.

»Man wundert sich oft, welche Firma einen Film letzten Endes bekommt, da hat man ja keinen Einfluß drauf. Ich kann mir ja keine Rolle erklagen, und da gibt es schon gehörige Unterschiede in der Art und Weise, wie mit einem Film verfahren wird. Das Synchronbuch bekommt man vorher, wenn es optimal ist mit einer Videokassette, und man kann den Text mitlesen und Anmerkungen und Veränderungsvorschläge notieren. Aber wenn man etwas, mit dem man nicht einverstanden ist, neu schreiben würde, umarbeiten würde, das würde einem ja niemand bezahlen … Da muß man auch professionell denken.«

Als Jeremy Irons in DIE AFFÄRE DER SUNNY VON B. und DAS GEISTERHAUS ältere Charaktere spielte, wurde entschieden, auch ältere Synchronschauspieler zu engagieren. »Jeremy Irons hat gezeigt, daß er sehr wandlungsfähig ist. Thormann (in DIE AFFÄRE DER SUNNY VON B.) ist 20 Jahre älter als er. Er hat mit Sicherheit eine ganz andere Stimme. Aber da spielt dann auch eine Rolle, was man filmisch, technisch und künstlerisch bei

den Dreharbeiten alles machen kann. Das sind Elemente, die schon bei der künstlerischen Konzeption festgelegt werden und ihre eigene Aussagekraft haben.«
Allerdings besteht in solchen Fällen – unabhängig von den großartigen Leistungen der anderen Schauspieler – keine unbedingte Notwendigkeit der Umbesetzung. Vielmehr kommt hier dem Synchronregisseur die Aufgabe zu, den bewährten, dem Publikum vertrauten Synchronschauspieler in ähnlicher Weise zu fordern, wie dies bei Jeremy Irons selbst auch geschah. Auch wenn ein Synchronregisseur, der bereits mit Frank Glaubrecht an einem Jeremy-Irons-Film (WATERLAND) mit hervorragendem Resultat zusammengearbeitet hat, meint, die Stimme eines anderen Synchronschauspielers hätte mehr Ähnlichkeit mit Jeremy Irons' Originalstimme, und deshalb umbesetzt (M. BUTTERFLY), hat er trotz der anerkennenswerten Ernsthaftigkeit seiner Bemühungen nicht unbedingt recht. Die Stimmähnlichkeit ist weniger von Bedeutung als die Erfassung des Charakters.
»Bei der Synchronregie liege ich anders. Einen Walther Matthau muß man ›bauchig‹ besetzen, egal wie gut die Stimme mit dem Original übereinstimmt, und zum Beispiel bei Jeremy Irons muß die Stimme einen gewissen Intellekt ausstrahlen. Das eine ist eine Kartoffelstimme, das andere eine geschliffenere aus einer anderen Gesellschaftsschicht.«
Jeremy Irons ist für Frank Glaubrecht ein Perfektionist. »Bei Irons merkt man, er weiß, daß Bühne nichts mit Film zu tun hat. Er macht nie zuviel in den Nahaufnahmen, er wirkt nie outriert. Er ist immer bemüht, die Figur stark zu charakterisieren. Nichts wirkt aufgesetzt.«

Danksagung

Karin Thielmann

Karla und Kurt Prüßmann, Inge und Edgar Thielmann, Arnd Prüßmann, Isabelle De Rochette, Bärbel und Bernd J. Schulz, John Boorman, David Letterman, Susanne Bröskamp, Christoph Dewenter, Caroline Keely, Noreen Fahy & Anne Whelan (The Irish Film Institute Library, Dublin), David McLoughlin (Dublin Film Festival Manager), Sybille Hasselbusch (vox), Erik Carstens (vox), Sabine Roß (Eiler Synchron, Berlin), Anno Storbeck (Magma Synchron, Berlin), Sascha Güttler (SMG), Heidi Hollerauer (Concorde), Tamara Szolar (Take 90/2), Egon Hase, Frau Bachmann (Warner Home Video), Dominique Pfetten (Constantin Video), Magnus Vortmeyer (Pressebüro Werner/Hamburg), Mark Wickfeld (Buena Vista, München), Amerika Haus Köln, British Council Köln und Harold Pinter.

Mein Dank gilt besonders allen Autorinnen und Autoren, die ich zitiert habe, denn Sie haben durch Ihre Leistung die meine erst ermöglicht.

Ein speziellen Dank an Frank Glaubrecht, der Jeremy Irons am häufigsten und stets vortrefflich synchronisiert hat und der mir im Gespräch wesentliche Elemente der Schauspielkunst erhellte.

Jeremy Irons
c/o Hutton Management
200 Fullham Road
London SW 10, England

Literaturangaben

Adair, Gilbert: NIJINSKY in *Monthly Film Bulletin,* Juni 1980.

Adair, Gilbert: UN AMOUR DE SWANN in *Monthly Film Bulletin,* April 1984.

Aldridge, David: »Film of the Month: DEAD RINGERS« in Film *Review*, Januar 1989.

Aldridge, David: »Seeing Double«; Interview mit David Cronenberg in *Film Review,* Januar 1989.

Allende, Isabel: »Das Geisterhaus« – Das Buch zum Film – Bilder und Texte, Frankfurt/M. 1993.

Althen, Michael: »Tragödien lächerlicher Männer« in *Die Zeit,* 8.1.1993.

Archibald, Lewis: Interview mit Jeremy Irons in *Arts Weekly,* 27.10.1982.

Barber, Lynn: Mostly Men – Interviews with Famous People, London 1991.

Barklay, Richard in *Sunday Express,* zit. nach: »Artificial Eye«, Videoanbieter der englisch untertitelten Fassung, 1991.

Bartosch, Günter: Das große Heyne Musical-Lexikon, München 1994.

Battersby, Ellen: »The Waterlanders« in *The Irish Times,* 26.9.1992.

Bennett, Leslie: Interview mit Jeremy Irons in *New York Times,* 9.1.1984.

Bernard, Jean-Jacques: AUSTRALIA in *Premiere* (franz.), September 1989.

Bernard, Jean-Jacques: »Fanny Ardant Passionnément« in *Premiere* (franz.), September 1989.

Berrigan, Daniel: THE MISSION Diary in *American Film,* November 1986.

Billson, Anne: »Jeremy Irons« in: Park, James (Hg.): The Virgin Film Yearbook Volume 8, London 1989, S. 244.

Blum, Doris: »Der Urwald als Gleichnis der Seelen« in *Die Welt,* 21.5.1986.

Blunck, Dr. Malwine: DANNY – DER CHAMPION in *Cinema,* Januar 1990.

Blunck, Dr. Malwine: Interview mit Jeremy Irons in *Cinema,* Februar 1991.

Braun, Harald: ALLES NUR THEATER in *Cinema,* Februar 1992.

Braun, Harald: VERHÄNGNIS in *Cinema,* Januar 1993.

Braun, Harald: WATERLAND in *Cinema,* März 1993.

Brown, Geoff: »All Hail the Master of the Stiff Upper Lip; Jeremy Irons« in *The Times,* 27.3.1991.

Das Buch Ruth, 1, 16 in: Die Bibel oder die ganze Heilige Schrift des Alten und Neuen Testaments, Stuttgart 1955, S. 279.

Büllmann, Dr. Bert: M. BUTTERFLY in *Cinema,* Dezember 1993.
Buscha, Angelika: M. BUTTERFLY in *TV Movie,* 25/1993.
Cameron-Wilson, James: The Cinema of Robert De Niro, London 1986.
Carty, Ciaran: »Return of a Spoiled Saint«, Zeitungsartikel im Archiv des Irish Film Institute, o. A.
Carty, Ciaran: WATERLAND in *Sunday Tribune,* 27.9.1992.
Claussen, Christiane: »Frankreichs neue Wunderwaffe« in *Stern,* 3/1993.
Cohan, Steven und Ina Rae Hark (Hg.): Screening the Male – Exploring Masculinities in Hollywood Cinema, London/New York 1993.
Cronenberg, David in einem Interview mit dem belgischen Fernsehen.
Cronenberg, David in *take one – FILM IN CANADA,* Herbst 1993.
Current Biography Yearbook 1984, New York 1984.
Deevy, Patricia: »Putting the Irons in Sinéad's Soul« in *Sunday Independent,* 27.9.1992
Desalm, Brigitte: »Erstickt in Kultiviertheit« in *Kölner Stadt-Anzeiger,* 16.1.1993.
Desalm, Brigitte: »Mit geschlossenen Augen« zu M. BUTTERFLY in *Kölner Stadt-Anzeiger,* 11.12.1993.
Desalm, Brigitte: »Priester greifen zum Schwert« zu MISSION in *Kölner Stadt-Anzeiger,* 21.5.1986.
Desalm, Brigitte: »Ein schuldbewußter Vampir mit der Feder; Zu Franz Kafkas 100. Geburtstag« in *Kölner Stadt-Anzeiger,* 5.7.1983.
Desalm, Brigitte: »Der Snob und die Lebedame – Wie Schlöndorff Marcel Proust illustriert« zu EINE LIEBE VON SWANN in *Kölner Stadt-Anzeiger,* 24.3.1984.
Doherty, Michael: »Simply Sinéad«, Artikel im Archiv des »Irish Film Centre« Dublin ohne weitere Angaben.
9. Dublin Film Festival 1994, Programmheft.
Dwyer, Michael: »What Katy Did« in *The Irish Times,* 19.9.1992.
Everschoor, Franz: MISSION in *film-dienst,* 25/1986.
Feldvoß, Marli: DANNY – DER CHAMPION in *epd Film,* 1/1990.
Feldvoß, Marli: VERHÄNGNIS in *epd Film,* Januar 1993.
Fischer, Robert (Hg. & Übersetzung): François Truffaut Briefe 1945–1984, Zusammengestellt von Gilles Jacob und Claude de Givray, München 1994, S. 305 f.
Frischauer, Paul: Theatergeschichte in vier Bänden, München 1977.
Garis, Leslie: »The French Lieutenant's Woman Meryl Streep« in *The Sunday Tribune Magazine*, 17/1981.
Greiner, Ulrich: »K. im Schloß« in *Die Zeit,* 2.10.1992.
Gussow, Mel: »Von Ehen und anderen Gemeinheiten«, in *Die Welt,* 24.3.1990.
Halliwell, Leslie: »Halliwell's Film Guide«, 7. Aufl., London, Glasgow, Toronto, Sydney, Auckland 1990.

Halliwell, Leslie u. Philip Purser: Halliwell's Television Companion, 3. Aufl., London 1986.

Hamacher, Rolf-Ruediger: ALLES NUR THEATER in *film-dienst,* 5/1992.

Hamacher, Rolf-Ruediger in: Programmankündigung zu DIE GELIEBTE DES FRANZÖSISCHEN LEUTNANTS von Uni-Film Köln, o. J.

Haslberger, Hubert: BETRUG in *film-dienst,* 5/1984.

Huebner, Friedrich Markus: »Das Werk Heinrich Manns« in *Zeit im Bild. Moderne illustrierte Wochenzeitschrift,* 25.11.1913. Zit. nach: Werner, Renate (Hg.): Heinrich Mann – Texte zu seiner Wirkungsgeschichte in Deutschland, Tübingen 1977.

Jaehne, Karen: »Visit to the Doctor« – Interview mit Jeremy Irons in *Film Comment,* Oktober 1988.

Jenny, Urs: »Die schönen, schrecklichen Fratzen der Liebe« (zu EINE LIEBE VON SWANN) in *Der Spiegel,* 12/1984.

Johnstone, Iain: »A Disturbing Case of Claustrophobia« in *Sunday Times,* 13.1.1991.

Johnstone, Iain: »Enter the Irons Age; Oscar Winner, Jeremy Irons« in *Sunday Times,* 31.3.1991.

Johnstone, Iain: »Fame Is Not the Spur; Jeremy Irons« in *Sunday Times,* 16.8.1992.

Johnstone, Iain: Interview mit Juliette Binoche (»Yes, yes, oh yes, minister«) in *The Times,* 7.2.1993.

Johnstone, Iain zu MISSION, zit. nach: Yule, Andrew: Enigma – David Puttnam – The Story so far … , a.a.O., S. 347.

Just, Lothar R. (Hg.): Film-Jahrbuch 1987, München 1987.

Just, Lothar R. (Hg.): Film-Jahrbuch 1988; München 1988.

Just, Lothar R. (Hg.): Film-Jahrbuch 1989; München 1989.

Just, Lothar R. (Hg.): Film-Jahrbuch 1990, München 1990.

Just, Lothar R. (Hg.): Film-Jahrbuch 1991, München 1991.

Karasek, Hellmuth: »Niemandsland Psyche« in *Der Spiegel,* 7/1989.

Katholisches Institut für Medieninformation e.V. und Katholische Filmkommission für Deutschland (Hg.): Lexikon des Internationalen Films, Reinbek bei Hamburg 1987.

Kennedy, Harlan: »Metamorphosis Man« – Interview mit Jeremy Irons in *American Film,* November/Dezember 1991.

Kelly, Cathy: »Sinéad Gagged!« in *Sunday World,* 27.9.1992.

»Kennwort Kino«/3Sat

Kilb, Andreas: DIE UNZERTRENNLICHEN in *epd Film,* Februar 1989.

Koenig, Rhoda: Interview mit Jeremy Irons in *New York,* 23.1.1984.

Koll, Horst Peter: DANNY – Der Champion in *film-dienst,* 2/1990.

Koll, Horst Peter: WATERLAND in *film-dienst,* 5/1993.

Kruttschnitt, Christine: »Ich weiß, wie es ist, Flüchtling zu sein«, Interview mit Isabel Allende in *Stern,* 43/1993.

Lons, Donald: »Lubricating the Muse« in *Film Comment,* Januar/Februar 1992.
Malcolm, Derek in *The Guardian,* zit. nach: »Artificial Eye«, Videoanbieter der englisch untertitelten Fassung, 1991.
Maltin, Leonard: TV Movies and Video Guide, 9. Aufl., New York 1988.
Martin, Mick und Marsha Porter: Video Movie Guide 1992, New York 1991.
Martinez, Antonio in *La Época,* zit. nach: Sieber, Malte: »Kulturelle Arroganz & Ignoranz« in *Frankfurter Rundschau,* 30.4.1994.
McElvoy, Ann: »Film Maker Raises Kafka's Ghost in Old Prague; Czechoslovakia« in *The Times,* 26.10.1990.
McGillivray, David: DEAD RINGERS in *Films and Filming,* Februar 1989.
Mevissen, Sven: Interview mit David Cronenberg in *TV Movie,* 25/1993.
Milne, Tom: MOONLIGHTING in *Monthly Film Bulletin.*
Möller, Barbara: »Liebe und Leidenschaft, vom Wind verweht« zu DAS GEISTERHAUS in *Rheinischer Merkur/Christ und Welt,* 22.10.1993.
Möller, Barbara: »Tragödie eines Erfolgreichen« in *Rheinischer Merkur/Christ und Welt,* 1.1.1993.
Moritz, Rainer: »Entstaubter Puderzucker – Suche nach dem neuen Proust: Luzius Kellers Textrevision« in *Rheinischer Merkur/Christ und Welt*, 9.9.1994.
Morris, Janet: A CHORUS OF DISAPPROVAL in *Film Review,* November 1989.
Naughton, John: »Jeremy Revisited«, Interview mit Jeremy Irons in *Premiere* – UK Edition, April 1994.
Newton, Sarah: *The Times,* 22.8.1992.
Nightingale, Benedict: »Exiles in the Dream Factory« in *The Times,* 16.11.1992.
Norman, Barry zu EINE LIEBE VON SWANN in *Film ›84,* zit. nach »Artificial Eye«, Videoanbieter der englisch untertitelten Fassung, 1991.
o. A.: »The World Applauds a Matinee Idol For All Seasons; Jeremy Irons«, in *Sunday Times,* 13.1.1991.
Park, James (Hg.): The Virgin Film Yearbook Volume 8, London 1989.
Pavlovic, Milan: DAS GEISTERHAUS in *Kölner Stadt-Anzeiger,* 22.4.1994.
Peitz, Christiane: »Die Untoten« zu DAS GEISTERHAUS in *Die Zeit,* 22.10.1993.
Perry, George: M BUTTERFLY in *The Sunday Times,* 8.5.1994.

Porter, Melinda Camber: »DAMAGE Due to His Self-Sacrifice; Louis Malle« in *The Times,* 29.1.1993.

Post, Anita zu BETRUG in *Kölner Stadt-Anzeiger,* 25.2.1984.

Punt, Steve zu WATERLAND in *The Times,* 11.10.1992.

Richardson, John in *Vanity Fair,* zit. nach: o. A.: »The World Applauds a Matinee Idol For All Seasons; Jeremy Irons«, in *Sunday Times,* 13.1.1991.

Robbins, Helen W.: »›More Human Than I Am Alone‹ – Womb Envy in David Cronenberg's *The Fly* and *Dead Ringers«* in: Cohan, Steven und Ina Rae Hark (Hg.): Screening the Male – Exploring Masculinities in Hollywood Cinema, London/New York 1993.

Rodley, Chris und David Cronenberg: Cronenberg on Cronenberg, London, Boston 1993.

Romney, Jonathan: DAMAGE in *Sight & Sound,* Februar 1993.

Schäfer, Horst und Walter Schobert (Hg.): Fischer Film Almanach 1991; Frankfurt/M. 1991.

Schaper, Michael: »Tiger in der Manege« in *Stern* 30/1983.

Scherer, Marie-Luise : »Die eiskalte Sphäre der Hocharistokratie« in *Der Spiegel,* 7/1984.

Scheuer, Steven H.: Movies on TV and Videocassette, New York, Toronto, London, Sydney, Auckland 1991.

Schlenz, Kester: DIE UNZERTRENNLICHEN in *Cinema,* Februar 1989.

Sieber, Malte: »Kulturelle Arroganz & Ignoranz« in *Frankfurter Rundschau,* 30.4.1994.

Simmons, David: »Turbulenzen im spießigen Badeort« in *Kölner Stadt-Anzeiger,* 25.1.1992.

Skolimowski, Jerzy und Mark Shivas: Au Clair de la Lune or, how a British feature is made in less time than it takes to tell about it«, in *Monthly Film Bulletin,* September 1982.

S. P.: »Der Haustyrann« zu DAS GEISTERHAUS in *freundin,* 22/1993.

Stein, Sophie: Interview mit Jeremy Irons: »In jeder Hinsicht ›very british‹«, in *Brigitte* 24/1986.

Thain, Andrea: Meryl Streep; Hollywoods neues Gesicht, München 1987.

Thielmann, Karin: »Swann drüber«, spontane Äußerung in einem lustigen Gespräch, Köln, 15.8.1994.

Truss, Lynne zu »The Dream« in *The Times* 30.3.1991.

Truss, Lynne: »Driving Towards Destruction« in *The Times,* 2.11.1991.

Ulrich, Franz: SCHWARZARBEIT in *film-dienst,* Nr. 23 771.

Verleihinformation zu: ALLES NUR THEATER (Impuls-Film, Hamburg).

Verleihinformation zu: BETRAYAL – BETRUG -(Concorde-Film, München).

Verleihinformation zu: DANNY – DER CHAMPION (Metropol, München).
Verleihinformation zu: EINE LIEBE VON SWANN, (Concorde-Film, München).
Verleihinformation zu: VERHÄNGNIS (NEF 2, München).
Verleihinformation zu: WATERLAND (Concorde-Film, München).
von Thüna, Ulrich: WATERLAND in *epd Film,* März 1993.
Walker, Alexander in *The Standard,* zit. nach: »Artificial Eye«, Videoanbieter der englisch untertitelten Fassung, 1991.
Wehrmann, Elisabeth: »Sehnsucht als Spiel«, Interview mit Jeremy Irons in *Die Zeit,* 8.1.1993.
Werner, Renate (Hg.): Heinrich Mann – Texte zu seiner Wirkungsgeschichte in Deutschland, Tübingen 1977.
Yule, Andrew: Enigma – David Puttnam – The Story so far … , Edinburgh 1988.
Zehle, Sibylle: »Volker Schlöndorff – Ich bin ein Läufer« in *Die Zeit,* 16.2.1990.
Zurhorst, Meinolf: Robert De Niro; Seine Filme – sein Leben, München, 3. Aufl. 1993.

Zeitschriften/Zeitungen

American Film, Arts Weekly, Bunte, Cinema, epd Film, La Época, FAZ-Magazin, Film Comment, film-dienst, Film Review, Films and Filming, Frankfurter Rundschau, freundin, The Guardian, The Irish Times, Kölner Stadt-Anzeiger, Le Monde, Monthly Film Bulletin, New York, New York Times, Premiere (franz.), Premiere – UK Edition, Rheinischer Merkur/Christ und Welt, petra, Sight & Sound, Der Spiegel, The Standard, Stern, Sunday Express, Sunday Independent, Sunday Times, Sunday Tribune, Sunday World, take one – FILM IN CANADA, The Times, The Times Educational Supplement, TV Movie, Vanity Fair, Die Welt, Westdeutsche Zeitung, Die Zeit, Zeit im Bild. Moderne illustrierte Wochenzeitschrift, Zoom

Anmerkungen

[1] Leider konnte Harold Pinter aus terminlichen Gründen kein Vorwort für dieses Buch verfassen.

[2] Kennedy, Harlan: »Metamorphosis Man«, Interview mit Jeremy Irons in: *American Film,* November/Dezember 1991.

[3] Wehrmann, Elisabeth: »Sehnsucht als Spiel«, Interview mit Jeremy Irons in: *Die Zeit*, 8.1.1993.

[4] *Le Monde,* zit. nach Wehrmann, Elisabeth: »Sehnsucht als Spiel«, Interview mit Jeremy Irons, a.a.O.

[5] Johnstone, Iain: »Fame Is Not the Spur; Jeremy Irons« in: *Sunday Times,* 16.8.1992.

[6] Kennedy, Harlan: »Metamorphosis Man«, a.a.O.

[7] Ebd.

[8] Wehrmann, Elisabeth: »Sehnsucht als Spiel«, Interview mit Jeremy Irons, a.a.O.

[9] Verleihinformation zu BETRAYAL/BETRUG (Concorde-Film, München).

[10] Kennedy, Harlan: »Metamorphosis Man«, a.a.O.

[11] Stein, Sophie: Interview mit Jeremy Irons: »In jeder Hinsicht ›very british‹«, in: *Brigitte* 24/1986.

[12] Kennedy, Harlan: »Metamorphosis Man«, a.a.O.

[13] Archibald, Lewis: Interview mit Jeremy Irons in: *Arts Weekly,* 27.10.1982.

[14] Wehrmann, Elisabeth: »Sehnsucht als Spiel«, Interview mit Jeremy Irons, a.a.O.

[15] Bennett, Leslie: Interview mit Jeremy Irons in: *New York Times,* 9.1.1984.

[16] Wehrmann, Elisabeth: »Sehnsucht als Spiel«, Interview mit Jeremy Irons, a.a.O.

[17] Ebd.

[18] Johnstone, Iain: »Enter the Irons Age; Oscar Winner, Jeremy Irons« in: *Sunday Times,* 31.3.1991.

[19] Wehrmann, Elisabeth: »Sehnsucht als Spiel«, Interview mit Jeremy Irons, a.a.O.

[20] Bartosch, Günter: Das große Heyne Musical-Lexikon, München 1994, S. 200.

[21] o. A.: »The World Applauds a Matinee Idol For All Seasons; Jeremy Irons«, in *Sunday Times,* 13.1.1991.

[22] Koenig, Rhoda: Interview mit Jeremy Irons in: *New York,* 23.1.1984.

[23] Barber, Lynn: Mostly Men – Interviews with Famous People, London 1991, S. 201.

[24] Verleihinformation zu: WATERLAND (Concorde-Film, München).

[25] Battersby, Ellen: »The Waterlanders« in *The Irish Times,* 26.9.1992.

[26] Das Buch Ruth, 1, 16 in: Die Bibel oder die ganze Heilige Schrift des Alten und Neuen Testaments, Stuttgart 1955, S. 279.

[27] Stein, Sophie: Interview mit Jeremy Irons: »In jeder Hinsicht ›very british‹«, a.a.O.

[28] Barber, Lynn: Mostly Men – Interviews with Famous People, a.a.O., S. 198 f.

[29] Carty, Ciaran: »Return of a Spoiled Saint«, Zeitungsartikel im Archiv des Irish Film Institute, o. A.

[30] Kelly, Cathy: »Sinéad gagged!« in: *Sunday World,* 27.9.1992.

[31] Doherty, Michael: »Simply Sinéad«, Artikel im Archiv des »Irish Film Centre« Dublin ohne weitere Angaben.

[32] Ebd.

[33] Naughton, John: »Jeremy Revisited«, Interview mit Jeremy Irons in: *Premiere* – UK Edition, April 1994.

[34] Deevy, Patricia: »Putting the Irons in Sinéad's Soul« in *Sunday Independent,* 27. 9.1992.

[35] Ebd.

[36] Ebd.

[37] Battersby, Ellen: »The Waterlanders«, a.a.O.

[38] Barber, Lynn: Mostly Men – Interviews with Famous People, a.a.O., S. 201.

[39] Stein, Sophie: Interview mit Jeremy Irons: »In jeder Hinsicht ›very british‹«, a.a.O.

[40] Ebd.

[41] Ebd.

[42] Verleihinformation zu: DANNY – DER CHAMPION (Metropol, München).

[43] Stein, Sophie: Interview mit Jeremy Irons: »In jeder Hinsicht ›very british‹«, a.a.O.

[44] Naughton, John: »Jeremy Revisited«, a.a.O.

[45] Ebd.

[46] Ebd.

[47] Stein, Sophie: Interview mit Jeremy Irons: »In jeder Hinsicht ›very british‹«, a.a.O.

[48] Kennedy, Harlan: »Metamorphosis Man«, Interview mit Jeremy Irons in: *American Film,* November/Dezember 1991.

[49] Verleihinformation zu VERHÄNGNIS (NEF 2, München).

[50] Naughton, John: »Jeremy Revisited«, a.a.O.

[51] Ebd.

[52] Ebd.

[53] Ebd.

[54] Barber, Lynn: Mostly Men – Interviews with Famous People, a.a.O., S. 200.

[55] Kennedy, Harlan: »Metamorphosis Man«, a.a.O.

[56] Billson, Anne: »Jeremy Irons« in: Park, James (Hg.): The Virgin Film Yearbook Volume 8, London 1989, S. 244.

[57] Jaehne, Karen: »Visit to the Doctor« – Interview mit Jeremy Irons in: *Film Comment*, Oktober 1988.

[58] Johnstone, Iain: »Enter the Irons Age; Oscar Winner, Jeremy Irons«, a.a.O.
[59] o. A.: »The World Applauds a Matinee Idol For All Seasons; Jeremy Irons«, in *Sunday Times,* 13.1.1991.
[60] Deevy, Patricia: »Putting the Irons in Sinéad's Soul«, a.a.O.
[61] Kennedy, Harlan: »Metamorphosis Man«, a.a.O.
[62] Ebd.
[63] Ebd.
[64] Halliwell, Leslie u. Philip Purser: Halliwell's Television Companion, 3. Aufl., London 1986, S. 487.
[65] Ebd., S. 453.
[66] Adair, Gilbert: NIJINSKY in *Monthly Film Bulletin,* Juni 1980.
[67] Halliwell, Leslie: »Halliwell's Film Guide«, 7. Aufl., London, Glasgow, Toronto, Sydney, Auckland 1990, S. 1941.
[68] Adair, Gilbert: NIJINSKY in *Monthly Film Bulletin,* a.a.O.
[69] Maltin, Leonard: TV Movies and Video Guide, 9. Aufl., New York 1988, S. 751.
[70] Halliwell, Leslie u. Philip Purser: Halliwell's Television Companion, 3. Aufl., London 1986, S. 103.
[71] Johnstone, Iain: »Enter the Irons Age; Oscar Winner, Jeremy Irons«, a.a.O.
[72] Thain, Andrea: Meryl Streep; Hollywoods neues Gesicht, München 1987, S. 136.
[73] Ebd., S. 144 f.
[74] Ebd., S. 146.
[75] Garis, Leslie: »The French Lieutenant's Woman Meryl Streep« in *The Sunday Tribune Magazine,* 17/1981.
[76] Stein, Sophie: Interview mit Jeremy Irons: »In jeder Hinsicht ›very british‹«, a.a.O.
[77] Garis, Leslie: »The French Lieutenant's Woman Meryl Streep«, a.a.O.
[78] Hamacher, Rolf-Ruediger: DIE GELIEBTE DES FRANZÖSISCHEN LEUTNANTS in Programmankündigung von Uni-Film Köln, o.J.
[79] Skolimowski, Jerzy und Mark Shivas: »Au clair de la lune or, how a British feature is made in less time than it takes to tell about it«, *Monthly Film Bulletin,* September 1982.
[80] *Sight & Sound,* Sommer 1982.
[81] Katholisches Institut für Medieninformation e.V. und Katholische Filmkommission für Deutschland (Hg.): Lexikon des Internationalen Films, Reinbek bei Hamburg 1987, S. 3338.
[82] Maltin, Leonard: TV Movies and Video Guide, 9. Aufl., New York 1988, S. 704.
[83] Milne, Tom: MOONLIGHTING in *Monthly Film Bulletin.*
[84] Ulrich, Franz: SCHWARZARBEIT in *film-dienst*, Nr. 23 771.

85 Jaehne, Karen: »Visit to the Doctor«, Interview mit Jeremy Irons in *Film Comment*, Oktober 1988.

86 Haslberger, Hubert: BETRUG in *film-dienst,* 5/1984.

87 Verleihinformation zu BETRAYAL/BETRUG (Concorde-Film, München).

88 Ebd.

89 Haslberger, Hubert: BETRUG, a.a.O.

90 *Sight & Sound,* Herbst 1983.

91 Post, Anita zu BETRUG in *Kölner Stadt-Anzeiger,* 25.2.1984.

92 Nach MacMahons Rücktritt 1879 trat in Frankreichs Politik eine Wendung ein, indem nicht mehr der Präsident, sondern das Parlament die Staatsgeschicke lenkte.

93 Verleihinformation zu: EINE LIEBE VON SWANN, (Concorde-Film, München).

94 Ebd.

95 Desalm, Brigitte: »Der Snob und die Lebedame – Wie Schlöndorff Marcel Proust illustriert« in *Kölner Stadt-Anzeiger,* 24 3.1984.

96 Fischer, Robert (Hg. und Übersetzung): François Truffaut – Briefe 1945–1984, Zusammengestellt von Gilles Jacob und Claude de Givray, München 1994, S. 305 f.

97 Ebd., S.523.

98 Adair, Gilbert: UN AMOUR DE SWANN in *Monthly Film Bulletin,* April 1984.

99 Schaper, Michael: »Tiger in der Manege« in *Stern* 30/1983.

100 Ebd.

101 *FAZ-Magazin,* 16.2.1990.

102 Zehle, Sibylle: »Volker Schlöndorff – Ich bin ein Läufer« in *Die Zeit,* 16.2.1990.

103 Thielmann, Karin: Spontane Äußerung in einem lustigen Gespräch, Köln, 15.8.1994.

104 Moritz, Rainer: »Entstaubter Puderzucker – Suche nach dem neuen Proust: Luzius Kellers Textrevision« in *Rheinischer Merkur/Christ und Welt*, 9.9.1994.

105 Jenny, Urs: »Die schönen, schrecklichen Fratzen der Liebe« (zu EINE LIEBE VON SWANN) in *Der Spiegel*, 12/1984.

106 Norman, Barry zu EINE LIEBE VON SWANN in *Film '84*, zit. nach »Artificial Eye«, Videoanbieter der englisch untertitelten Fassung, 1991.

107 Barklay, Richard in *Sunday Express,* zit. nach: »Artificial Eye«, Videoanbieter der englisch untertitelten Fassung, 1991.

108 Malcolm, Derek in *The Guardian,* zit. nach: »Artificial Eye«, Videoanbieter der englisch untertitelten Fassung, 1991.

109 Walker, Alexander in *The Standard,* zit. nach: »Artificial Eye«, Videoanbieter der englisch untertitelten Fassung, 1991.

110 Desalm, Brigitte: »Der Snob und die Lebedame – Wie Schlöndorff Marcel Proust illustriert« in *Kölner Stadt-Anzeiger,* a.a.O.

[111] Adair, Gilbert: Un Amour de Swann in *Monthly Film Bulletin,* a.a.O.

[112] Scherer, Marie-Luise: »Die eiskalte Sphäre der Hocharistokratie« in *Der Spiegel,* 7/1984.

[113] Stein, Sophie: Interview mit Jeremy Irons: »In jeder Hinsicht ›very british‹«, a.a.O.

[114] Scheuer, Steven H.: Movies on TV and Videocassette, New York, Toronto, London, Sydney, Auckland 1991, S. 1190.

[115] Martin, Mick und Marsha Porter: Video Movie Guide 1992, New York 1991, S. 632.

[116] Maltin, Leonard: TV Movies and Video Guide 1989, a.a.O, S. 1187.

[117] Desalm, Brigitte: »Priester greifen zum Schwert« in *Kölner Stadt-Anzeiger,* 21.5.1986.

[118] Zurhorst, Meinolf: Robert De Niro; Seine Filme – sein Leben, München, 3. Aufl. 1993, S. 194.

[119] Yule, Andrew: Enigma – David Puttnam – The Story so far ..., Edinburgh 1988, S. 271.

[120] Cameron-Wilson, James: The Cinema of Robert De Niro, London 1986, S. 129, zit. nach: Zurhorst, Meinolf: Robert De Niro; Seine Filme – sein Leben, a.a.O., S. 195 f.

[121] Jaehne, Karen: »Visit to the Doctor«, Interview mit Jeremy Irons in *Film Comment*, Oktober 1988.

[122] Kennedy, Harlan: »Metamorphosis Man«, a.a.O.

[123] Stein, Sophie: Interview mit Jeremy Irons: »In jeder Hinsicht ›very british‹«, a.a.O.

[124] Berrigan, Daniel: The Mission Diary in *American Film,* November 1986.

[125] Yule, Andrew: Enigma – David Puttnam – The Story so far ..., a.a.O., S. 271.

[126] Ebd., S. 258.

[127] Ebd., S. 272.

[128] Ebd., S. 294.

[129] Ebd., S. 408.

[130] Blum, Doris: »Der Urwald als Gleichnis der Seelen« in Die *Welt,* 21.5.1986.

[131] Everschoor, Franz: Mission in *film-dienst,* 25/1986.

[132] »The Times Educational Supplement«, zit. nach Yule, Andrew: Enigma – David Puttnam – The Story so far ..., a.a.O., S. 346.

[133] Johnstone, Iain zu Mission, zit. nach: Yule, Andrew: Enigma – David Puttnam – The Story so far ..., a.a.O., S. 347.

[134] David Cronenberg im Interview mit David Aldridge in: »Seeing Double« in *Film Review,* Januar 1989.

[135] Ebd.

[136] Ebd.

[137] Ebd.

[138] Cronenberg, David in einem Interview mit dem belgischen Fernsehen.
[139] Jaehne, Karen: »Visit to the Doctor«, Interview mit Jeremy Irons in *Film Comment*, Oktober 1988.
[140] Robbins, Helen W.: »›More Human than I Am Alone‹ – Womb Envy in David Coronenberg's THE FLY and DEAD RINGERS« in: Cohan, Steven und Ina Rae Hark (Hg.): Screening the Male – Exploring Masculinities in Hollywood Cinema, London/New York 1993, S. 139.
[141] Aldridge, David: »Film of the Month: DEAD RINGERS« in *Film Review,* Januar 1989.
[142] McGillivray, David: DEAD RINGERS in *Films and Filming,* Februar 1989.
[143] Schlenz, Kester: DIE UNZERTRENNLICHEN in *Cinema,* Februar 1989.
[144] *New York Times,* zit. nach der *Westdeutschen Zeitung,* 18.2.1989.
[145] Karasek, Hellmuth: »Niemandsland Psyche« in *Der Spiegel,* 7/1989.
[146] Kilb, Andreas: DIE UNZERTRENNLICHEN in *epd Film,* Februar 1989.
[147] Verleihinformation zu: DANNY – DER CHAMPION (Metropol, München).
[148] Ebd.
[149] Ebd.
[150] Koll, Horst Peter: DANNY – DER CHAMPION in *film-dienst,* 2/1990.
[151] Blunck, Dr. Malwine: DANNY – DER CHAMPION in *Cinema* 1/1990.
[152] Feldvoß, Marli: DANNY – DER CHAMPION in *epd Film,* 1/1990.
[153] Verleihinformation zu: ALLES NUR THEATER (Impuls-Film, Hamburg).
[154] Naughton, John: »Jeremy Revisited«, a.a.O.
[155] Gussow, Mel: »Von Ehen und anderen Gemeinheiten«, in *Die Welt,* 24.3.1990.
[156] Morris, Janet: »A CHORUS OF DISAPPROVAL« in *Film Review,* November 1989.
[157] Simmons, David: »Turbulenzen im spießigen Badeort« in *Kölner Stadt-Anzeiger,* 25.1.1992.
[158] Braun, Harald: »ALLES NUR THEATER« in *Cinema,* Februar 1992.
[159] Hamacher, Rolf-Ruediger zu »ALLES NUR THEATER« in *film-dienst,* 5/1992.
[160] Bernard, Jean-Jacques: AUSTRALIA in Premiere (franz.), September 1989.
[161] Bernard, Jean-Jacques: »Fanny Ardant Passionnément« in *Premiere* (franz.), September 1989.
[162] Ebd.
[163] *Zoom;* zit. nach: Just, Lothar R. (Hg.): Film-Jahrbuch 1990, München 1990, S. 35.
[164] Bernard, Jean-Jacques: AUSTRALIA in Premiere (franz.), a.a.O.
[165] Kennedy, Harlan: »Metamorphosis Man«, a.a.O.
[166] o. A.: »The World Applauds a Matinee Idol For All Seasons; Jeremy Irons«, in *Sunday Times,* 13.1.1991.
[167] Richardson, John in *Vanity Fair,* zit. nach: o. A.: »The World Applauds

a Matinee Idol For All Seasons; Jeremy Irons«, in *Sunday Times,* 13.1.1991.

[168] Blunck, Dr. Malwine: Interview mit Jeremy Irons in *Cinema,* Februar 1991.

[169] Ebd.

[170] Johnstone, Iain: »Enter the Irons Age; Oscar Winner, Jeremy Irons«, a.a.O.

[171] Ebd.

[172] Ebd.

[173] Kennedy, Harlan: »Metamorphosis Man«, a.a.O.

[174] Blunck, Dr. Malwine: Interview mit Jeremy Irons in *Cinema,* a.a.O.

[175] Martin, Mick und Marsha Porter: Video Movie Guide 1992, a.a.O, S. 576.

[176] Brown, Geoff: »All Hail The Master Of The Stiff Upper Lip; Jeremy Irons« in *The Times,* 27,3.1991.

[177] Johnstone, Iain: »A Disturbing Case of Claustrophobia« in *Sunday Times*, 13.1.1991.

[178] McElvoy, Ann: »Film Maker Raises Kafka's Ghost in Old Prague; Czechoslovakia« in *The Times,* 26.10.1990.

[179] Kennedy, Harlan: »Metamorphosis Man«, a.a.O.

[180] Johnstone, Iain: »Fame Is Not the Spur; Jeremy Irons«, a.a.O.

[181] Ebd.

[182] Ebd.

[183] Ebd.

[184] Kennedy, Harlan: »Metamorphosis Man«, a.a.O.

[185] Greiner, Ulrich: »K. im Schloß« in *Die Zeit,* 2.Oktober 1992.

[186] Lyons, Donald: »Lubricating the Muse« in *Film Comment,* Januar/Februar 1992.

[187] Johnstone, Iain: »Fame Is Not the Spur; Jeremy Irons«, a.a.O.

[188] Ebd.

[189] Porter, Melinda Camber: »DAMAGE Due to His Self-Sacrifice; Louis Malle« in *The Times,* 29.1.1993.

[190] Johnstone, Iain: Interview mit Juliette Binoche (»Yes, yes, oh yes, minister«) in *The Times,* 7.2.1993.

[191] Feldvoß, Marli: VERHÄNGNIS in *epd Film,* Januar 1993.

[192] Desalm, Brigitte: »Erstickt in Kultiviertheit« in *Kölner Stadt-Anzeiger,* 16.1.1993.

[193] Verleihinformation zu VERHÄNGNIS (NEF 2, München).

[194] Ebd.

[195] Ebd.

[196] Wehrmann, Elisabeth: »Sehnsucht als Spiel«, Interview mit Jeremy Irons, a.a.O.

[197] Johnstone, Iain: »Fame Is Not the Spur; Jeremy Irons«, a.a.O.

[198] Porter, Melinda Camber: »DAMAGE Due to His Self-Sacrifice; Louis Malle«, a.a.O.

199 Ebd.
200 Claussen, Christiane: »Frankreichs neue Wunderwaffe« in *Stern,* 3/1993.
201 Ebd.
202 Naughton, John: »Jeremy Revisited«, a.a.O.
203 Messias, Hans in *film-dienst,* 26/1992.
204 Braun, Harald in *Cinema,* Januar 1993.
205 Althen, Michael: »Tragödien lächerlicher Männer« in Die *Zeit,* 8.1.1993.
206 Möller, Barbara: »Tragödie eines Erfolgreichen« zu VERHÄNGNIS in *Rheinischer Merkur/Christ und Welt,* 1.1.1993.
207 »Kennwort Kino«/3Sat.
208 Romney, Jonathan: DAMAGE in *Sight & Sound,* Februar 1993.
209 Carty, Ciaran: »Return of a Spoiled Saint«, a.a.O.
210 zit. nach: Frischauer, Paul: Theatergeschichte in vier Bänden, München 1977, S. 699.
211 Huebner, Friedrich Markus: »Das Werk Heinrich Manns« in *Zeit im Bild. Moderne illustrierte Wochenzeitschrift,* 25.11.1913. Zit. nach: Werner, Renate (Hg.): Heinrich Mann – Texte zu seiner Wirkungsgeschichte in Deutschland, Tübingen 1977, S. 62.
212 Nightingale, Benedict: »Exiles in the Dream Factory« in *The Times,* 16.11.1992.
213 Johnstone, Iain: »Fame Is Not the Spur; Jeremy Irons«, a.a.O.
214 Ebd.
215 Ebd.
216 Dwyer, Michael: »What Katy Did« in *The Irish Times,* 19.9.1992.
217 Deevy, Patricia: »Putting the Irons in Sinéad's Soul«, a.a.O.
218 Kelly, Cathy: »Sinéad gagged!«, a.a.O.
219 Koll, Horst Peter: WATERLAND in *film-dienst,* 5/1993.
220 Dwyer, Michael: »What Katy Did«, a.a.O.
221 Punt, Steve: WATERLAND in *The Times,* 11.10.1992.
222 Newton, Sarah: *The Times,* 22.8.1992.
223 Carty, Ciaran: WATERLAND in Sunday Tribune, 27.9.1992.
224 Braun, Harald: WATERLAND in Cinema, März 1993.
225 von Thüna, Ulrich: WATERLAND in epd Film, März 1993.
226 Kruttschnitt, Christine: »Ich weiß, wie es ist, Flüchtling zu sein«, Interview mit Isabel Allende in *Stern,* 43/1993.
227 Ebd.
228 Allende, Isabel: »Das Geisterhaus« – Das Buch zum Film – Bilder und Texte, Frankfurt/M. 1993, S. 149 f.
229 Kruttschnitt, Christine: »Ich weiß, wie es ist, Flüchtling zu sein«, Interview mit Isabel Allende, a.a.O.
230 Jeremy Irons in einem Interview mit dem britischen Privatsender »Sky-TV«.
231 Martinez, Antonio in *La Época,* zit. nach: Sieber, Malte: »Kulturelle Arroganz & Ignoranz« in *Frankfurter Rundschau,* 30.4.1994.

[232] Möller, Barbara: »Liebe und Leidenschaft, vom Wind verweht« zu DAS GEISTERHAUS in *Rheinischer Merkur,* 22.10.1993.
[233] Pavlovic, Milan: DAS GEISTERHAUS in *Kölner Stadt-Anzeiger,* 22.4.1994.
[234] Peitz, Christiane: »Die Untoten« zu DAS GEISTERHAUS in *Die Zeit,* 22.10.1993.
[235] Möller, Barbara: »Liebe und Leidenschaft, vom Wind verweht«, a.a.O.
[236] Kruttschnitt, Christine: »Ich weiß, wie es ist, Flüchtling zu sein«, Interview mit Isabel Allende, a.a.O.
[237] S. P.: »Der Haustyrann« zu DAS GEISTERHAUS in *freundin,* 22/1993.
[238] *Cinema,* Dezember 1993.
[239] Mevissen, Sven: Interview mit David Cronenberg in *TV Movie,* 25/1993.
[240] Rodley, Chris und David Cronenberg: Cronenberg on Cronenberg, London, Boston 1993, S.186.
[241] Desalm, Brigitte: »Mit geschlossenen Augen« zu M. Butterfly in *Kölner Stadt-Anzeiger,* 11.12.1993.
[242] Rodley, Chris und David Cronenberg: Cronenberg on Cronenberg, a.a.O., S. 186.
[243] Cronenberg, David in *take one – Film in Canada*, Herbst 1993.
[244] Rodley, Chris und David Cronenberg: Cronenberg on Cronenberg, a.a.O., S. 186.
[245] Ebd., S. 176,f.
[246] Ebd., S. 177.
[247] Ebd., S. 181.
[248] Büllmann, Dr. Bert: M. BUTTERFLY in *Cinema,* Dezember 1993.
[249] Perry, George: M BUTTERFLY in *The Sunday Times,* 8. Mai 1994.
[250] Buscha, Angelika: M. BUTTERFLY in *TV Movie,* 25/1993.
[251] Barber, Lynn: Mostly Men – Interviews with Famous People, a.a.O., S. 199.
[252] Johnstone, Iain: »Fame Is Not the Spur; Jeremy Irons«, a.a.O.
[253] Johnstone, Iain: »Enter the Irons Age; Oscar Winner, Jeremy Irons«, a.a.O.
[254] Truss, Lynne zu »The Dream« in *The Times,* 30.3.1991.
[255] Truss, Lynne: »Driving Towards Destruction« in The Times, 2.11.1991.
[256] 9. Dublin Film Festival 1994, Programmheft, S. 19.
[257] Kennedy, Harlan: »Metamorphosis Man«, a.a.O.
[258] Bennett, Leslie: Interview mit Jeremy Irons in *New York Times,* a.a.O.

Register

Kursivierte Seitenzahlen beziehen sich auf Bildlegenden, **halbfette** Zahlen auf die Filmographie

C

D

G

H

S